崇羲 王心怡 編

古代圖形文字藝術

北星圖書公司

王寧 序

商周銅器鑄刻的徽誌圖形文字，歷來為考古、歷史和文字學界所重視，但是專門整理的工作很少有人去做，系統的研究也還很少有成果。我想，這是由於以下原因造成的：

首先是這種文字的性質。我們在這裏稱它為「文字」，其實有違嚴格的「文字」定義。如果說，只有確認為記錄了語言的符號才能稱作「文字」的話，這批形體跟已經考證出的甲骨文與金文有一部份整體相當吻合，還有一部分與成熟的文字有著完全相同的部件，似乎不能不把它們與商周的文字同等看待，問題在於這些形體是否就具有那些文字的音與義。古文字學家的考證材料證明，有些形體反映出的確實是從文獻中可以查到的古代族名或村落名，特別是其中的雙字標識，有些考證幾乎難以推翻，如果說它們不是文字，很難令人置信。但是，這些可以成為「鐵證」的考釋占的比例較少——由於這批形體在銅器上是單獨鑄刻或在銘文語句之外，沒有語言環境幫助它確切識讀，它們的音與義實際上沒有辦法證實；因此，說這批形體就是文字，把他們與殷商文字完全等同起來，在學術上又有一定的危險性；何況，還有另一部份形體有非常強的圖形性，與確定的商周文字是無法認同的。我們固然不能因為少量的考釋可以成立，就連帶著把這一大部分形體也都看成文字；但也不能因為多數形體無法考釋而否定考釋出的那部分甚至有待考釋的那部分就是文字。因為定性不明，大部分音義不具備，文字學界和歷史考古學界意見不一，也都還沒有動全面整理它的念頭。

其次，是這批形體極強的圖形性，使得他們難以進行編排。現在已經認讀了的古文字，一般按《說文解字》的次序編排，已經是削足適履——因為文字是記錄語言的，在不同的詞彙系統下來認同文字，如果把音義與職能的因素放進去，實際上無法整齊對應；同時，文字的構形系統也是發展的，即使不考慮音義，甲骨文與金文的形體標誌與《說文解字》形義兼顧的部首也難以牽合。所以，古文字的整理，首先遇到的是編排體例問題。這批圖形並不是典型的文字符號，就更難想一個周全的辦法去編排。編排體例其實是文字整理的思路，想要單獨整理這批圖形，不與其他古文字參合，那就更難打馬虎眼，而要想全面整理這批形體，編排的問題其實是繞不過去的。

王心怡的整理屬於這批圖形專門而且全面的整理，當屬開創性的工作，以上這兩個問題，她不會碰不到。可以說，解決這兩個問題沒有現成的辦法，對於沒有全面學習過古文字的她來說，難度是相當大的。但是，她憑著興趣、志向和毅力，在很多無私又內行的專家指導和幫助下，歷時十年，居然完成了，而且，我認為，完成得很出色，上述兩個問題，她都解決得很恰當。

王心怡著力發掘的，是這批形體的文字研究價值與藝術價值的結合。這些形體介於符號和圖畫之間，啟功先生曾說，文字的風格有偏重圖畫性和偏重圖案性的兩種，這批形體恰恰在圖畫風格與圖案風格之間。從認識價值說，不論他們是否每一個都可稱為「文字」，但總體看足以見到文字的端倪，對研究圖畫向文字符號的轉變，意義非常重大。從欣賞的價值說，這些形體似人、似物又非人非物，融白描與象徵於一形，繪物象與符號為一體，既見其平易通俗，又不失其古樸典雅，漢字發展中的自然美化規律，體現得淋漓盡致。在這本形體彙編裏，為了體現它的認識價值，王心怡通過電腦技術，忠實地掃描了它們的原貌，詳盡地注明了它們的出處，為歷史考古和漢字研究提供了可靠的原始資料。為了體現它的審美鑒賞價值，王心怡用流暢活潑的線條，描摹了它們的樣式，創造了書寫的藝術，為漢字書法增添了新的一頁。這本集子淡化了「是字非字」的論爭，突出了「亦字亦畫」的事實，實在是十分得體的。

至於編排，她參考了以往的成果，採用了以構形為中心、根據主要形體分類的原則，把主部件相同的形體歸納在一起，非常適合這批形體的特點，基本上實現了「分別部居，不相雜厠」。當然，本書在部首的設立和形體的歸部上，還有可以進一步斟酌與完善的地方，但是，有了類聚，便於研究，有了標誌，便於查檢，對於這樣一批特別的標誌符號來說，恐怕在大的思路上是一種相當優化的編排方法了。

《商周圖形文字編》是一部專業性很強的彙編，而編輯這部書的王心怡，剛剛萌生編輯本書念頭的時候，還是一個完全沒有進入文字專業的業餘愛好者。很多先生的序裏，都陳述了她十年的艱苦努力過程。我算是親自跟踪她的工作最長的人了，有些話，也想在這裏說一說。

我在一九九七年去臺灣時初見心怡，是臺灣古籍書店的魏經理介紹我認識她的。魏經理當時正迷戀著《說文解字》，做了一個《說文》小篆形體構造繫聯的文件，從獨體字出發，將相關部件一層一層地繫聯起來，構想也有相當的專業性。那一次，我在臺灣中央研究院作《漢字結構的演進與漢字構形系統》和在臺灣師範大學作《說文解字的研究和應用》的公開演講，魏經理與王心怡本著對古文字濃厚的興趣去旁聽，心怡開始結識謝清俊先生、季旭昇先生等臺灣的資訊專家和漢字專家。同年冬天，我約王心怡來北京參加我們舉辦的「漢字學高級研討班」，她在這個班上又結交了很多漢字朋友，更有幸見到了啟功先生、高明先生、趙誠先生和秦永龍先生、蘇士澍先生等大陸的古文字專家和書法專家。從此，我們這裏有會她必到場，帶著誠摯的學習的熱情，積累了系統的、多學科的知識。十年來她用少有的勤奮不斷的寫和編，只要有一點小疵，她會把已經做得相當不錯的成品全部廢掉從頭來過。現在，這個放在大家面前的定稿已經是第幾次的改稿，恐怕連她自己也數不清了。看著她的「圖形文字書法」線條日漸流暢，結字日趨緊密均衡，風格日漸形成，大家都可以知道，她在如何努力地追求著完美與精湛。她經歷過很多坎坷，道路是曲折的，但意志沒有變過，行動沒有停過，進步沒有斷過。二〇〇三年，鑒於她的工作完全專業化了，我們同意這項研究在民俗典籍文字研究中心立項。

十年磨一書，心怡為這個成果所作的努力和付出的鉅大代價總算圓滿地劃了一個句號，其中的冷暖甘苦，恐怕不是三言兩語說得盡的。在向讀者推薦這部書的時候，我覺得還應該向青年的學者們推薦心怡的志氣和毅力，她的成功說明，有了這種志氣和毅力，就不會有學不會的東西，也不會有做不成的事情。

二〇〇七年三月　王寧　序於北京師範大學

高明 序

在商代和西周早期的青銅器銘文中有一種介于圖畫與文字之間的圖形，沈兼士謂為「文字畫」。郭沫若認為「此等圖形文字乃古代國族之名號，蓋所謂圖騰之孑遺」。圖形文字常在商代銅器上單獨出現，或同「父丁」「祖乙」等先人廟號相組合，周初的銅器有時在長篇銘文之後附一圖形文字，似如郭氏所講，以示本族的名號即所謂「族徽」。其實圖形文字就是漢字的古體，更近于原始，在商代甲骨文中就有很多將圖形寫成簡易的字體，我曾撰有專文，此不贅述。

圖形文字在雕技和書藝方面與一般銘文殊異，它的形體秀美如畫，筆法渾厚整飭，佈列和諧有致，同為一字表現不一，異彩紛呈。它不僅字形複雜、形體多變，資料也極其分散，將其全部收集整理困難甚多，至今還是一項空白。王心怡女士是台灣頗有成就的書法家，專工篆書，由她臨摹的許多周代大篇銘文，字迹凝重，筆態遒勁流暢，確為臨古如古，頗具兩周金文餘韻。如她臨摹的中山王嚳鼎全銘，恐難找到與其相匹的佳作。王女士對圖形文字有特殊的愛好，用了十年時間對其進行搜集、臨摹和研究，作出很大的成績也創作出許多佳品，頗得學界的讚譽。經她的辛勤勞作，編著成一部匯編型的巨著《商周圖形文字編》，將目前所見各種類型的圖形文字均囊括于一書，單體字形超過一千，異體重文近萬，由于圖形文字更多地保存了漢字古體，為探索漢字起源和發展提供了非常重要的依據。該書不僅資料豐富，而且純真可靠。盡管書中在個別圖形隸定與字目安排方面略存不足，但不影響它應有的價值。該書出版，無疑是圖形文字研究中的新貢獻。

王心怡在編著此書過程中曾徵求過我的意見，書成後讓我為該書寫篇序言。余甚感慚愧，書畫藝術離我甚遠，我只是在古文字方面作過一點研究，故對該書出版頗有感觸。非常敬佩她的治學精神和鍥而不捨的毅力，故略敘數語，恭疏短引以陳所見而為之序。

二〇〇六年七月 高明 序於北京大學

謝清俊　序

王心怡女士要出書了，這可是值得慶祝的大事。可是，王女士向我索序，令我一時不知如何應對。我實在沒有資格為王女士寫序，我既不是古文字專家，也不是書法家，這序怎寫？幾經婉辭，未能得到王女士的諒解，只好略述己見，聊以充序。

結識王女士是古籍出版社社長魏先生介紹的。由於多年來從事古籍數位化的研究，與古董、字畫結了些緣，以及自己喜歡書法，初見王女士的族徽書法，不由得眼睛一亮，驚喜萬分。想不到竟有人從事這麼冷僻字體的書法，而且表現得那麼雍容大方，沒有絲毫做作之氣。

王女士有如今獨樹一幟的成就，是多年來自己琢磨出來的。尤其難能可貴的是王女士並沒有受過正式的高等教育，她從習畫到習字，再從習字到習古文字的歷程，重點都是自修勤練。一般來說，沒有上過大學，就沒有機會接觸古文字；想獲得古文字的知識，真是難之又難。然而，王女士做到了，不止做到了，還出這本書！這不能不歸功於他長年來鍥而不捨的努力和他曖曖在內的才華。他的成功、他的故事，足以鼓舞現代的年輕人，作他們的榜樣、典範。

當我負責數位典藏國家型科技計劃的計劃辦公室時，曾規劃在網際網路上出版《國家數位典藏通訊》月刊。為了平衡這刊物在人文與工程技術這兩方面的份量，煞費苦心。為了此事，我向王女士求助，請問他可不可以為此刊物每一期寫一幅古文字的書法，刊在卷首。此刊物迄今無支付稿酬的預算，當然更沒有經費每期支付書法藝術的創作。所以，我對這請求並不抱很大的希望。沒想到，出乎意料的，王女士竟慨然允諾，幾年來未曾一期脫稿。即使在我退出數位典藏的這三年來，仍然依舊。千金一諾，不過如斯；這也是王女士典型的風格。

漢字至少有三千多年的歷史。從認知的角度觀察，漢字是唯一現在還普遍使用的表意文字；其表意結構，用人工智慧的詞語來說，是為人們設計的知識表達系統。世界上沒有任何一種語言可以與漢字系統相提並論，它是值得我們珍惜、好好學習並發揚光大的世界文化奇蹟。王女士的大作，無疑對漢字的發揚作出了一定程度的貢獻。謹藉此機會，特為之賀。

西元二〇〇六年七月一日

謝清俊

於南港・淨意居

季旭昇 序

心怡是我認識的奇人之一。他對書法、繪畫很有興趣，學習多年，但不知道什麼原因，他居然對金文族徽文字產生了濃厚的興趣。因此雖然投身商業多年，但他開始心繫金文族徽文字，從學習《說文》小篆開始，一步一步地踏進金文族徽文字繁花縟錦的園地。

用現在的政治術語來說，心怡可以算是「麻煩製造者」，他學習的動力非常強，所以持續不斷地找古文字學者的「麻煩」，我所知道被他找過「麻煩」的古文字學者數量相當多，但是奇怪的是，每一位古文字學者都願意讓他找「麻煩」，古人說：「天下無難事，只怕有心人。」心怡就是一位對金文族徽文字有興趣，想要徹底吸收學習的有心人。

在臺灣學得差不多之後，心怡還千里迢迢地到北京師範大學從王寧教授學習，同時也認識了很多古文字、書法界的名師，更擴大了他的視野。

此後，他開始搜集金文族徽文字的材料，又是一場鉅大工程的開始，這麼專業而龐大的工作，以心怡的能力，一開始實在是戛戛乎其難，但是，也是靠著「有心」，不怕難，有問題就請教，海峽兩岸的學者也都被他感動，不厭其煩地指導、鼓勵，甚至於幫忙，他居然一步一步地把這本書編成了，老實說，水準還不錯，因為這部書吸納了太多海峽兩岸學者的心血啦。《後漢書．耿弇傳》說：「有志者事竟成。」臺灣俗諺說：「天公疼戇人。」其心怡之謂也。

二〇〇六年十月五日 季旭昇 序於台北

司馬中原 序

我個人薄學魯愚，於戰亂中失學流離，奔走道途，多年間，把認字當成捉螢火蟲，以樹枝為筆，將大地為紙，學習著書寫，在非人的生活情境中，困而習之，但所能學得的，也祇是一鱗半爪的皮毛，毫無根基與見識可言。

我對於「天地玄黃，宇宙洪荒」的遠古時代，祇是在鄉野傳說裏，聽過若干神奇荒邈的故事，儘管不停的想像，悉心的描摹，總也會落進黝黯沉黑的洞裏去，感覺到一片朦朧。

彷彿聽到「長江後浪推前浪，一代新人勝舊人」的叮嚀，但舉目環視當代，主文化沒落，次文化囂所，世界各地都注重燈紅酒綠，聲色犬馬，而如旭日初升的「前向期」文化，多轉為「只論今朝，哪管後世」的「享樂」文化，我深夜祈禱，淚溼襟前，但本身之「力」、「能」有限，根本無法警示愚頑、規過遷善。

誰知在我「日暮途窮，夕陽將墜」之年，能藉天緣，巧遇到李國嘉、蔡漁、王心怡三姐妹，她們都是百折不鐃，為中華新文化力求創新的人物，而且終生一之，造就非凡，單以小妹心怡而論，居然敢闖入遠古中華的文化圈，迷陷於商周圖形文字的世界，經半生不捨之努力，使她成為一位樞紐時代之非凡人物，她更以「人人得為吾師」的虛懷，耗盡青春，標明她的堅定信念，更以誠摯的情懷，問道於先輩學人，誠可謂得道多助，才使她在萬般艱困的環境中，脫繭而出，以十年的時間，完成「商周圖形文字編」這部前所未見的大書，這部書蒐羅廣泛，體例嚴整，具有極其重要的學術研究價值，同時也全面性的補足了商周圖形文字的缺口，真算是學術界的浩大工程，因此，由北京文物出版社發行後，極獲各方讚譽，於今，她又取精用宏，再接再勵的編成這部「古代圖形文字藝術」的書來，給於讀者們美的饗宴，心怡不單在學習過程，對圖形文字具有較深較廣的體認，她同時也是一位出色的書法家，經過十多年運筆不綴，她的書法早非初期時著重外在的描摹，而是將她整個的心靈，一點一滴的融入了遠古，每個圖形都閃燦著她生命的靈光，綜而言之，這部書已成為「美」的大舞台，樸拙的美、莊穆的美、躍動的美、沉靜的美、奇幻的美，可真是林林總總、百態千姿。

詳讀了心怡的新作，個人感觸良深，總覺得心怡嘔心瀝血，把這許多極美的圖形文字，捧現給現代的社會，能否結合社會上有心推廣文化的賢達之士，將古典之美，化為當代設計的流行，像工藝界、服裝界、佩飾界、商標界都可以用它融今匯古，增強每一世代生命的厚度，若能如此，才能使這本書發揮出它最大的效能。

是為序。

序於二〇〇九年四月末

（簽名）台北市

杜忠誥　序

《商周圖形文字編》以介乎圖畫與文字之間的圖形文字為編集重點，確是一部破天荒的奇書。

此書剛出版不久，心怡便送了一部給我，並要我提供改進意見。多年來，我也常利用古篆文字進行創作，特別是那些圖像意味濃厚的圖畫文字，有些還頗可考見當初先民創造此字時的一些原始發想，更加令人感興。這一類圖形文字，在《三代吉金文存》、《甲骨文編》、《金文編》等幾部常見參考書中，都只是散見而已，不像此書之薈萃一編。因而此書一到手，見獵心喜，在兩天之內便逐字快讀一遍。雖然也發現一些可資改進的問題，但基本還是站在學習者的賞會立場來關照它。

這學期，我在台師大為國文研究所博、碩士生合開了一門「漢字形體學研究」的課程，心怡每週都來旁聽。利用下課時間，常將她的古篆書法作品拿來要我批評。她的質樸與素誠，讓我無法不直言所見。沒想到她不但不以為忤，甚至還滿懷感激。談話中，並透露她近期應出版社之邀，將前書改編，正準備印行一本「精簡版」，並且把已經編排好的稿樣讓我過目。儘管編排皆已就緒，且有關出版及新書發表進程皆已排定，時間甚為緊迫，我還是忍不住向心怡提出我的看法。我告訴心怡，假如換成是我，我將會把那些同文異笵（刻）或異文異笵（刻）擇要收錄，以充實拓片圖樣為原則，把字頭下的空間充分利用。這樣做，既可增加此書的造型結構多元之參照功能，強化其審美性；又可方便漢字形體組織之比較研究，強化其學術性。心怡是個明白人，聽過覺得有理，馬上表示贊同。但這牽一髮，動全身，要怎麼落實，卻仍有不少技術上的困難有待一一克服。心怡是一個死心眼的人，凡認定要做的事，不到心安理得絕不罷休。憑此精誠，感動不少學者甘心為她做牛做馬，毫無怨言。說來也是奇事一樁。

某日，忽接心怡電話，要我為這本改編的新書寫一篇序文。起先是錯愕，繼而一想，對於此書，也著實有些話想說，因而就答應了下來。為此，不得不重頭將《商周圖形文字編》再細讀一遍。

閱讀古文獻，唯古篆與草書之釋讀最難，筆者常言：想寫某字之古篆或草書，不會時，可以利用工具書查考解決；而對於已被寫定的古篆或草書，靜靜地躺在那裡，你認得就認得，認不得時，卻沒有工具書可以查回來。所謂「一片白雲橫谷口，幾多歸鳥盡迷巢」。故「隸定」向來是古文字學家深感棘手的一環，更何況是界於圖象與文字之間的圖形文字。字形的隸定不解決，或者作出了錯誤的隸定，則往後字音與字義的推演，很少能不墜入穿鑿附會之窠臼者。

隸定，或稱「釋讀」，實際包括釋文與通讀。釋文是一種字形上的翻譯，外行看來似是人人可為，其實不然，它的正確與否，還須經得起音、義上的語詞之通讀，以為檢證。而通讀須有上下文之語境，方堪作為隸定正誤的論定依據。由於本書所收錄的，偏屬漢字草創時期的圖形文字，字數泰半都在五字上下，甚至只是單字或兩三字的族徽與人名，無法提供足夠的語境作為通讀之檢證，故隸定時更非加倍謹慎不可。

關於隸定問題，太過偏於主觀臆斷，勇於自信，妄加隸定，固然不足取。唯若連都不敢採用，那也未免過度保守，無裨讀者。進退之間，中道為難。「精簡版」對於隸定問題的處理方式，正是在力求中道的大原則下，針對原書釋文所進行的初步校訂。其中包括改釋、補釋、删釋及加註今字四個部份。

凡原書已有隸定，而義未盡當，今已可認定其正確釋文者，即予以改釋；

有些已獲學界共識的字，則予以補釋；至於某些圖形文字，儘管局部部件可加隸定，但整個字實在無法明確跟後世隸楷書產生連結，沒有必要強為隸定。故凡原書已有隸定，而細加推敲，於義實有未安者，便將舊釋文暫予删棄，盡可能以所臨圖形文作為字頭，留待後人考證。若干已隸定文字，有古字與今字不同者，原書未註明為今楷何字，新編並盡可能於隸定字右加括弧予以註明，以備書家檢索利用。

如對該圖形之隸定只有七八成把握，而未敢自信者，則在圖形右旁加釋文，並以括弧標出。「精簡版」的隸定，也參酌了季旭昇教授加釋的字。為求慎重起見，關於部分有待商榷的釋文問題，最後仍與季教授逐一做了討論。凡改動之處，大致皆經兩人認同，方予定案。若有一方否定，即暫予擱置不動。此無他，但期減少誤導而已。

書法家以漢字作為表現對象，其書寫創作時，漢字符號具有三層意義：一是題材內容的文學義涵；二是文字組織結構的文字學上之客觀約定；三是造形體勢上的審美性表現。其中與本書字頭書寫關係較為密切的是二、三兩項，第三項關乎書者藝術才情之高下，可憑主觀意向隨意發揮的空間很大；第二項則關係到書者文字學素養之深淺，往往只能依循六書的造字法則，不容妄加杜撰。尤其是書寫古篆文字，更非有相當的古文字學修養不可。

心怡此書的字頭，係用筆畫勻整，粗細一致，近乎小篆筆法，去摹寫「隨體詰曲」的早期圖形文字，這是一件吃力不討好的事。將來若能更進一步，在大篆筆法的寫意功夫上多加用功，更求氣韻之靈動，異日再版時，必將令人為之耳目一新。以心怡好學深思的精勤態度，這應是大家可以期待的事。

此書的誕生有賴海峽兩岸的多位學者，各就所能，在不同的機緣下，貢獻心力。實際上，我們彼此都有一個共同心願，那就是：想為這個華族、同時也是人類「文化財」的催生與完善盡一份心力。而這不也正是古文字學界「本應該做而尚未有人做」的重大文化課題嗎？先師魯實先先生說：「每一個漢字，都是一部文化史。」尤其是解讀及詮釋這一類帶有原始圖騰意味、充滿濃厚神秘色彩的古文字精靈，更是難上加難。目前，時間實在過於倉促，我們所能做的，充其量只能說設法讓此書減少一些明顯的誤失。無可否認的，其中仍存在不少未盡妥當，可資討論商榷的問題，有待學界共同來費心討論。

公元二〇〇九年五月一日

杜忠誥 序於台灣師範大學

凡例

(一)凡書中所收入的圖形文字均依原書拓本影印，然後再把全幅銘文的圖形文字切割出來剪貼完成初稿，最後經電腦科技處理。

(二)本書檢字目錄分為兩類，凡已有隸定為文字的則用筆劃索引，難以隸定的圖形文字即按圖形內容分類，排列先後目次。

(三)圖形文字目，按其顯示內容，分成十三類，即：人體、自然物、植物、動物、衣著、建築、田域、車舟、器物、兵器、數字、冊亞，凡形體奇特無法歸納者，而收入附錄。

(四)本書編成後，又發現一些難以割捨而形體無法入正編，故設「補編」一目。

(五)書中收入的圖形文字主要是商與西周時代的銅器銘文，只有少數圖形是春秋戰國時代。

(六)本書所收圖形文字截至西元二千零五年前所發表的資料。

(七)圖形文字中合文甚多，為便於參閱，則將合文拆分為各個獨體圖形。

(八)本書器名，均採用所引各書目原有名稱，從而使本書器名與引書器名一致，以便讀者查閱。

(九)圖形文字中有些同字異體，或異字同體等現象，如母、女兩個字甚難區分，本書根據具體情況分別處理。

(十)原器拓片中有些圖形模糊不清，故所有序號上的字頭均為作者親自臨摹，以便讀者辨認。所寫文字加重文，字頭有一八三八個字，所用圖形文字為一六五一個字形。

(十一)本書引用資料均來自以下各書：「殷周金文集成」簡稱「成」、「金文總集」簡稱「總」、「新收殷周青銅器銘文暨器影匯編」簡稱「新」、「近出殷周金文集錄」簡稱「錄」、「三代吉金文存」簡稱「三代」及「商周金文圖錄」、「金文編」、「中國法書選」、「中國美術全集」，簡名後的數字，均為各書器號，按號尋索，均可驗證。

部首

目錄

編號	字	頁
104		14
105		14
106	都	14
107	切	14
108	(卬)	14
109		15
110		15
111		15
112		15
113		15
114	臽	15
115		15
116	(欠)	15
117	卲	16
118		16
119		16
120		16
121		16
122	[illegible]	16
123		16
124		16
125	印(卬、抑)	17
126	(印、卬)	17
127		17
三·大部		
128	大	17
129	[illegible](夸)	17
130	[illegible]	17
131	立	17
132	夫	18
133	亢	18
134	天	18
135	需	18
136	奚	18
137		18
138		18
139		19
140		19
141		19
142		19
143	吴辰	19
144	[illegible]	19
145	夅	20
146	[illegible]	20
147		20
148		20
149		20
150		20
151		20
152		20
153	[illegible]	21
154		21
155		21
156	美	21
157		21
158		21
159		21
160		21
161		22
162		22
163	([illegible])	22
164		22
165	夨	22
166	([illegible]、遣)	22
167		22
168		22
169		23
170		23
171		23
172		23
173		23
174		23
175		23
176		23
177		24
178		24
179	屰	24
180	逆	24
181	(文)	24
182	文	24
183	[illegible]	24
184	交	24
185		25
186	舞(無)	25
187	無(舞)	25
188	亦	25
189	[illegible]	25
190	[illegible]	25
191	[illegible]	25
192	[illegible]	25
193	[illegible]	26
194	[illegible]	26
195		26
196		26
197		26
198		26
199	[illegible]	26
四·兩人部		
200		27
201	玉[illegible]	27
202	北	27
203	北單	27
204	北子	27
205	北	27
206	並	27
207	鄉(饗)	28
208	鄉宁	28
209	卿(饗)	28
210		28
211		28
212	从	28
213	化	28
214		29
215		29

編號	字	頁
216		29
217		29
218		29
219	鬥	29
220		29
221		29
222		30
223		30
224		30
225		30
226		30
227		30
228		30
229		30
230		31
231		31
232		31
五・人與武器部		
233	何	31
234		31
235	車	31
236		31
237		32
238		32
239		32
240		32
241		32
242	妌	32
243		32
244	龔	32
245	伐	33
246	㜸	33
247	𡟰	33
248	猷	33
249	㚤	33
250	娀	33
251	𢦔	33
252	肰	34
253		34
254		34
255		34
256		34
257		34
258		34
259	羲	34
260		35
261		35
262		35
263		35
264		35
265		35
266		35
267	𡣍	36
268		36
269		36
270		36
271		36
272	吳	36
273	弙	36
274		36
275		37
276		37
277		37
278		37
279		37
280		37
281	（伎）	37
282		37
283	哭	38
284		38
285		38
286		38
六・女部		
287	女	38
288	母	38
289	嬂	38
290	（每）	39
291	娫	39
292	姅	39
293		39
294		39
295		39
296	妊	39
297	嫛	39
298	婛	40
299		40
300		40
301	婳	40
302	址	40
303	嬿	40
304		40
305	嬄	40
306	妃	41
307	媓	41
308	枚	41
309	妶	41
310	嬑	41
311		41
312	嗷	41
313	嫂	41
314	嫡	42
315		42
316	媢	42
317	妥	42
318	婦	42
319	帚	42
320	婦旋	42
321	（好）	42
322	嬵	43
323	嬫	43
324	姍	43
325	（婦姦）	43
326		43
327		43

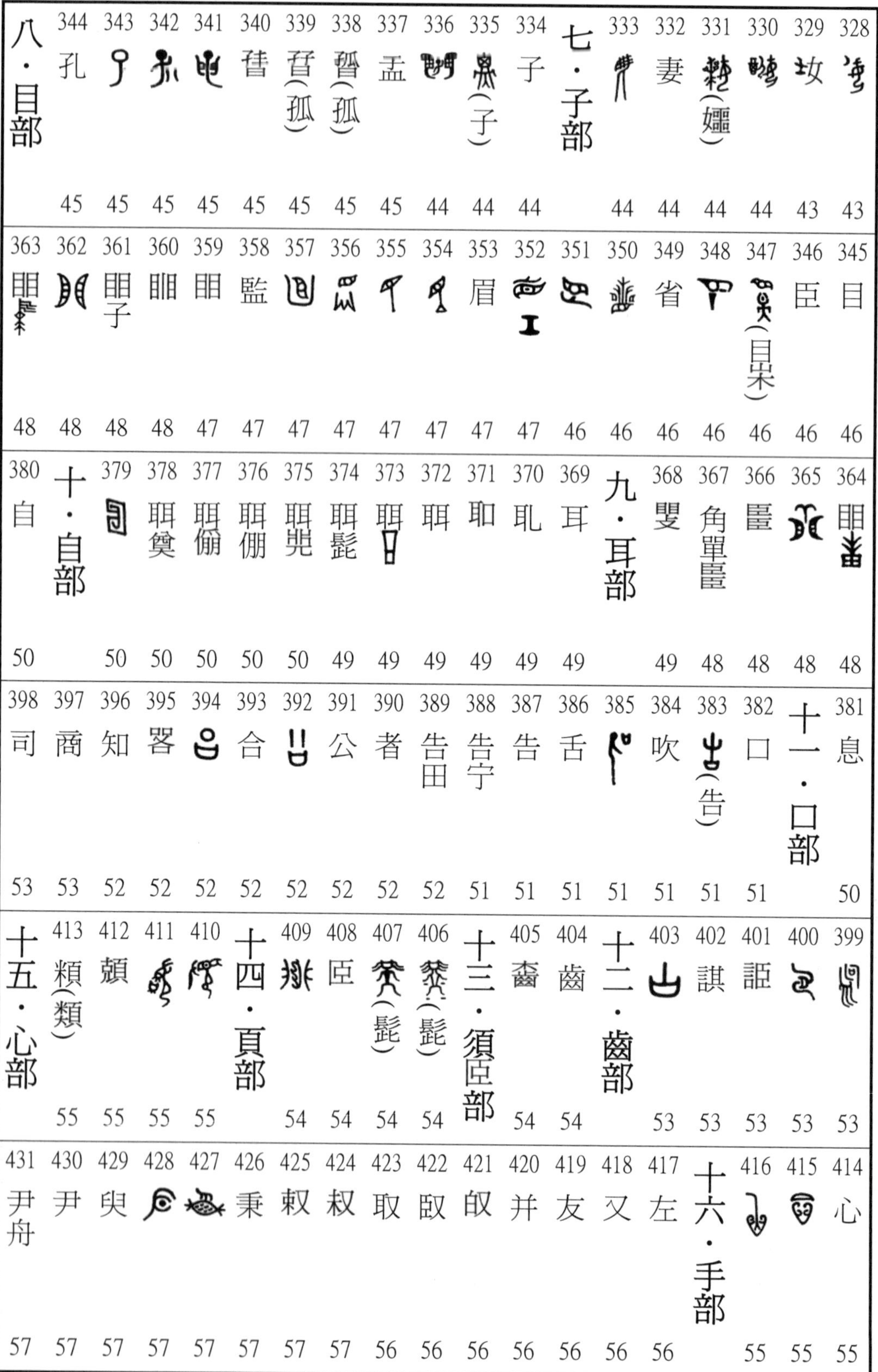

序號	字	頁碼
432	聿	58
433	[illegible]	58
434	[illegible](畫)	58
435	史	58
436	史史	58
437	[illegible]	58
438	嗽	58
439	[illegible](曼)	58
440	[illegible]	59
441	[illegible]	59
442	爰	59
443	受	59
444	[illegible](启)	59
445	徹	59
446	[illegible](養)	59
447	[illegible]	59
448	牧	60
449	牧[illegible]	60
450	[illegible]	60
451	[illegible]	60
452	[illegible]	60
453	豋	60
454	[illegible]	60
455	収	60
456	丞	61
457	共	61
458	[illegible]	61
459	[illegible]	61
460	[illegible]	61
461	[illegible]	61
462	[illegible]	61
463	[illegible]	61
464	[illegible]	62
465	[illegible]	62
466	興	62
467	舁	62
468	得	62
469	[illegible]	62
470	[illegible]	62
471	[illegible]	62
472	[illegible]	63
473	[illegible]	63
474	[illegible]	63
475	[illegible]	63
476	[illegible]	63
477	燮	63
478	父	63
479	舁	63
480	[illegible]	64
481	[illegible]	64
482	[illegible]	64
483	[illegible]	64
484	[illegible]	64
485	朕	64
486	爯	64
487	[illegible]	64
488	[illegible]	65
489	[illegible]	65
490	[illegible]	65
491	[illegible]	65
492	[illegible]	65
493	敄	65
494	更	65
495	[illegible]	65
496	[illegible]正	66
497	巽	66
498	[illegible]	66
499	[illegible]	66
500	[illegible]	66
501	[illegible]	66
502	[illegible]	66
503	[illegible]	67
504	[illegible]	67
505	叔	67
506	[illegible]	67
507	[illegible]	67
508	[illegible]	67
509	[illegible]	67
510	[illegible]	67
511	敺	68
512	[illegible]	68
513	[illegible]	68
514	[illegible]	68
515	[illegible]	68
516	[illegible]	68
517	[illegible]	68
518	[illegible]	69
519	[illegible]	69
520	[illegible]	69
521	[illegible]	69
522	[illegible]	69
523	典	69
524	弄	69
525	[illegible]	69
526	[illegible]	70
527	[illegible]	70
528	[illegible]	70
529	[illegible]	70
530	[illegible](辭)	70
531	[illegible]	70
532	[illegible]	70
533	[illegible]	70
	十七・足部	
534	疋(足)	71
535	止	71
536	[illegible]	71
537	[illegible]	71
538	步	71
539	[illegible]	71
540	[illegible]	71
541	出	72
542	[illegible]正[illegible]	72
543	疋	72
544	[illegible]	72

編號	字	頁
545		72
546	徸(害)	72
547	韓	72
548	逐	73
549	遽	73
550	咼(過)	73
551		73
552	夆	73
553	此	73
554		73
555	徙	73
556	𢓊(征)	74
557	征	74
558	正	74
559	𠱛	74
560	𠱛絲	74
561	𠱛侯	74
562	足	74
563	𨺅	74
564	韙	75
565	韋(韋、圍)	75
566	衛	75
567	韋辰	75
568	韋子	75
569	韋典	75
570	韓	75
571	㞕	75
572		76
573	疋	76
574		76
575		76
576		76
577		76
578		76
579		76
580	廼	77

貳・自然物

一・日部

編號	字	頁
581	日	77
582		77
583		77
584		77

二・月部

編號	字	頁
585	月	78
586		78
587	明	78
588	名	78
589		78

三・旬雨部

編號	字	頁
590	旬	79
591	勻	79
592	雩(粵)	79
593	需	79
594		79
595		79
596		79
597	雨	79
598	雨	80
599	龠	80
600	申	80

四・土𠂤玉部

編號	字	頁
601	土	80
602	𠂤(阜)	80
603	𠂤	80
604	陸	80
605	玉	81
606		81
607		81

五・山部

編號	字	頁
608	山	81
609		81
610		81
611	㞢	81
612		82

六・水部

編號	字	頁
613	涉	82
614	涾	82
615	被	82
616	永	82
617	沚	82
618	冬刃	82
619	泉	83
620		83
621	川	83
622	州	83
623		83
624		83
625		83
626	回(亘)	83
627	乙	84

七・火部

編號	字	頁
628	爨	84
629	(熒、榮)	84
630	(煌)	84
631		84
632		84
633	皇(煌)	84
634		85

參・植物

一・屮部

編號	字	頁
635	屮	85
636		85
637	莫	85
638	丰	86
639		86
640		86
641		86
642		86
643		86
644		86
645		86
646	生	87
647	苐	87
648	笴	87

編號	字	頁
649		87
650		87
651	竹	87
	二・禾部	
652	禾	87
653	乘田	88
654	來	88
655		88
656	棶	88
657		88
658	秝	88
659		88
660		88
661		89
662		89
663		89
664	季	89
665	盉	89
666		89
667	齊	89
	三・木部	
668	木	90
669	林	90
670		90
671	榭	90
672		90
673	㓞(制)	90
674		90
675	杴	90
676	栕	91
677	杞	91
678	未	91
679	槗	91
680	樂	91
681	(丱樂)	91
682	果	91
683	枽	91
684	杕	92
685		92
686		92
687		92
688		92
689		92
690		92
691	兮	92
692	青	93
693		93
694	(不)	93
695	甲	93
696	乇	93
	肆・動物	
	一・夒部	
697	夒	94
698	(夒)	94
	二・牛部	
699	牛	94
700		94
	三・羊部	
701	羊	95
702	羊	95
703	(羊)	95
704	絴	95
705		95
706	𦍑	95
707	羗	96
708	羞	96
709	宰	96
	四・虎部	
710	虎	96
711		96
712	虤	96
713		97
714	椃	97
715		97
716	虤	97
717	䧙	97
718	虘	97
719	叡	97
	五・豕部	
720		98
721		98
722	豩	98
723	豕	98
724	庚豩	98
725	剢	98
726	彘	98
727	圂	98
728	家	99
729	寡	99
730		99
731	豪	99
732	豩	99
733		99
734	豩	99
735	豙	99
	六・馬部	
736	豙馬	100
737	馬	100
738	騾	100
739		100
	七・犬部	
740	獸(狩)	101
741	犬王犬	101
742	犬	101
743	京犬犬	101
744	臭(嗅)	101
745	狽	101
746		102
747		102
	八・象部	
748	象	102
	九・鹿部	
749	鹿	102
750		102

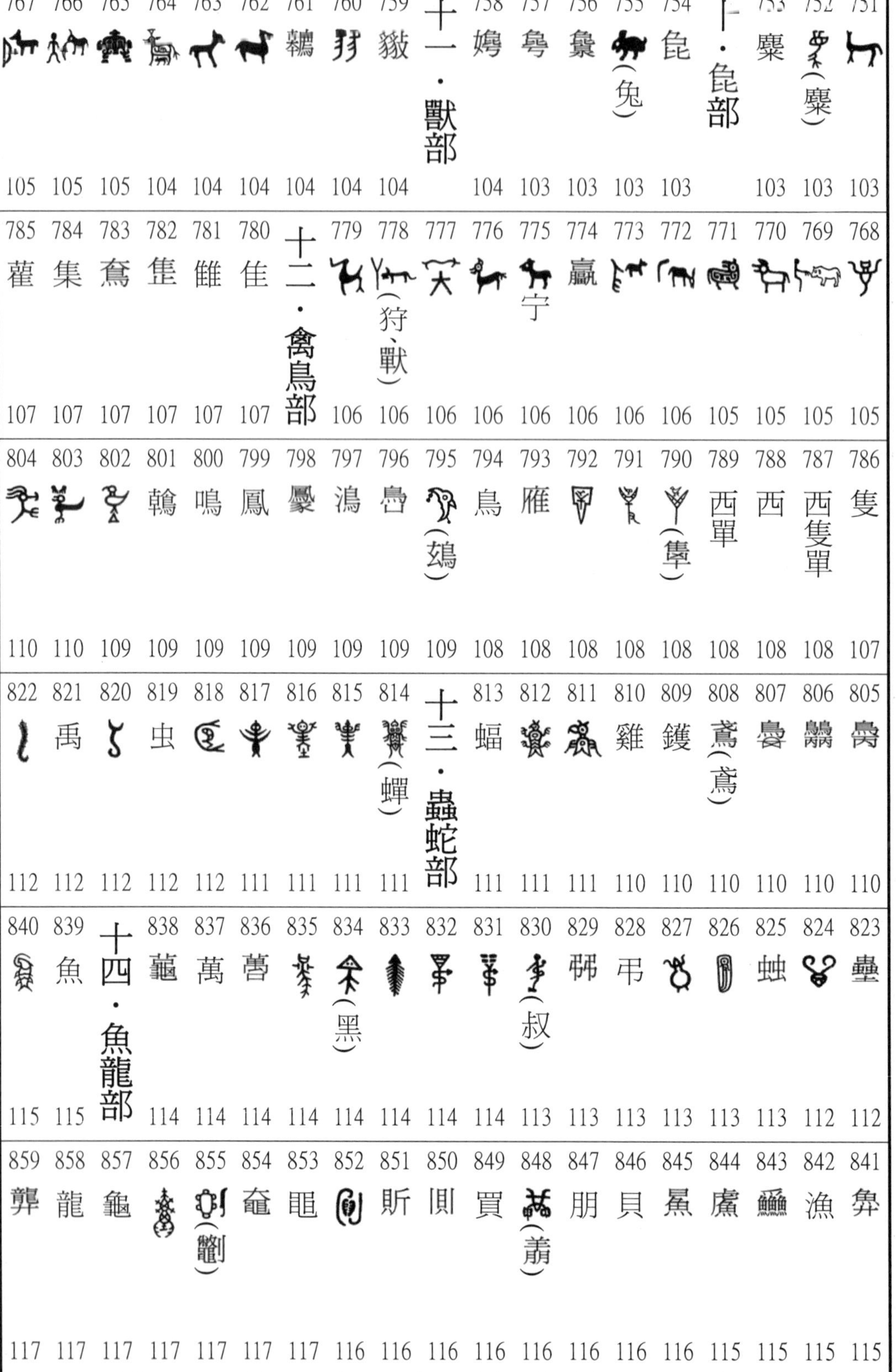

編號	字	頁
751		103
752	(麋)	103
753	麋	103
	十·㲋部	
754	㲋	103
755	(兔)	103
756	象	103
757	㲋	103
758	婏	104
	十一·獸部	
759	貑	104
760		104
761	[illegible]	104
762		104
763		104
764		104
765		105
766		105
767		105
768		105
769		105
770		105
771		105
772		106
773		106
774	羸	106
775	宁	106
776		106
777		106
778	(狩、獸)	106
779		106
	十二·禽鳥部	
780	隹	107
781	雔	107
782	雋	107
783	奮	107
784	集	107
785	萑	107
786	隻	107
787	西隻單	108
788	西	108
789	西單	108
790	(隼)	108
791		108
792		108
793	雁	108
794	鳥	108
795	(鴞)	109
796	[illegible]	109
797	鴻	109
798	鸞	109
799	鳳	109
800	鳴	109
801	鶾	109
802		109
803		110
804		110
805	[illegible]	110
806	[illegible]	110
807	[illegible]	110
808	鳶(鳶)	110
809	鑊	110
810	雞	110
811		111
812		111
813	蝠	111
	十三·蟲蛇部	
814	(蟬)	111
815		111
816		111
817		111
818		112
819	虫	112
820		112
821	禹	112
822		112
823	蠱	112
824		112
825	蚰	113
826		113
827		113
828	弔	113
829	弼	113
830	(叔)	113
831		114
832		114
833		114
834	(黑)	114
835		114
836	[illegible]	114
837	萬	114
838	[illegible]	114
	十四·魚龍部	
839	魚	115
840		115
841	[illegible]	115
842	漁	115
843	鱻	115
844	[illegible]	115
845	[illegible]	116
846	貝	116
847	朋	116
848	[illegible]	116
849	買	116
850	則	116
851	斯	116
852		116
853	[illegible]	117
854	[illegible]	117
855	[illegible]	117
856		117
857	龜	117
858	龍	117
859	龔	117

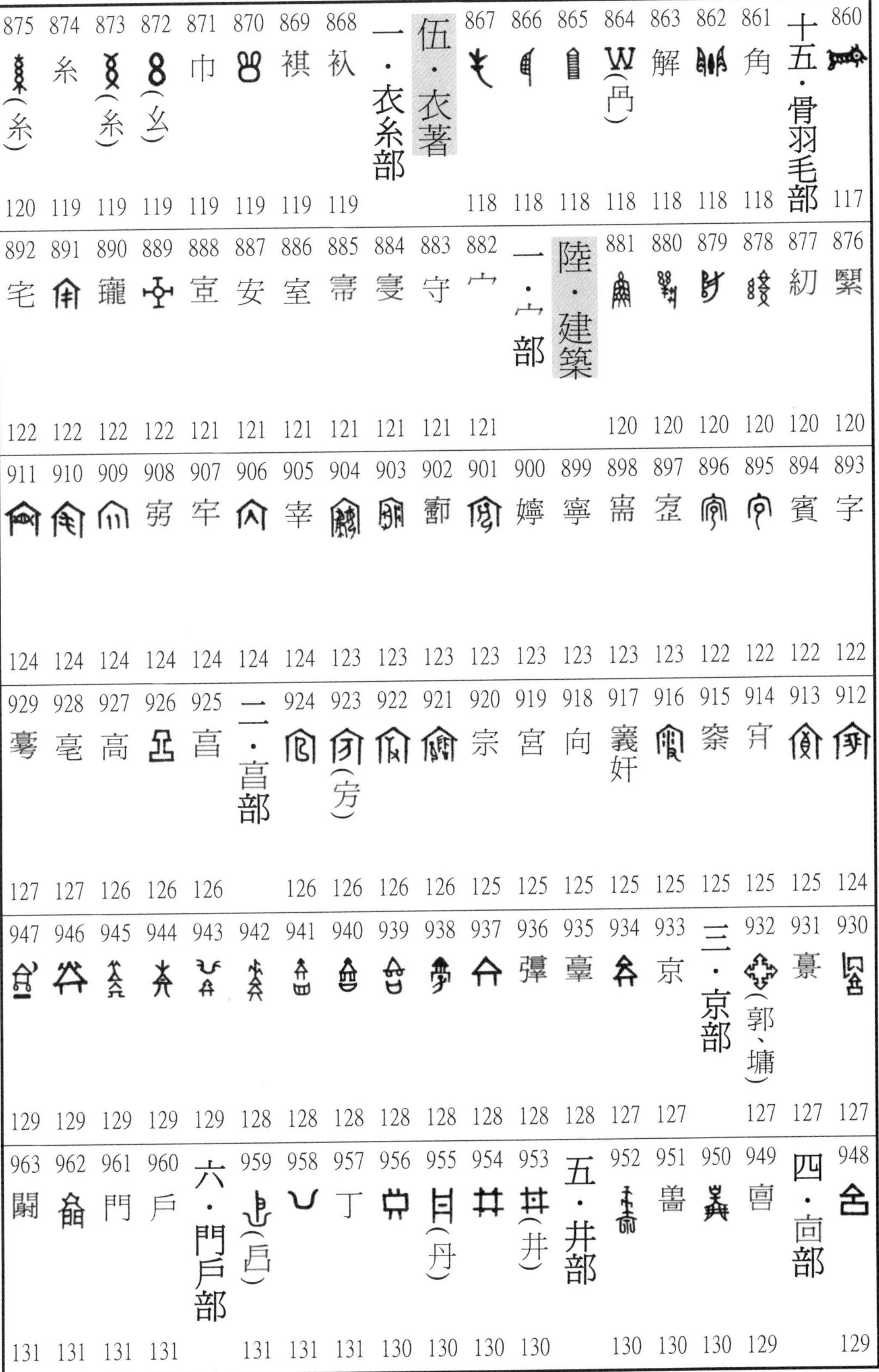

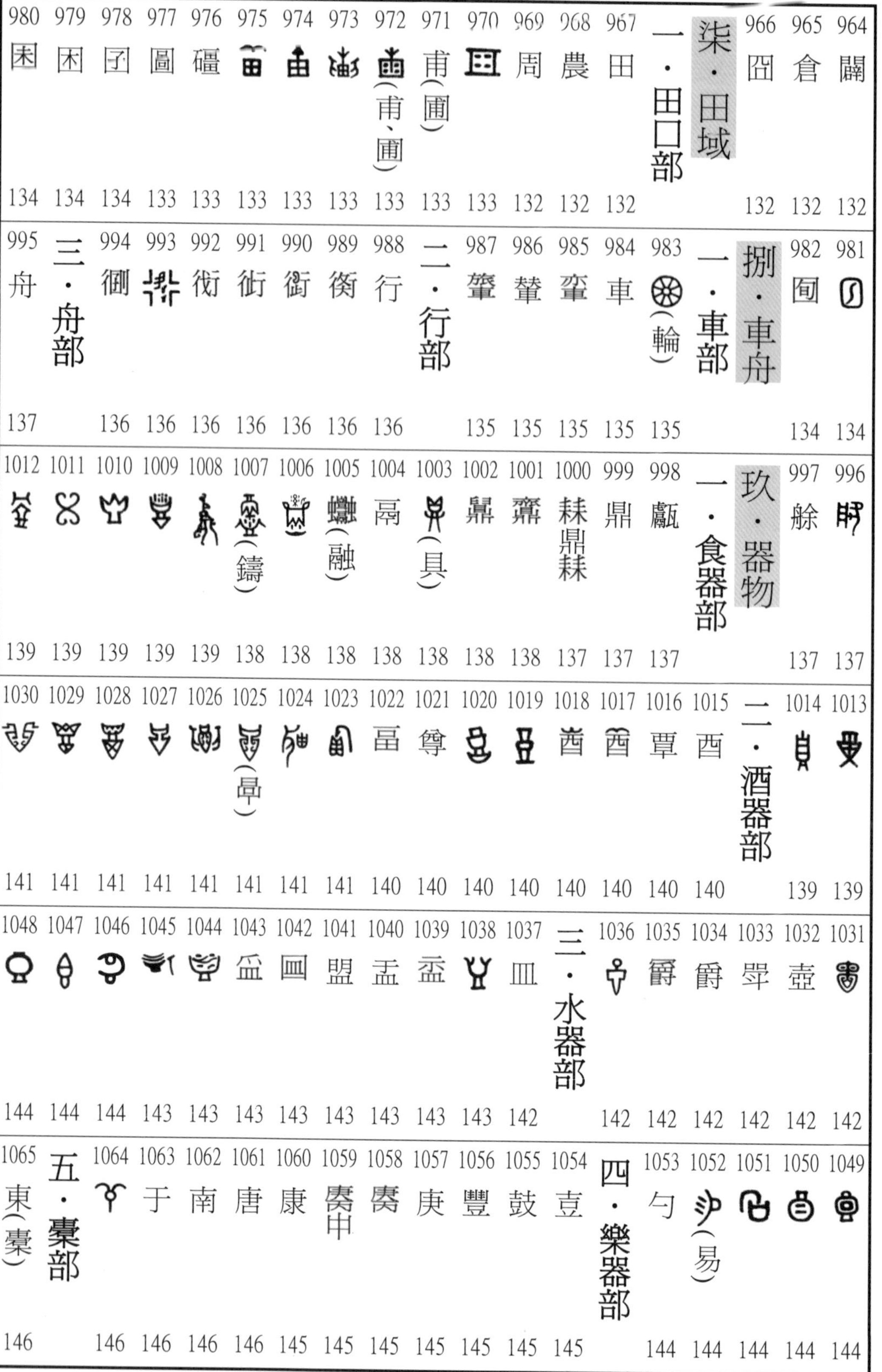

編號	字	頁碼
1066		146
1067		146
1068		147
1069	東	147
1070	棘(曹)	147
1071		147
1072	專	147
1073	叀	147
1074		147
1075		147
1076		148
1077		148
1078		148
1079		148
1080		148

六・宁部

編號	字	頁碼
1081	宁	148
1082	宁狽	148
1083	羜	149
1084	宔	149
1085	貯	149
1086	(㚝)	149
1087	(矤)	149
1088		149
1089	(酊)	149
1090		149
1091		150
1092		150
1093	(宁)	150
1094		150
1095		150
1096	(宁)	150
1097		150
1098		150
1099		151
1100	曲	151
1101		151
1102		151
1103		151

七・中部

編號	字	頁碼
1104	中	151
1105	中(仲)	151
1106	串	152
1107	(車)	152
1108		152
1109		152
1110		152
1111		152
1112		152
1113		152
1114		153
1115		153

八・㫃部

編號	字	頁碼
1116	㫃	153
1117	旋(旋)	153
1118	旜	153
1119	[illegible]	153
1120	族	153
1121	[illegible]	154
1122		154
1123		154
1124	[illegible]	154
1125	[illegible]	154
1126		154
1127		154
1128	(斿)	154
1129	(旛)	155
1130	[illegible]	155
1131	斿(游、遊)	155
1132	[illegible](遊)	155
1133	[illegible]	155
1134	斿(游、遊)	155
1135	旅	155

九・㚔丙部

編號	字	頁碼
1136	㚔旅	156
1137	㚔	156
1138	㚔箙	156
1139		156
1140	箙	156
1141	[illegible]	156
1142	[illegible]	156
1143		156
1144		157
1145	執	157
1146	[illegible]	157
1147		157
1148	圉	157
1149	[illegible]	157
1150		157
1151	[illegible]	157
1152	[illegible]	158
1153	[illegible]	158
1154	丙	158
1155		158
1156		158
1157		158
1158		158
1159	(騕)	158
1160		159
1161		159
1162		159
1163	幵	159
1164	己	159
1165		159
1166		159
1167	卯	159
1168		160
1169	其	160
1170	巽	160
1171		160

十・獵具部

編號	字	頁碼
1172	單	160
1173		160
1174		160

1175　161
1176 衞 161
1177 衛 161
1178　161
1179　161
1180　161
1181　161
1182　161
1183 干 162
1184 𢆉 162
1185　162

十一・工具部

1186 丄 162
1187　162
1188 壬 162

十二・農具部

1189 力 163
1190 耒 163
1191 [illegible] 163
1192 耕 163
1193 耕耕 163
1194　163
1195　163
1196　163
1197　164
1198 辰 164

十三・卜示部

1199 卜 164
1200　164
1201 示 164
1202 祝 164
1203 爻 164
1204 巫 165
1205 且(祖) 165

拾・兵器

一・戈部

1206 戈 165
1207 戟 165
1208 酨 165
1209 戎 166
1210　166
1211 戜 166
1212　166
1213　166
1214 戔 166
1215 戔 166
1216 武 166
1217　167
1218　167
1219　167
1220　167
1221 義 167
1222　167
1223　167
1224　167
1225　168
1226　168

二・戉部

1227 戉 168
1228　168
1229　168
1230 戉箙 168
1231 成 168
1232 咸 169
1233　169
1234　169
1235　169
1236　169
1237　169
1238 王 169
1239　169
1240　170

三・盾部

1241 盾 170
1242 得 170
1243　170
1244　170
1245　170
1246　170
1247　171
1248 古 171
1249　171
1250　171
1251　171

四・矢部

1252 矢 171
1253 矧 171
1254 昳 172
1255 侯 172
1256　172
1257 箙 172
1258　172
1259　172

五・矛斤辛部

1260　172
1261　173
1262　173
1263 束 173
1264　173
1265 癸 173
1266　173
1267　173
1268　173
1269　174
1270　174
1271　174
1272 新 174
1273　174
1274 辛 174
1275 辛聿 174
1276　174
1277 夸 175

六・弓部

1278 弓 175

編號	字	頁
1279	弜	175
1280	弢	175
1281	[illegible]	175
1282	射女[illegible]	175
1283	射	176
1284	[illegible]	176
1285	張	176
1286	[illegible]	176
七·刀部		
1287	刀	176
1288	[illegible]	176
1289	[illegible]	176
1290	刃	177
1291	[illegible]	177
1292	[illegible]	177
1293	㓞	177
1294	[illegible]	177
1295	則	177
1296	劌	177
1297	[illegible]	177
1298	[illegible]	178
1299	[illegible]	178
1300	[illegible]	178
1301	[illegible](丙)	178
1302	方	178
1303	旁	178
1304	乍(作)	178
八·雜兵部		
1305	克	179
1306	[illegible]	179
1307	[illegible]	179
1308	[illegible]	179
1309	[illegible]	179
1310	[illegible]	179
1311	[illegible]	179
1312	[illegible]	179
1313	[illegible]	180
1314	[illegible]	180
1315	[illegible]	180
1316	[illegible]	180
1317	[illegible]	180
1318	[illegible]	180
拾壹·數字		
1319	一	181
1320	二	181
1321	五	181
1322	[illegible](五)	181
1323	八	181
1324	九	181
1325	[illegible]	181
1326	一六一	182
1327	五八六	182
1328	六一七六 一六	182
1329	六六六	182
1330	六一八六 一一	182
1331	六六一六 六一	182
1332	六六一一 六一	182
1333	七六八六 七五	182
1334	七五六六 六七	183
1335	七八六六 六六	183
1336	八七六六 六六	183
1337	八一六	183
1338	八六七六 一七	183
拾貳·冊亞		
一·冊部		
1339	冊	184
1340	[illegible]見冊	184
1341	[illegible]亯冊	184
1342	[illegible]冊亯	184
1343	天冊	184
1344	天[illegible]冊	185
1345	[illegible]冊	185
1346	[illegible]冊	185
1347	木工冊	185
1348	雔冊	185
1349	秝冊秝	185
1350	亳戈冊	186
1351	冊冊	186
1352	夫冊	186
1353	[illegible]冊	186
1354	天冊	186
1355	[illegible]冊	186
1356	[illegible]冊	187
1357	[illegible]冊	187
1358	辰冊	187
1359	[illegible]冊	187
1360	[illegible](韋、圍)冊	187
1361	亞正冊	187
1362	月冊	188
1363	秉冊	188
1364	木羊冊	188
1365	羊冊	188
1366	[illegible]冊	188
1367	[illegible]冊	188
1368	[illegible]冊	189
1369	亶冊	189
1370	[illegible]冊	189
1371	舟冊	189
1372	[illegible]冊舟	189
1373	[illegible]冊	189
1374	陸冊	190
1375	豆冊	190
1376	工冊	190
1377	戈冊北單	190
1378	弜冊	190

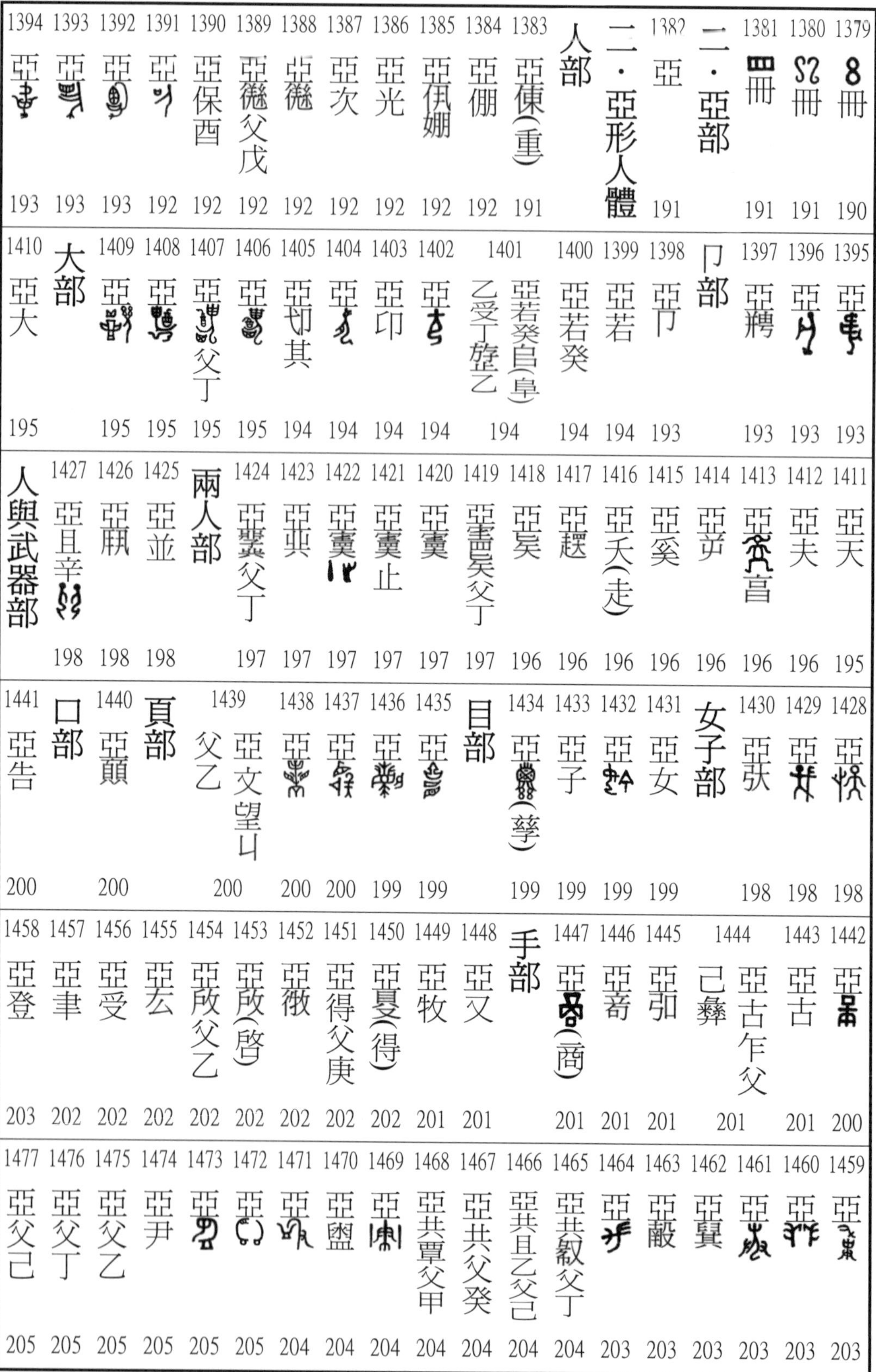

- 1379 8冊 190
- 1380 [illegible]冊 191
- 1381 [illegible]冊 191

一・亞部

- 1382 亞 191

二・亞形人體

人部

- 1383 亞倲(重) 191
- 1384 亞倗 192
- 1385 亞[illegible]姍 192
- 1386 亞光 192
- 1387 亞次 192
- 1388 亞[illegible] 192
- 1389 亞[illegible]父戊 192
- 1390 亞保酉 192
- 1391 亞[illegible] 192
- 1392 亞[illegible] 193
- 1393 亞[illegible] 193
- 1394 亞[illegible] 193
- 1395 亞[illegible] 193
- 1396 亞[illegible] 193
- 1397 亞[illegible] 193

冂部

- 1398 亞冂 193
- 1399 亞若 194
- 1400 亞若癸 194
- 1401 亞若癸自(阜) 乙受丁旋乙 194
- 1402 亞[illegible] 194
- 1403 亞印 194
- 1404 亞[illegible] 194
- 1405 亞卯其 194
- 1406 亞[illegible] 195
- 1407 亞[illegible]父丁 195
- 1408 亞[illegible] 195
- 1409 亞[illegible] 195

大部

- 1410 亞大 195
- 1411 亞天 195
- 1412 亞夫 196
- 1413 亞[illegible]亯 196
- 1414 亞屰 196
- 1415 亞奚 196
- 1416 亞夭(走) 196
- 1417 亞[illegible] 196
- 1418 亞昊 196
- 1419 亞[illegible]昊父丁 197
- 1420 亞橐 197
- 1421 亞橐止 197
- 1422 亞橐[illegible] 197
- 1423 亞[illegible] 197
- 1424 亞[illegible]父丁 197

兩人部

- 1425 亞並 198
- 1426 亞[illegible] 198
- 1427 亞且辛[illegible] 198

人與武器部

- 1428 亞[illegible] 198
- 1429 亞[illegible] 198
- 1430 亞[illegible] 198

女子部

- 1431 亞女 199
- 1432 亞[illegible] 199
- 1433 亞子 199
- 1434 亞[illegible](孳) 199

目部

- 1435 亞[illegible] 199
- 1436 亞[illegible] 199
- 1437 亞[illegible] 200
- 1438 亞[illegible] 200
- 1439 亞文望丩 父乙 200

頁部

- 1440 亞[illegible] 200

口部

- 1441 亞告 200
- 1442 亞[illegible] 200
- 1443 亞古 201
- 1444 亞古乍父 己彝 201
- 1445 亞[illegible] 201
- 1446 亞[illegible] 201
- 1447 亞[illegible](啇) 201

手部

- 1448 亞又 201
- 1449 亞牧 201
- 1450 亞[illegible](得) 202
- 1451 亞得父庚 202
- 1452 亞微 202
- 1453 亞[illegible](啓) 202
- 1454 亞[illegible]父乙 202
- 1455 亞厷 202
- 1456 亞受 202
- 1457 亞聿 202
- 1458 亞登 203
- 1459 亞[illegible] 203
- 1460 亞[illegible] 203
- 1461 亞[illegible] 203
- 1462 亞[illegible] 203
- 1463 亞[illegible] 203
- 1464 亞[illegible] 203
- 1465 亞共[illegible]父丁 204
- 1466 亞共且乙父己 204
- 1467 亞共父癸 204
- 1468 亞共覃父甲 204
- 1469 亞[illegible] 204
- 1470 亞盥 204
- 1471 亞[illegible] 204
- 1472 亞[illegible] 205
- 1473 亞[illegible] 205
- 1474 亞尹 205
- 1475 亞父乙 205
- 1476 亞父丁 205
- 1477 亞父己 205

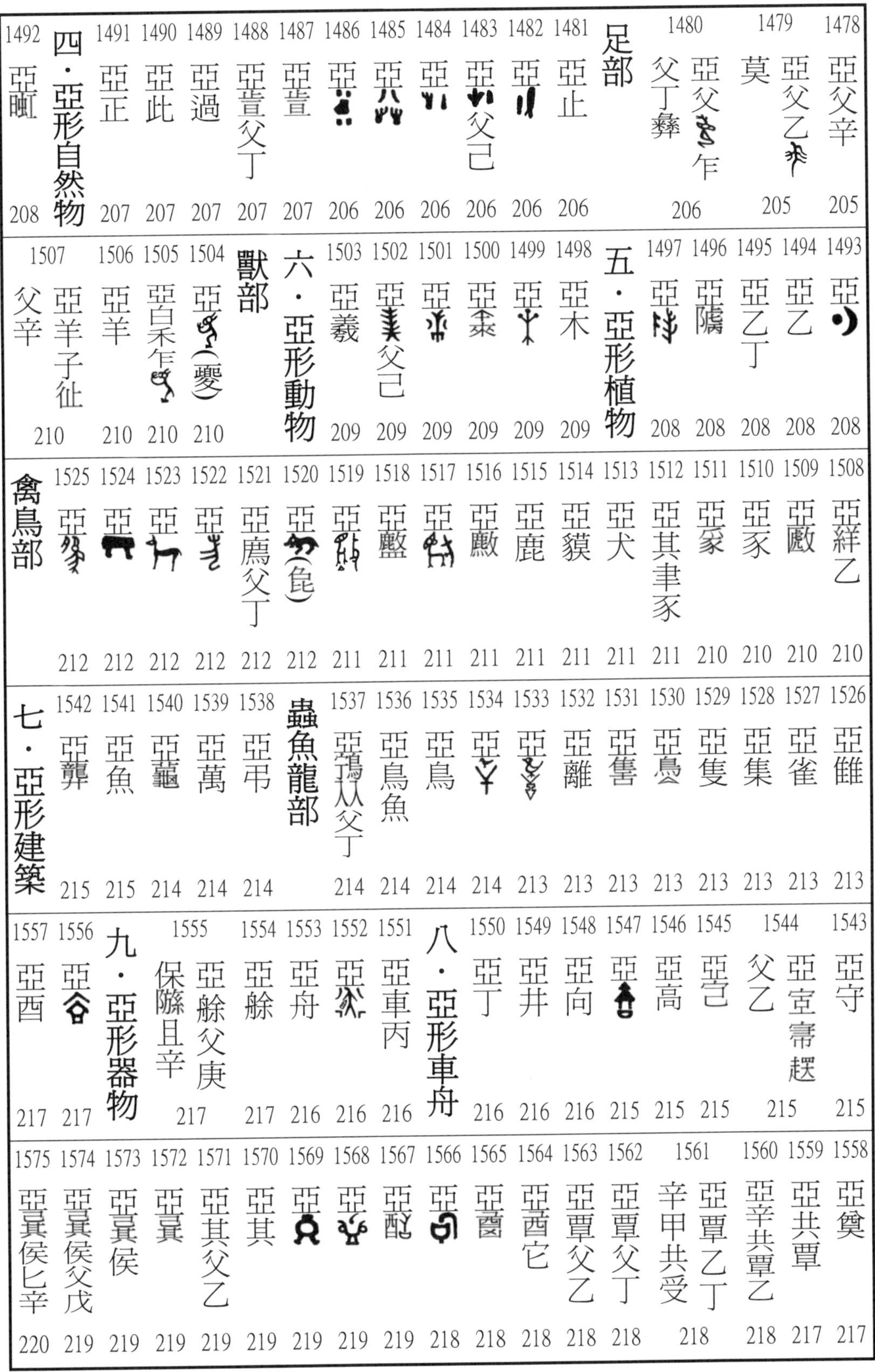

編號	銘文	頁碼
1478	亞父辛	205
1479	亞父乙□ 莫	205
1480	亞父□乍 父丁彝	206
足部		
1481	亞止	206
1482	亞□	206
1483	亞□父己	206
1484	亞□	206
1485	亞□	206
1486	亞□	206
1487	亞豈	207
1488	亞豈父丁	207
1489	亞過	207
1490	亞此	207
1491	亞正	207
四·亞形自然物		
1492	亞□	208
1493	亞□	208
1494	亞乙	208
1495	亞乙丁	208
1496	亞隮	208
1497	亞□	208
五·亞形植物		
1498	亞木	209
1499	亞□	209
1500	亞桼	209
1501	亞□	209
1502	亞□父己	209
1503	亞羲	209
六·亞形動物		
獸部		
1504	亞□(夒)	210
1505	亞㠯禾乍□	210
1506	亞羊	210
1507	亞羊子征 父辛	210
1508	亞絴乙	210
1509	亞廠	210
1510	亞豕	210
1511	亞豖	210
1512	亞其聿豕	211
1513	亞犬	211
1514	亞貘	211
1515	亞鹿	211
1516	亞廠	211
1517	亞□	211
1518	亞盬	211
1519	亞□	211
1520	亞□(皀)	212
1521	亞麃父丁	212
1522	亞□	212
1523	亞□	212
1524	亞□	212
1525	亞□	212
禽鳥部		
1526	亞雔	213
1527	亞雀	213
1528	亞集	213
1529	亞隻	213
1530	亞□	213
1531	亞雟	213
1532	亞離	213
1533	亞□	213
1534	亞□	214
1535	亞鳥	214
1536	亞鳥魚	214
1537	亞鴇从父丁	214
蟲魚龍部		
1538	亞弔	214
1539	亞萬	214
1540	亞黿	214
1541	亞魚	215
1542	亞龏	215
七·亞形建築		
1543	亞守	215
1544	亞宔寷趩 父乙	215
1545	亞㠯	215
1546	亞高	215
1547	亞□	215
1548	亞向	216
1549	亞井	216
1550	亞丁	216
八·亞形車舟		
1551	亞車丙	216
1552	亞□	216
1553	亞舟	216
1554	亞艅	217
1555	亞艅父庚 保隣且辛	217
九·亞形器物		
1556	亞□	217
1557	亞酉	217
1558	亞奠	217
1559	亞共覃	217
1560	亞辛共覃乙	218
1561	亞覃乙丁 辛甲共受	218
1562	亞覃父丁	218
1563	亞覃父乙	218
1564	亞酉它	218
1565	亞□	218
1566	亞□	218
1567	亞□	219
1568	亞□	219
1569	亞□	219
1570	亞其	219
1571	亞其父乙	219
1572	亞□	219
1573	亞□侯	219
1574	亞□侯父戊	219
1575	亞□侯匕辛	220

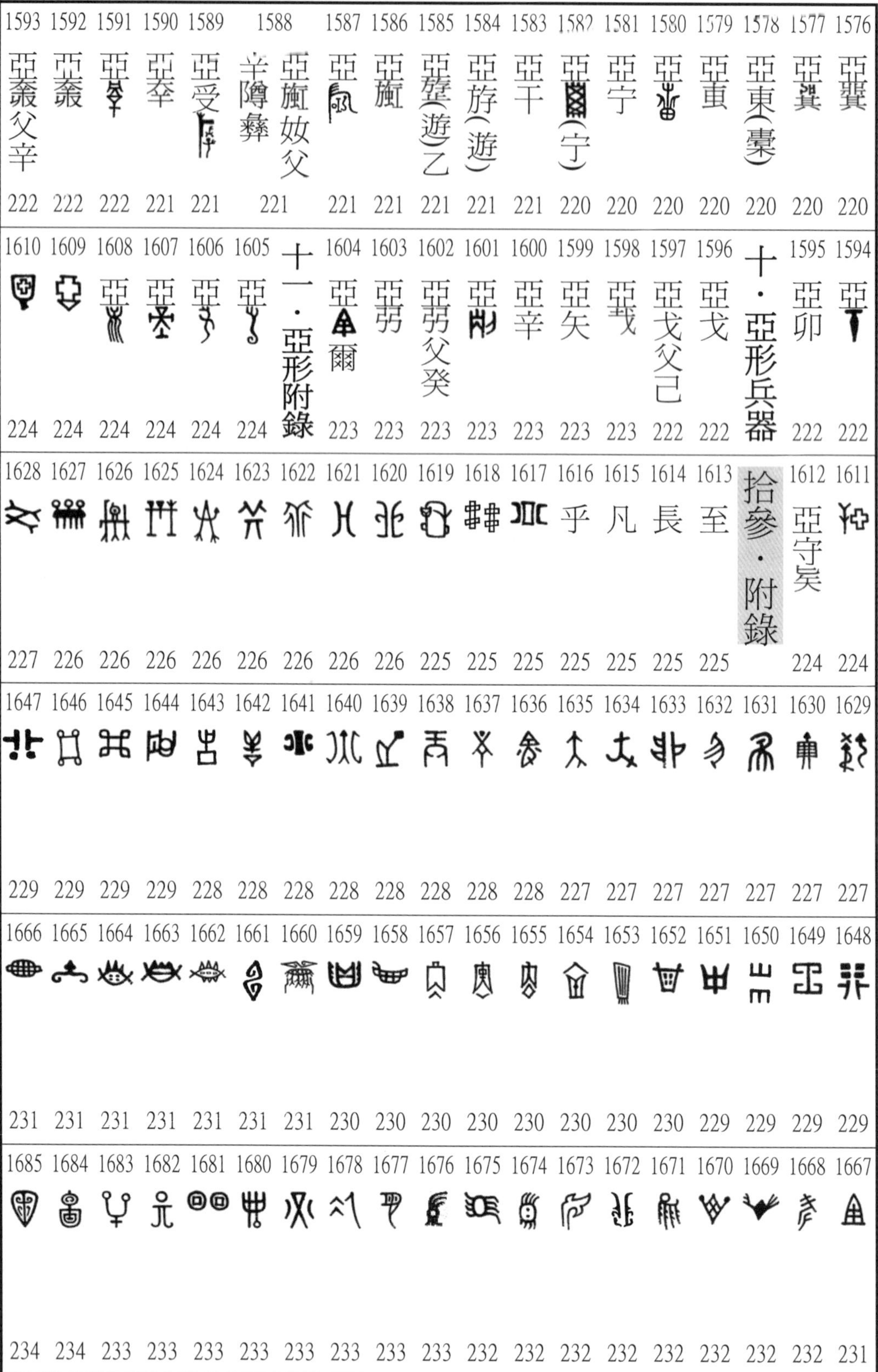

編號	銘文	頁碼
1576	亞冀	220
1577	亞冀	220
1578	亞東(橐)	220
1579	亞重	220
1580	亞□	220
1581	亞宁	220
1582	亞□(宁)	220
1583	亞干	221
1584	亞斿(遊)	221
1585	亞□(遊)乙	221
1586	亞旋	221
1587	亞□	221
1588	亞旋妏父辛隮彝	221
1589	亞受□	221
1590	亞卒	221
1591	亞□	222
1592	亞豙	222
1593	亞豙父辛	222
1594	亞□	222
1595	亞卯	222
	十・亞形兵器	
1596	亞戈	222
1597	亞戈父己	222
1598	亞□	223
1599	亞矢	223
1600	亞辛	223
1601	亞□	223
1602	亞□父癸	223
1603	亞□	223
1604	亞□爾	223
	十一・亞形附錄	
1605	亞□	224
1606	亞□	224
1607	亞□	224
1608	亞□	224
1609	□	224
1610	□	224
1611	□	224
1612	亞守吳	224
	拾參・附錄	
1613	至	225
1614	長	225
1615	凡	225
1616	乎	225
1617	□	225
1618	□	225
1619	□	225
1620	□	226
1621	□	226
1622	□	226
1623	□	226
1624	□	226
1625	□	226
1626	□	226
1627	□	226
1628	□	227
1629	□	227
1630	□	227
1631	□	227
1632	□	227
1633	□	227
1634	□	227
1635	□	227
1636	□	228
1637	□	228
1638	□	228
1639	□	228
1640	□	228
1641	□	228
1642	□	228
1643	□	228
1644	□	229
1645	□	229
1646	□	229
1647	□	229
1648	□	229
1649	□	229
1650	□	229
1651	□	229
1652	□	230
1653	□	230
1654	□	230
1655	□	230
1656	□	230
1657	□	230
1658	□	230
1659	□	230
1660	□	231
1661	□	231
1662	□	231
1663	□	231
1664	□	231
1665	□	231
1666	□	231
1667	□	231
1668	□	232
1669	□	232
1670	□	232
1671	□	232
1672	□	232
1673	□	232
1674	□	232
1675	□	232
1676	□	233
1677	□	233
1678	□	233
1679	□	233
1680	□	233
1681	□	233
1682	□	233
1683	□	233
1684	□	234
1685	□	234

1704	1703	1702	1701	1700	1699	1698	1697	1696	1695	1694	1693	1692	1691	1690	1689	1688	1687	1686
236	236	236	236	236	235	235	235	235	235	235	235	235	234	234	234	234	234	234

1723	1722	1721	1720	1719	1718	1717	1716	1715	1714	1713	1712	1711	1710	1709	1708	1707	1706	1705
238	238	238	238	238	238	238	238	237	237	237	237	237	237	237	237	236	236	236

1742	1741	1740	1739	1738	1737	1736	1735	1734	1733	1732	1731	1730	1729	1728	1727	1726	1725	1724
241	241	241	240	240	240	240	240	240	240	240	239	239	239	239	239	239	239	239

1761	1760	1759	1758	1757	1756	1755	1754	1753	1752	1751	1750	1749	1748	1747	1746	1745	1744	1743
243	243	243	243	243	243	242	242	242	242	242	242	242	242	241	241	241	241	241

1780	1779	1778	1777	1776	1775	1774	1773	1772	1771	1770	1769	1768	1767	1766	1765	1764	1763	1762
246	245	245	245	245	245	245	245	245	244	244	244	244	244	244	244	244	243	243

1799	1798	1797	1796	1795	1794	1793	1792	1791	1790	1789	1788	1787	1786	1785	1784	1783	1782	1781
248	248	248	248	247	247	247	247	247	247	247	247	246	246	246	246	246	246	246

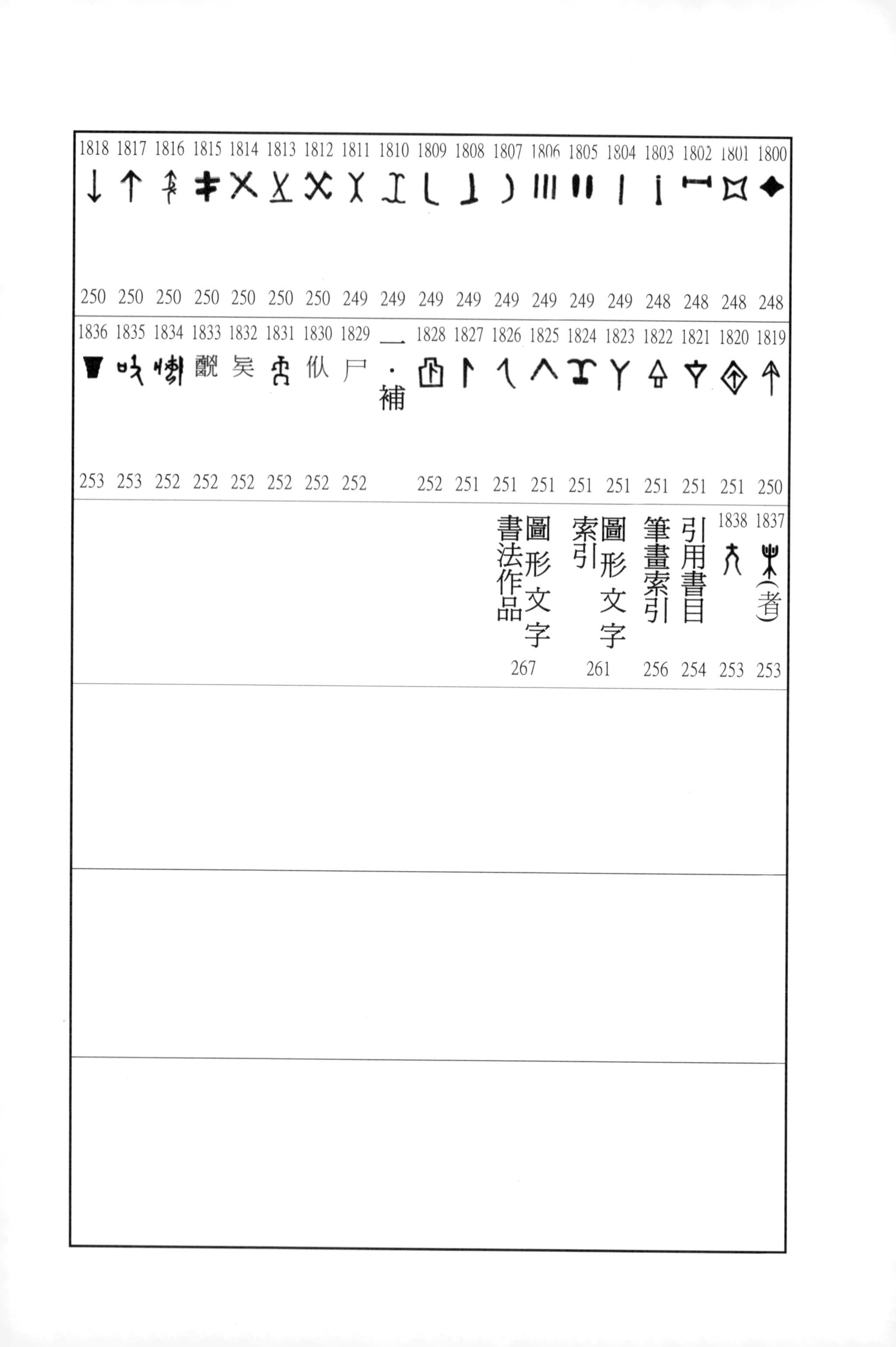

人體 人部

3	2	1
𠈌	伓	人
𠈌觶 成 6032 殷	禾伓毁 成 3122 殷	人畁 成 9108 殷；人爵 成 7342 殷

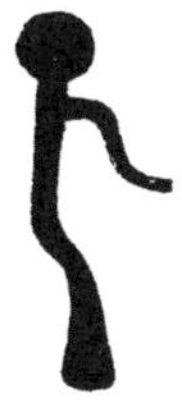

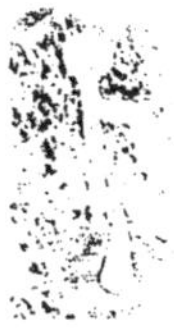

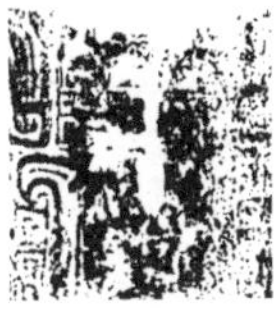

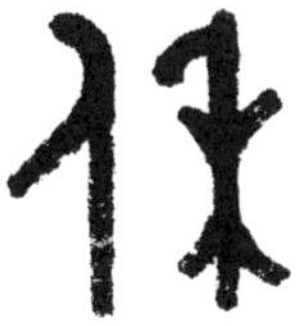

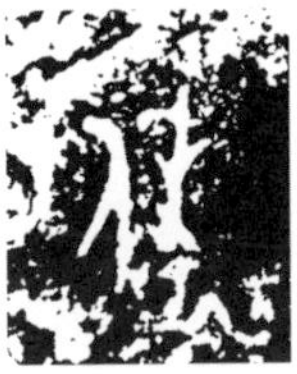

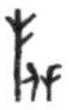

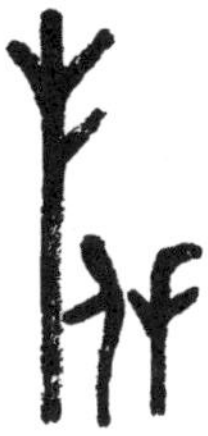

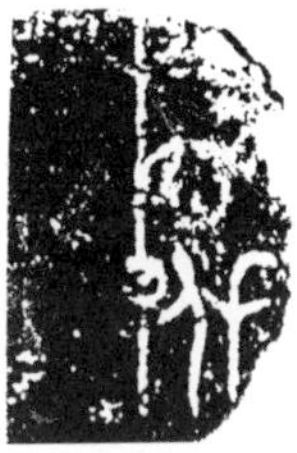

7	6	5	4
兒	先	元	休
兒鼎 成 1038 周中；兒毁 成 2939 周中	先鼎 成 1030 殷；先弓形器 成 11866 殷	元作彝盉 成 9368 周早	休爵 成 7386 殷・周早

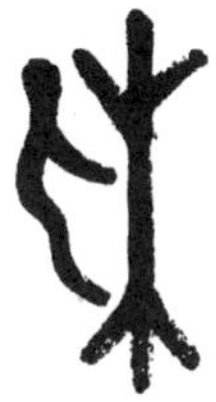

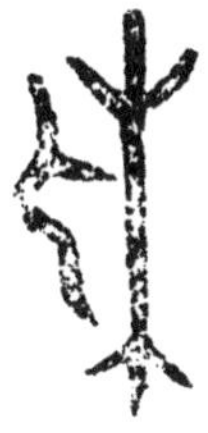

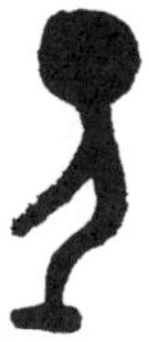

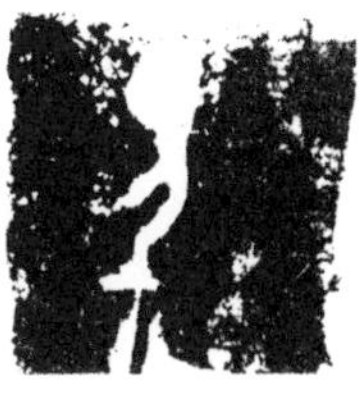

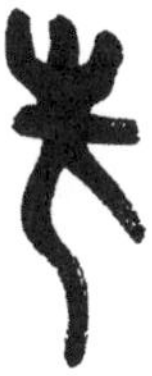

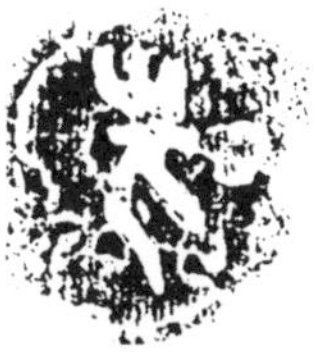

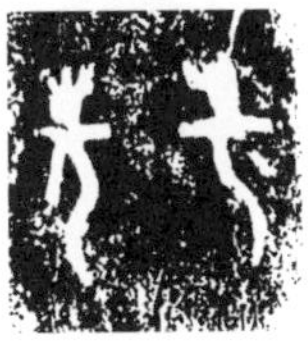

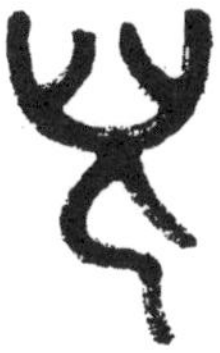

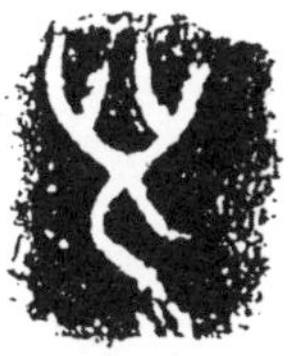

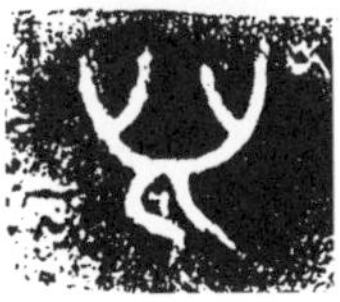

11	10	9	8
𠋫	𠈲	侎	保
父丁觚 總 6227	己爵 成 8044 殷	鼎 成 1017 殷	保父己斝 成 9214 殷
觚 成 6921 殷	己爵 成 8045 殷	侎父癸甗 成 823 周早	保鼎 成 1001 殷

15	14	13	12
倗	倲(重)	𠊐	匕
鼎 成 1006 殷	重鼎 成 1004 殷	𠊐 殷 成 2918 殷	𢆶匕癸方鼎 成 1516 周早
爵 成 7384 殷	重爵 成 7365 殷		戈匕辛鼎 成 1515 殷

16	17	18	19
倗舟	傰珥	⿰亻⿱㝵牛(牽)	⿰兄可(歌)
□舟鼎 成 1459 殷	□珥觚 成 6929 殷	□𣪘 成 2954.1 西周	⿰兄可兄日壬觶 成 6429 殷
□□卣 成 4842 殷	珥□觚 成 6928 殷	得且口鼎 總集 0335	子蝠⿰兄可觚 成 7173 殷

20	21	22	23
□(歙·飲)	□示	□	竟
□觚 成 6566 殷	飲示鼎 新 135 商晚	□□斝 成 9189 殷	竟鼎 成 1000 殷
癸□卣 成 4839.1 殷	□爵 成 8159 殷	□□卣 成 5017.2 殷	竟父戊觥 成 9276.1 殷

27	26	25	24
	参	(企)	
戈 成 10651 殷	参觚 成 6557 殷 乙参觚 成 6823 殷	癸爵 成 8060 殷 企爵 錄 762 商晚	父乙鼎 成 1528 周早 父乙方鼎 成 1529 周早

31	30	29	28
尊 成 5443 殷 父乙尊 成 5721 殷	器 成 10504 殷 尊 成 5557B 周早	父辛觶 成 6319 周早	父乙卣 新 299 周早

(企) 参

35	34	33	32
鼎 成 1027 殷	父丁鬲 總 1353	爵 成 7353 周早	爵 成 7347 殷
父己段 成 3198 周早	作父乙段 成 3511 周中	癸爵 成 8066 周早	𤼈見駒段 成 3750 周早

39	38 佣	37 (丙)	36
亞寰鼎 成 2427 殷	佣且己爵 成 8842 殷	大丙觶 成 6170 殷・周早	庚且辛爵 成 9047 周早
冊宅鼎 成 1737 殷	子佣觚 新1579 商晚	父丁爵 成 8473 周早	觚 成 6552 殷

43	42	41	40
羛朿	羛(羌)		
羛朿觚 成 6926 殷	亞乙羛爵 成 8779 殷 羛作父己尊 成 5879 周中	罗盂 成 10300 殷 罗簋 錄 366 商晚	爵 成 8755 殷 作寶爵 成 8985 周早

47	46	45	44
		[illegible]	[illegible]
子 爵 成 8766 殷	父癸爵 成 8679 周早	父乙觚 成 7089 殷	卣 成 4778 殷 父戊爵 成 8521 殷

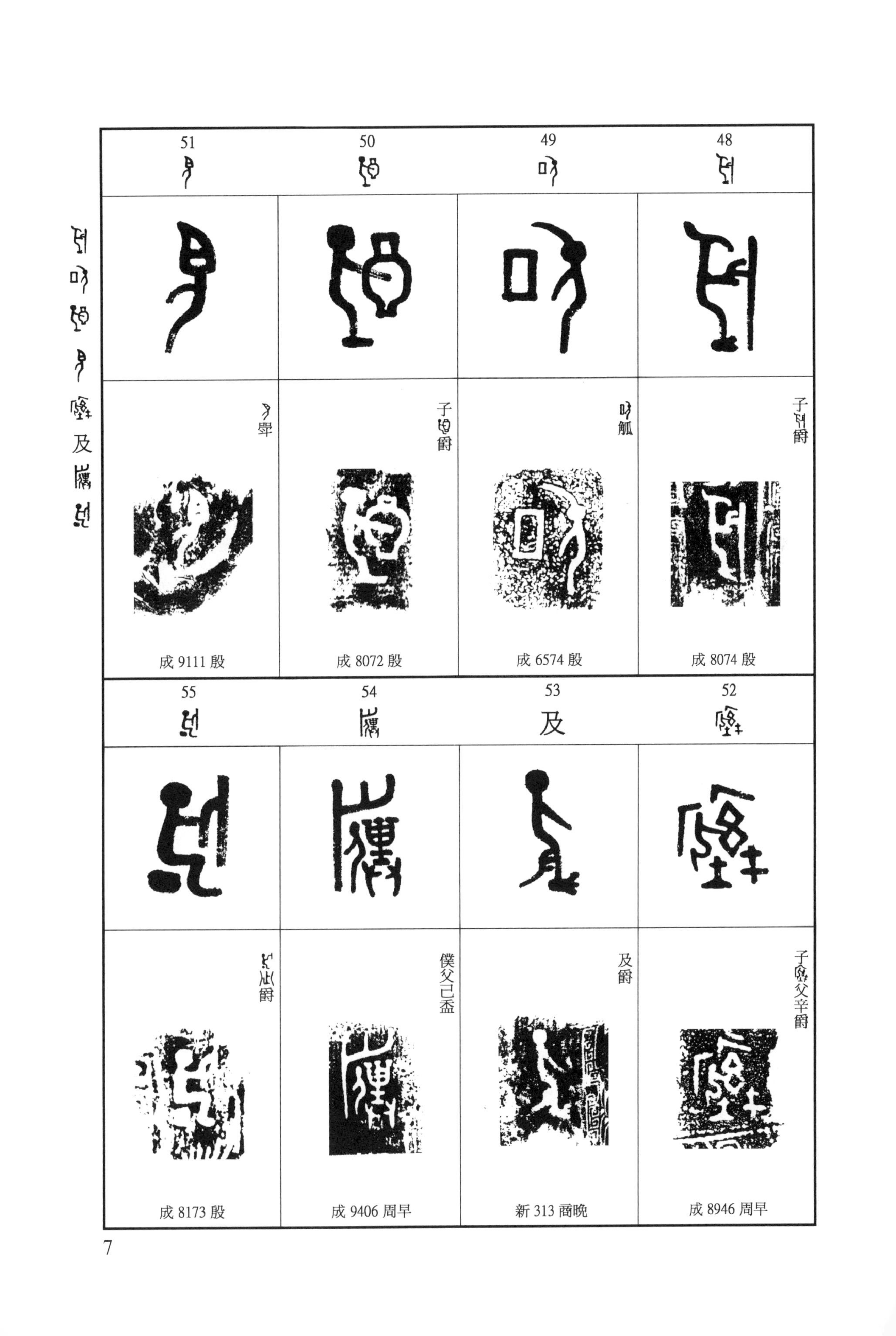

51	50	49	48
斝	子爵	觚	子爵
成 9111 殷	成 8072 殷	成 6574 殷	成 8074 殷

55	54	53	52
		及	
爵	僕父己盉	及爵	子父辛爵
成 8173 殷	成 9406 周早	新 313 商晚	成 8946 周早

56	57	58	59
[illegible]	付	[glyph]	[glyph]
[illegible]作父丁尊	付鼎	[glyph]父辛甗	[glyph]爵
成 5876 周早	成 1016 殷	成 820 周早	成 7345 殷

60	61	62	63
[glyph]	[glyph]	[glyph]	[glyph]
[glyph]爵	[glyph]父丁殷 新 306 周早 [glyph]父丁殷	[glyph][glyph]觚	[glyph]觚
成 7346 殷	新 306 周早	成 7061 殷	成 6941 殷

[illegible]付[glyph][glyph][glyph][glyph][glyph][glyph]

編號	字頭	器名	出處
64		匕辛鐃	成 412 殷
65		良矢作父辛尊	成 5884 周早
66		矢卣	成 5304 周早
67	次	史次鼎	成 1354 周早
68		史子壺	新 673 商晚
69	從	魚從觚	成 7057 周早
69	從	遽從鼎	成 1494 周早
70	卩	鼎	成 993 殷
70	卩	父己爵	成 8544 周早

卩部

71	72	73	74
若	匿	[illegible](祝)	兄
若父己爵 成 8545 周早	匿爵 成 7377 殷 匿斝 成 9114 殷	子[illegible]爵 成 8073 殷 兄父己觶 成 6273 周早	㓞兄丁觶 成 6353 殷 [illegible]兄丁尊 成 5683 殷·周早

75	76	77	78
[illegible]	[illegible](卪心)	邑	[illegible]
[illegible]矢父戊爵 成 8920 周早 [illegible]矢父戊爵 成 8918 周早	[illegible]爵 成 7364 殷 [illegible]設 成 2929 殷	邑鼎 錄 170 商晚 邑爵 成 7588 殷	[illegible]鬲 成 445 殷 [illegible][illegible]戈 成 10848.1 殷

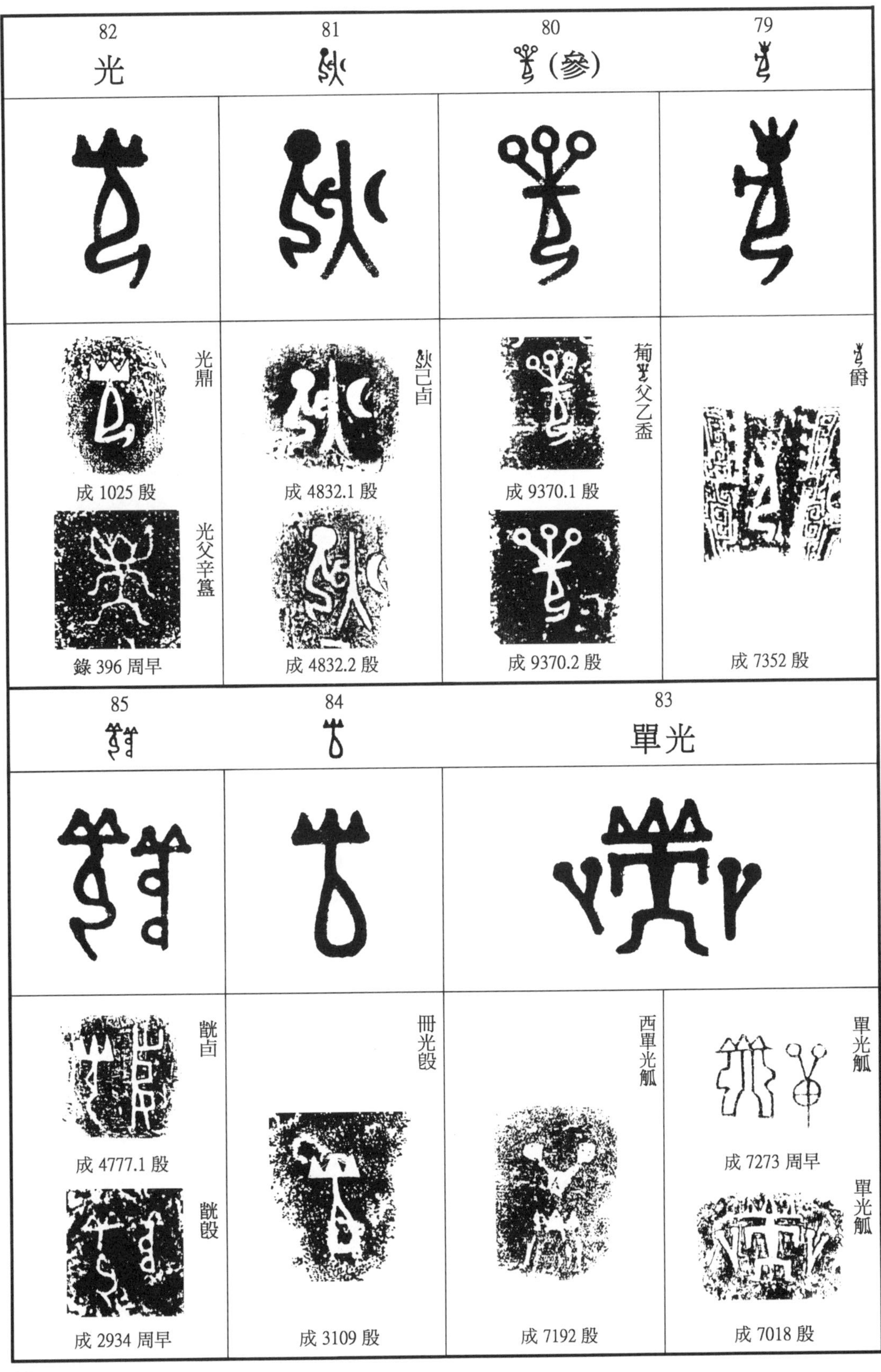

82
光
81
80
(參)
79
光鼎
成 1025 殷
光父辛簋
錄 396 周早
己卣
成 4832.1 殷
成 4832.2 殷
父乙盉
成 9370.1 殷
成 9370.2 殷
爵
成 7352 殷
85
84
83
單光
卣
成 4777.1 殷
殷
成 2934 周早
冊光殷
成 3109 殷
西單光觚
成 7192 殷
單光觚
成 7273 周早
單光觚
成 7018 殷
(參)
光
單光

88	87	86	
[illegible]	給(䊁)	令	
[illegible]父乙爵 成 8378 殷	給父乙鼎 成 1538 周早	[illegible]爵 成 7360 殷	[illegible]父己甗 成 815 殷
[illegible]父癸卣 成 4995.2 殷	[illegible]爵 成 7369 殷	大保殷 成 4140 周早	

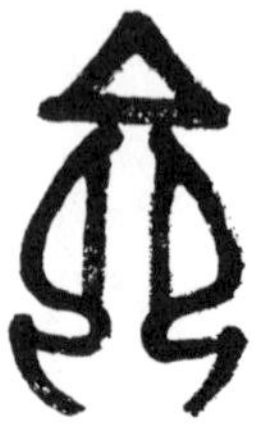

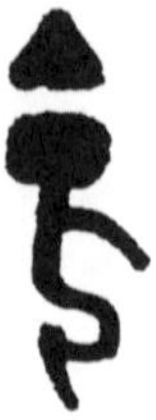

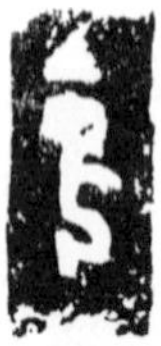

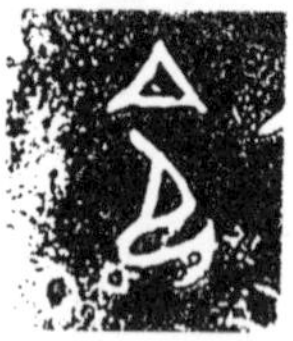

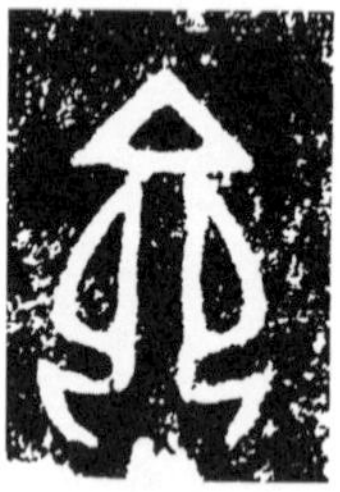

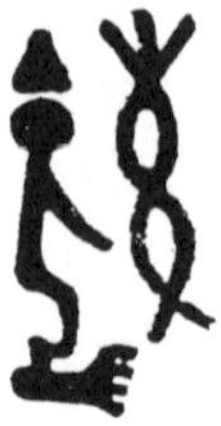

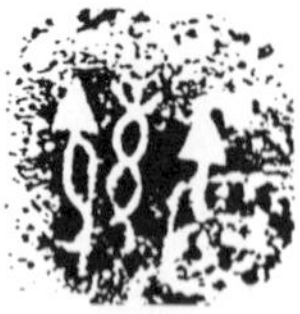

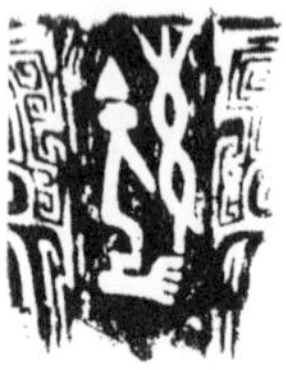

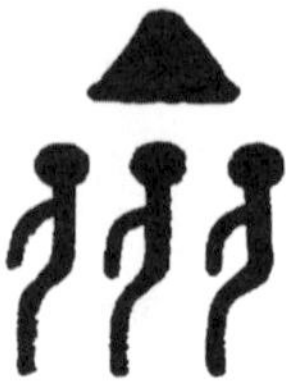

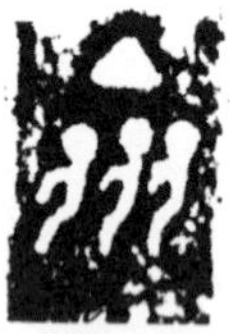

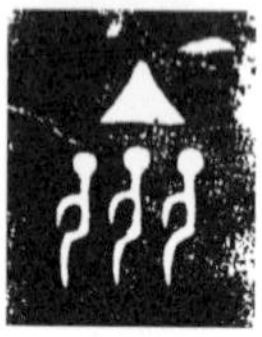

92	91	90	89
[illegible]	見	覓	䀏
[illegible]殷 成 3469 周早	見簋 錄 367 商晚	覓父乙爵 成 8418 殷	文䀏父丁殷 成 3312.1 殷
	見鼎 成 994 殷		[illegible]父丁簋 總 2000

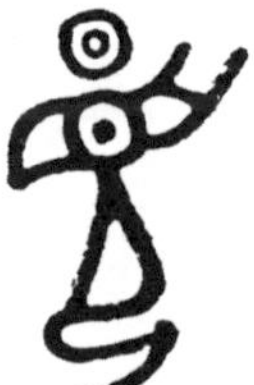

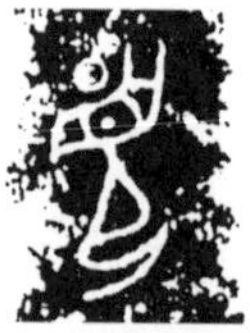

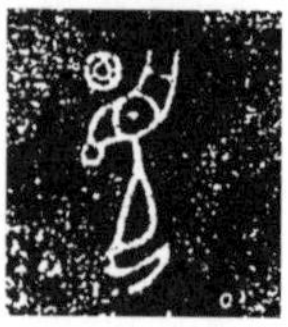

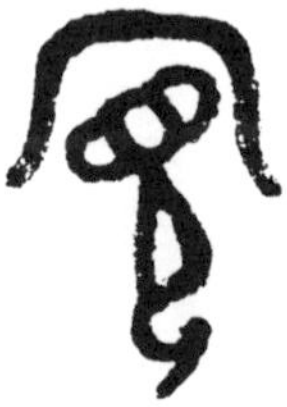

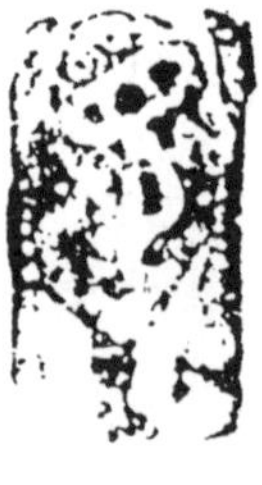

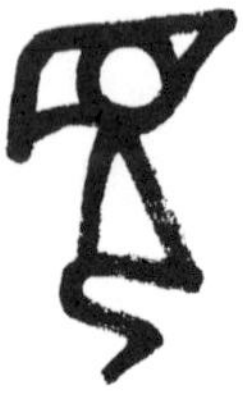

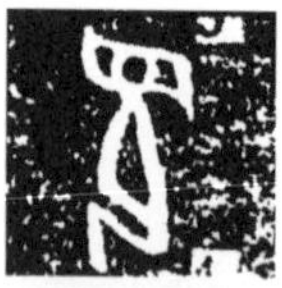

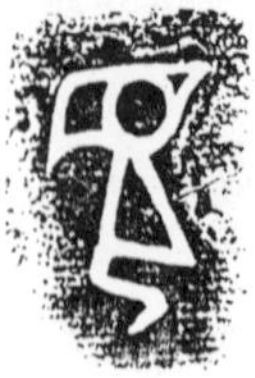

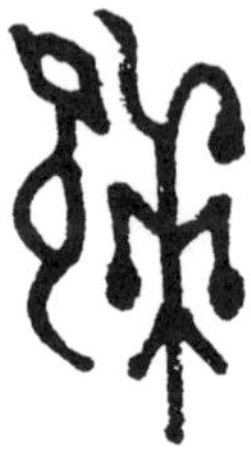

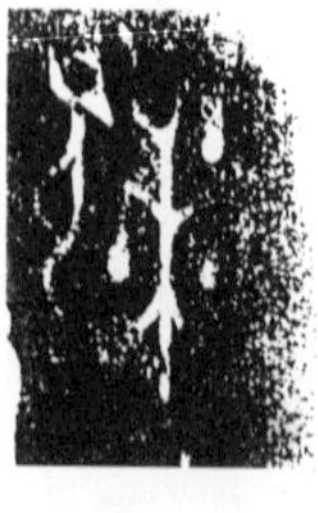

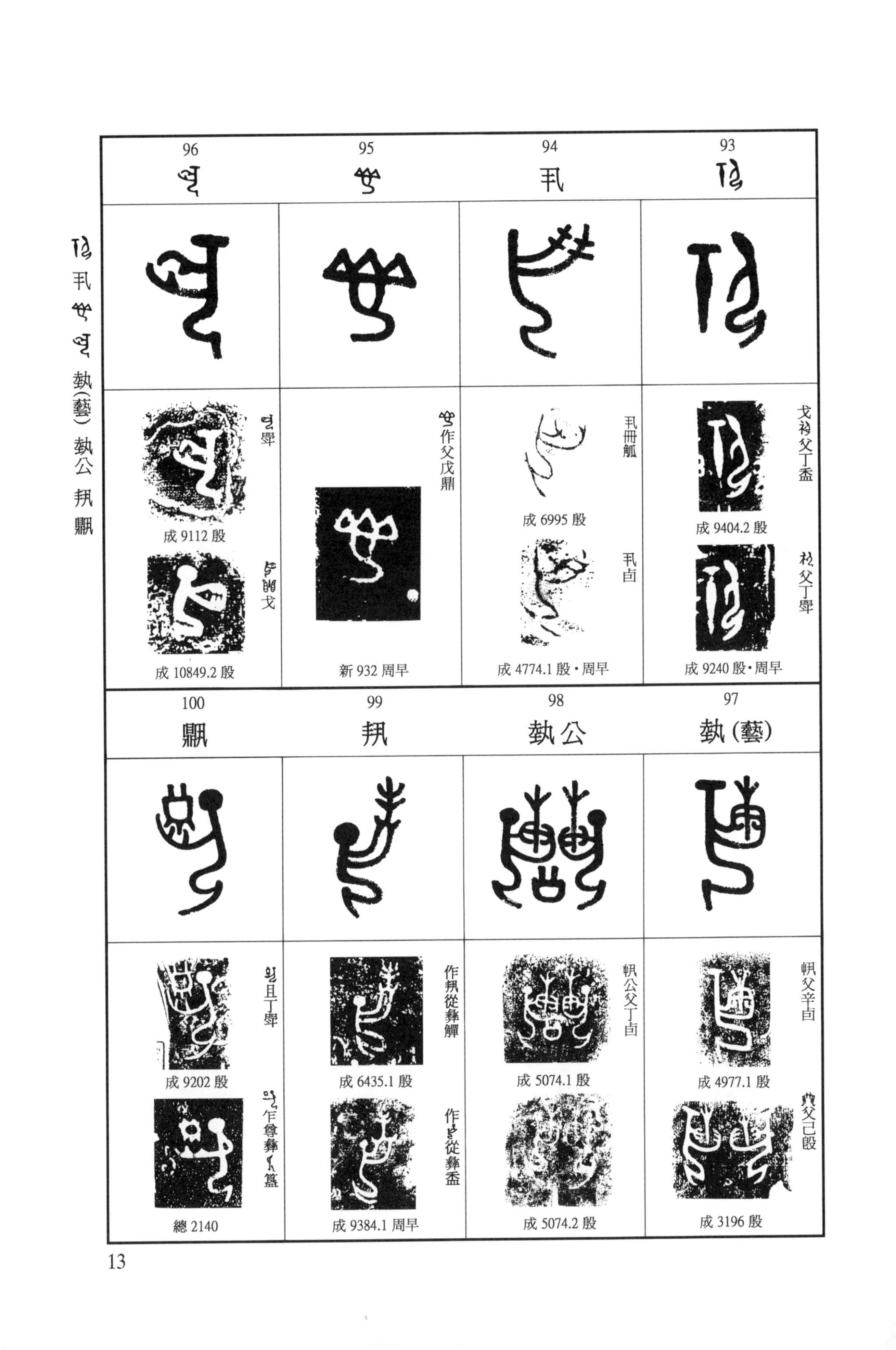

96	95	94	93
斝 / 成 9112 殷	作父戊鼎 / 新 932 周早	冊觚 / 成 6995 殷	戈 父丁盉 / 成 9404.2 殷
戈 / 成 10849.2 殷		卣 / 成 4774.1 殷・周早	父丁斝 / 成 9240 殷・周早

100	99	98	97
⿰鼎凡	⿰丰凡	執公	執(藝)
且丁斝 / 成 9202 殷	作⿰丰凡從彝觶 / 成 6435.1 殷	帆公父丁卣 / 成 5074.1 殷	帆父辛卣 / 成 4977.1 殷
乍尊彝 簋 / 總 2140	作 從彝盉 / 成 9384.1 周早	成 5074.2 殷	父己毁 / 成 3196 殷

101	102	103	104
[illegible]	[illegible]	[illegible]	[illegible]
[illegible]父丁殷	[illegible]父爵	[illegible]作父辛鼎	保[illegible]爵
成 3177 殷	成 9040 周早	成 2255 周早	成 8172 殷

105	106	107	108
[illegible]	𨚓	切	[illegible](印)
[illegible]尊	中父乙罍	切爵	[illegible]爵
成 5444 殷	成 9815.1 周早	錄 763 商晚	成 7361 殷
	成 9815.2 周早	切甗	
		錄 155 商晚	

[illegible] [illegible] [illegible] [illegible] [illegible] 𨚓 切 [illegible](印)

(欠)

112	111	110	109
口爵	爵	量	戈
成 8185 殷	成 7381 殷	總 7862	成 10788 周早

116	115	114	113
(欠)			
父丁爵	癸爵	父戊觚	父丁爵
成 8447 周早	成 8068 殷	成 7122 殷	成 8446 周早

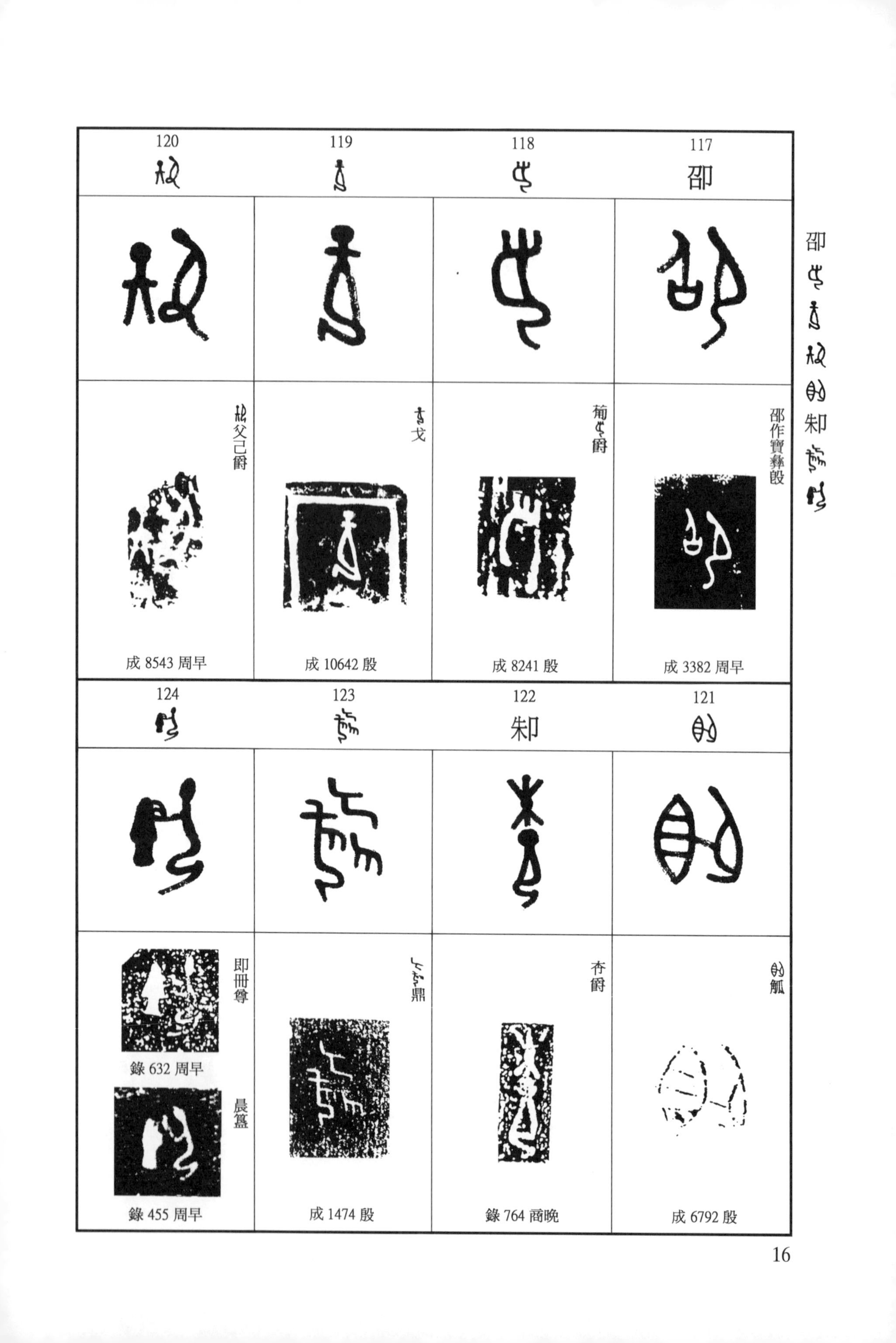

120	119	118	117
[glyph]	[glyph]	[glyph]	卲
[glyph]父己爵	[glyph]戈	葡[glyph]爵	邵作寶彝毁
成 8543 周早	成 10642 殷	成 8241 殷	成 3382 周早

124	123	122	121
[glyph]	[glyph]	知	[glyph]
即冊尊 錄 632 周早 晨簋	[glyph]鼎	杏爵	[glyph]觚
錄 455 周早	成 1474 殷	錄 764 商晚	成 6792 殷

大部

127	126	125
[glyph]	[glyph] (印·卬)	印 (卬·抑)
大御尊 成 5687 周早	寑印爵 錄 856 商晚	𠬝觶 成 6039 殷
天嘼御尊 錄 621 商晚	寑印爵 錄 853 商晚	印觚 錄 686 商晚

131	130	129	128
立	⿱大山	夸 (夸)	大
立⿱亼甲父丁卣 成 5064.1 殷	⿱大山觚 成 6572 殷	夸矛 成 11419 殷	大鼎 錄 167 商晚
立戈 成 10639 殷		夸爵 成 7433 殷	大御尊 成 5687 周早

夫亢天需奚

134 天		133 亢	132 夫
天爵 成 7323 殷	天鼎 成 991 殷	亞亢觚 成 7184 殷	夫爵 成 7341 周早
鼎 成 992 殷		爵 成 7336 殷	夫觶 成 6025 殷

138	137	136 奚	135 需
匕首 總 7748	鬲 成 446 殷	葡亞作父癸角 成 9102.2 殷	父辛鼎 成 1635 殷
總 7748	且己壺 總 5629	奚卣 成 4734.1 殷	戈 成 10635.1 殷

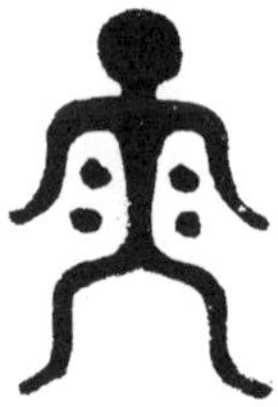

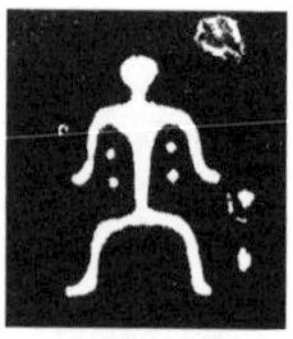

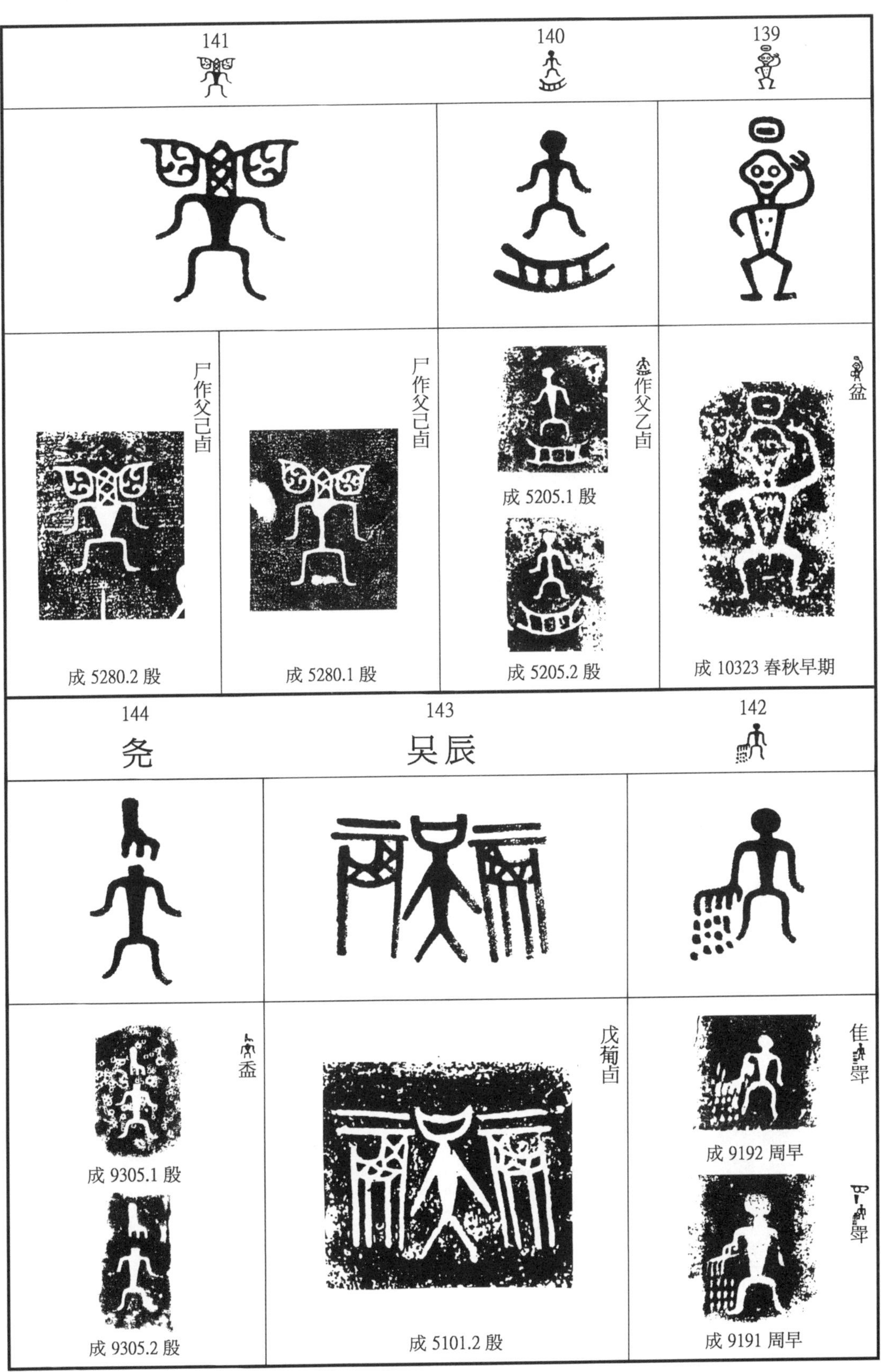
141
140
139
尸作父己卣
尸作父己卣
作父乙卣
盆
成 5280.2 殷
成 5280.1 殷
成 5205.1 殷
成 5205.2 殷
成 10323 春秋早期
144
143
142
免
呉辰
盉
戉葡卣
佳
斝
斝
成 9305.1 殷
成 9305.2 殷
成 5101.2 殷
成 9192 周早
成 9191 周早

148	147	146	145
		⿱爫大	⿱夂大
觚	⿰耳犬父癸尊	辰行⿱爫大父乙鼎	耳⿱夂大父丁鼎
成 6565 殷	成 5670 殷	成 2002 殷	成 1854 周早

152	151	150	149
父丁冊方鼎	卣	父己殷	爵
成 1858 殷	成 4773 殷	成 3195 殷	成 8149 周早

⿱夂大 ⿱爫大

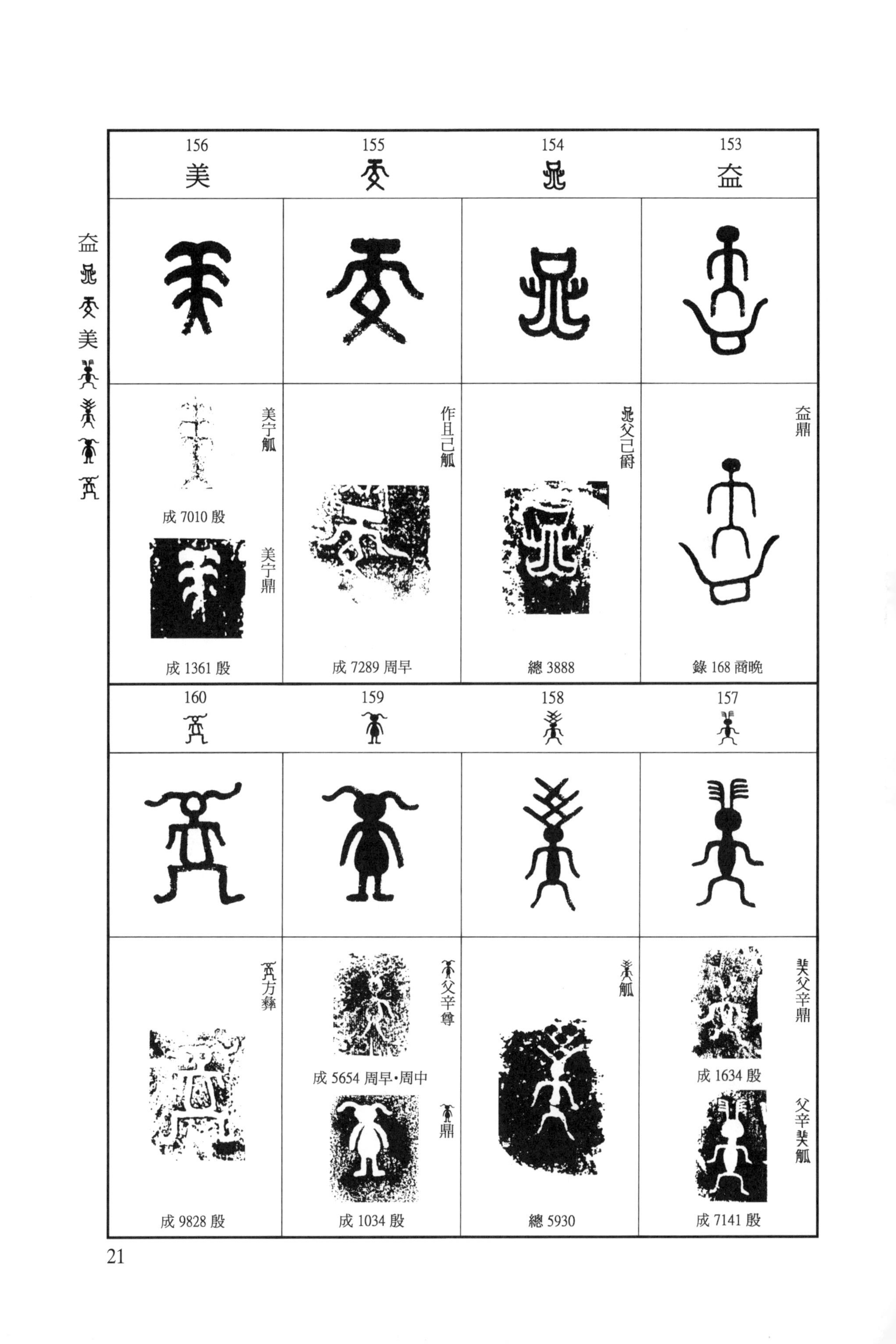

153	154	155	156
盃	[illegible]	[illegible]	美
盃鼎 錄 168 商晚	[illegible]父己爵 總 3888	作且己觚 成 7289 周早	美宁觚 成 7010 殷 美宁鼎 成 1361 殷

157	158	159	160
[illegible]	[illegible]	[illegible]	[illegible]
[illegible]父辛鼎 成 1634 殷 父辛[illegible]觚 成 7141 殷	[illegible]觚 總 5930	[illegible]父辛尊 成 5654 周早·周中 [illegible]鼎 成 1034 殷	[illegible]方彝 成 9828 殷

161	162	163	164
		(免)	
兔觚 成 7067 殷 爵 成 8154 殷	子爵 成 8119 殷	田兔觚 成 7012 殷 周兔旁父丁尊 成 5922 周中	田斝 成 9190 殷

165	166	167	168
矢	(趞·遣)		
矢鼎 成 995 西周 矢觚 成 6559 殷	遣妊爵 成 8137 殷 母壬爵 總 3980	夭作彝卣 錄 577 周中 作彝卣 成 5025.2 周早	觚 成 6555 殷

169

觚

成 6553 殷

170

觚

成 6554 殷

171

犾駿觥蓋

成 9300 周早

方鼎

成 996 殷・周早

172

矢父乙方彝

成 9866.1 周早

觚

成 6560 殷

173

作且戊鼎

成 1814 周早

父己尊

成 5643 殷

174

戈

成 10640 殷

作父庚寶彝

成 881.2 周早

175

亞 爵

成 8777 殷

176

甗

成 777 殷

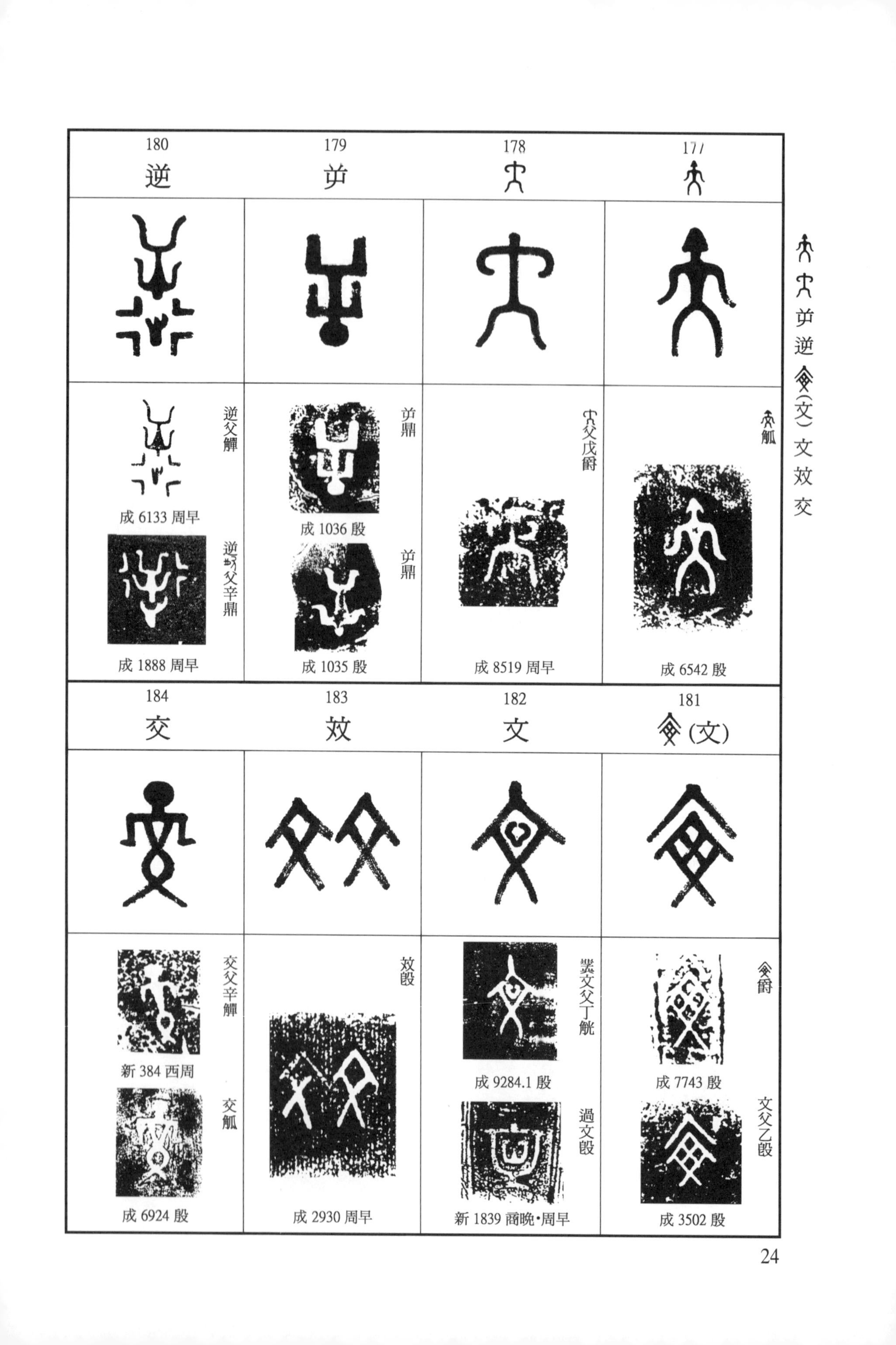

180	179	178	177
逆	屰	□	□
逆父觶 成 6133 周早 逆□父辛鼎 成 1888 周早	屰鼎 成 1036 殷 屰鼎 成 1035 殷	□父戊爵 成 8519 周早	□觚 成 6542 殷

184	183	182	181
交	效	文	□(文)
交父辛觶 新 384 西周 交觚 成 6924 殷	效毀 成 2930 周早	□文父丁觥 成 9284.1 殷 過文毀 新 1839 商晚‧周早	□爵 成 7743 殷 文父乙毀 成 3502 殷

188 亦	187 無(舞)	186 舞(無)	185 ⿱子大
亦車矛 成 11448.1 殷	無憂作父丁卣 成 5309.1 周早	匽侯銅泡 成 11860 周早	⿱子大戈 成 10638 殷
亦車矛 成 11447.2 殷	成 5309.2 周早	匽侯銅泡 成 11861 周早	

192 ⿱非異	191 ⿱子異	190 ⿱𦥑⿰子大	189 𡗜
⿱非異爵 成 7419 殷	⿱子異戈 成 10648 殷	復作父乙尊 成 5978 周早	𡗜北子甗 成 847 周早
	⿱子異戈 總 7243	⿱𦥑⿰子大父辛觶 成 6301 殷	丁鼎 成 1288 殷

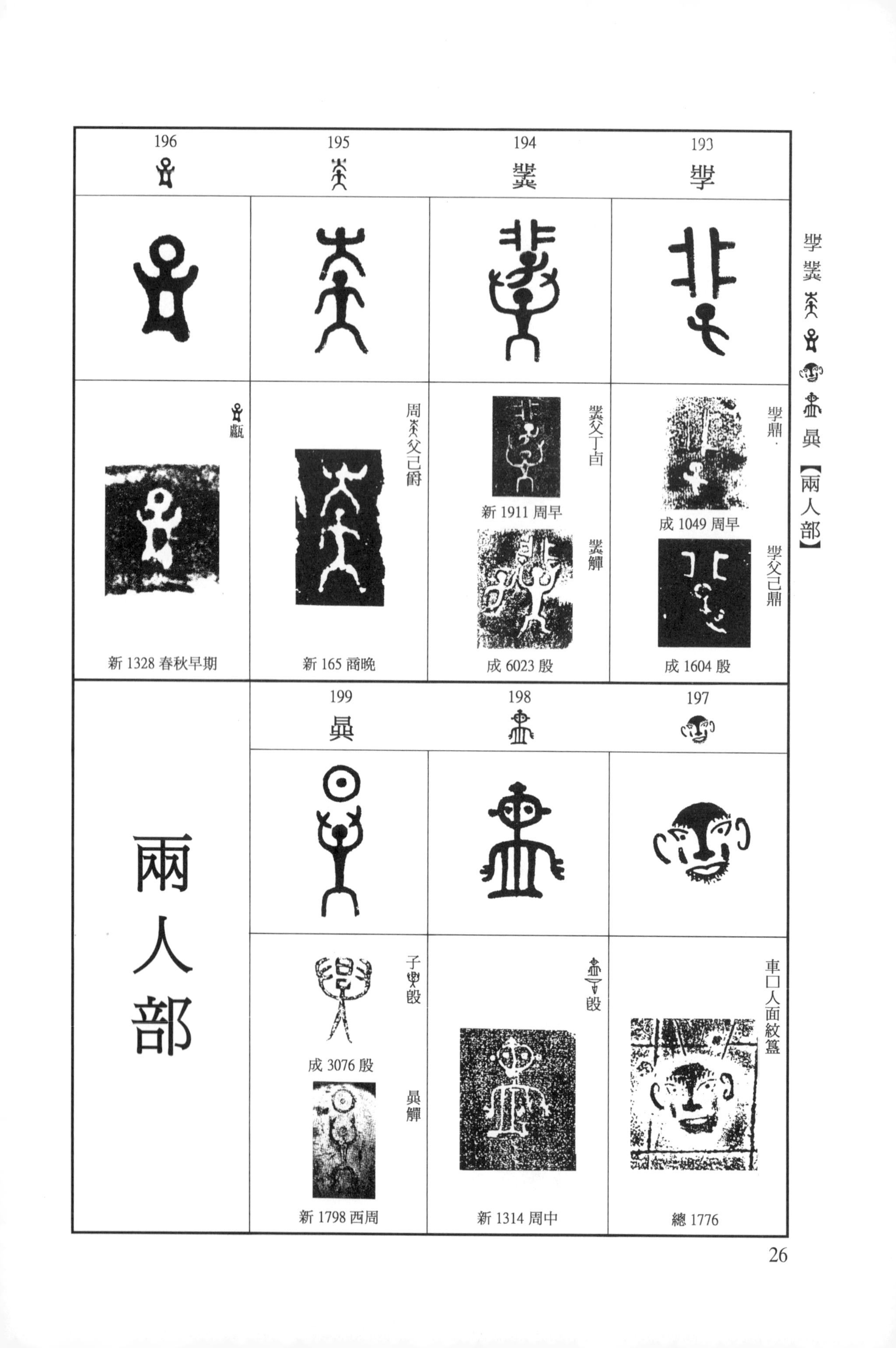

196	195	194	193
新 1328 春秋早期	周㚇父己爵 新 165 商晚	㸚父丁卣 新 1911 周早；㸚觶 成 6023 殷	學鼎 成 1049 周早；學父己鼎 成 1604 殷

兩人部

199	198	197
㒪		
子㒪殷 成 3076 殷；㒪觶 新 1798 西周	殷 新 1314 周中	車口人面紋簋 總 1776

202 北	201 玉䵼	200 [illegible]
北𤰈 成 9120 殷	丰卂觚 成 6923 殷	[illegible]鼎 新 266 商晚
北爵 成 7402 殷・周早		

206 並	205 北酉	204 北子	203 北單
竝卣 成 4733.1 殷	北酉父己爵 成 8934 周早	北子冄父辛卣 成 5165.1 殷	北單殷 成 3120 殷
並爵 成 7401 殷	北酉父癸爵 成 8962 殷		北單從鼎 成 2173 周早

209 卿(饗)	208 鄉宁	207 鄉(饗)
卿爵 成 7408 殷	鄉宁鼎 成 1362 殷	鄉鉞 成 11732 殷
卿尊 成 5889 周早	鄉宁鼎 成 1363 殷	

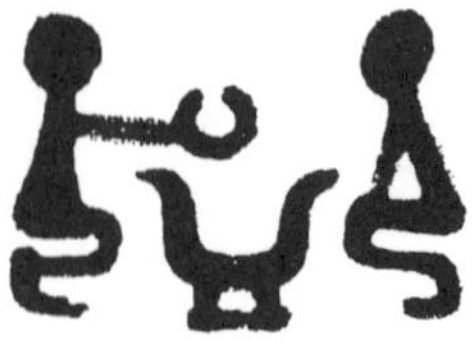

213 化	212 从	211	210
化鼎 成 1014 殷	爵 成 7403 殷	甗 成 6916 殷	鄉父丁爵 成 8452 周早
	从丁癸卣 錄 575 商晚	甗 成 6917 殷	父己鼎 成 1612 殷

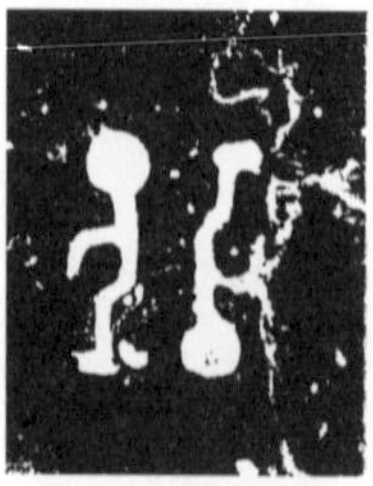

217	216	215	214
[字形]且丁觚 成 7077 殷	[字形]爵 總 3145	[字形]父己尊 成 5644 周早	[字形]爵 成 7405 殷 毄父乙尊 成 5957 周早

221	220	219	218
[字形]興父辛爵 成 8951 殷	[字形]父癸爵 成 8681 殷	鬥 守卣 錄 597 周早	[字形] 亞向父戊爵 成 9010 殷

225	224	223	222
旁父乙鼎 成 2009 殷・周早	觚 成 6787 殷	戈 總 7297	父己爵 成 8542 殷

229	228	227	226
作寶彝𣪕 成 3380 周早	戈 成 10643 殷	斝 成 9121 殷	競器 成 10479 周早

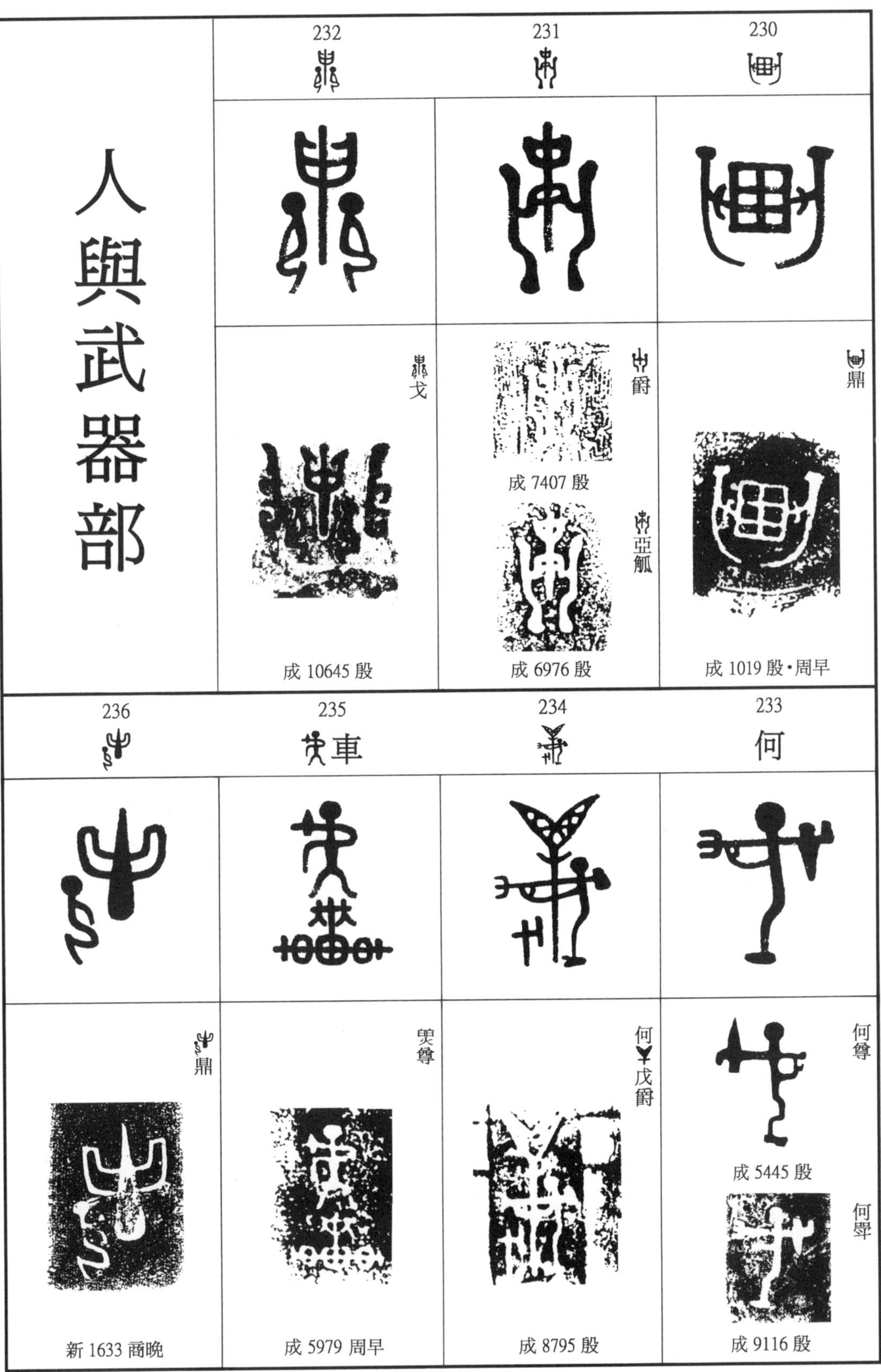

人與武器部

232	231	230
戈 成 10645 殷	爵 成 7407 殷；亞觚 成 6976 殷	鼎 成 1019 殷‧周早

236	235	234	233 何
鼎 新 1633 商晚	車 尊 成 5979 周早	何 戊爵 成 8795 殷	何尊 成 5445 殷；何斝 成 9116 殷

240	239	238	237
鐃 成 391 殷	父辛觶 成 6302 周早	爵 成 7372 殷	卣 新 111 商晚 卣 新 138 商晚

244	243	242	241
父癸鼎 成 1668 殷·周早 鼎 成 1012 殷	父癸尊 總 4610 父癸方鼎 成 1677 殷	[illegible]觚 成 6705 殷 [illegible]爵 成 7434 殷	卣 成 4775 殷

伐 [illegible] [illegible] [illegible] [illegible] [illegible] [illegible]

247 [illegible]	246 [illegible]	245 伐
[illegible]觚 成 6701 殷	[illegible]觚 成 6702 殷	伐鼎 成 1011 殷
[illegible]觚 成 6703 殷		伐觚 成 6718 殷

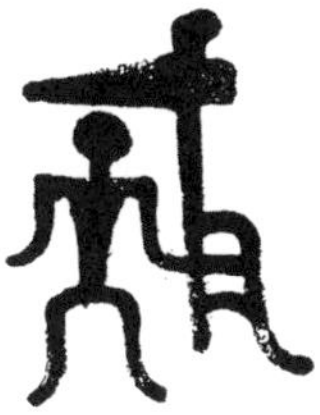

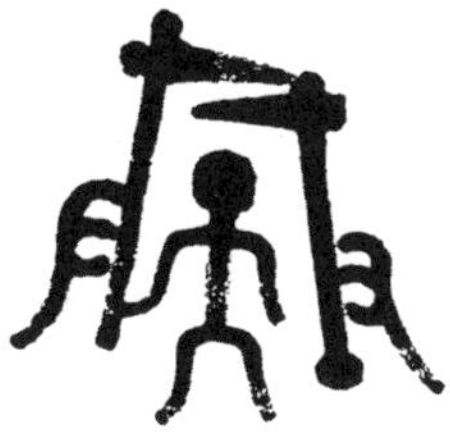

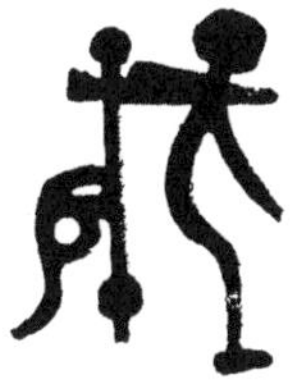

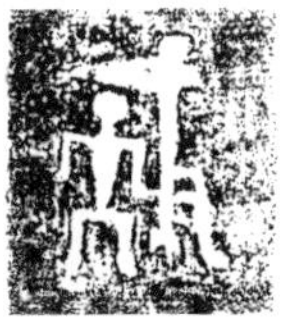

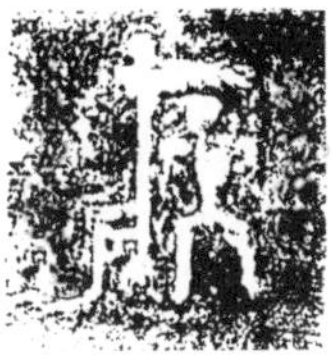

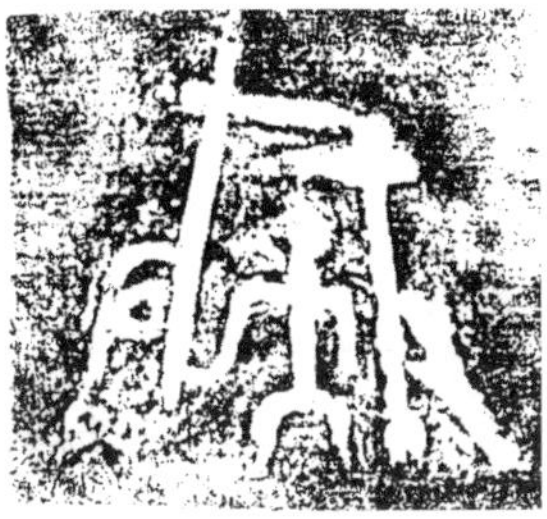

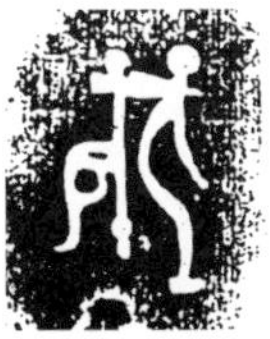

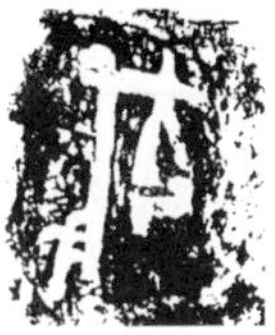

251 [illegible]	250 [illegible]	249 [illegible]	248 [illegible]
[illegible]觚 成 6698 殷	[illegible]父乙觶 成 6222 周早	[illegible]爵 成 7395 殷	[illegible]觚 成 6716 殷
[illegible]鼎 成 1009 殷		[illegible]鼎 成 1023 殷	[illegible]爵 成 7397 殷

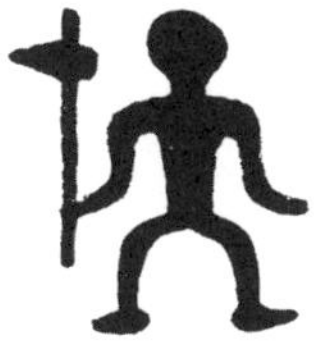

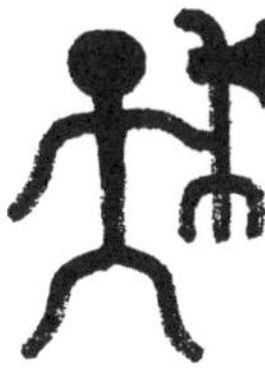

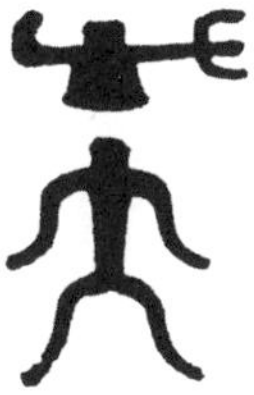

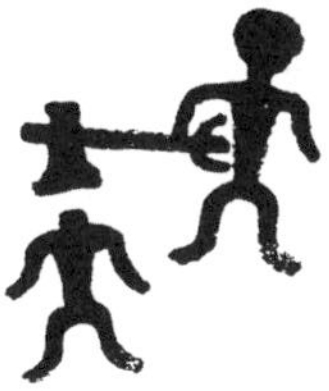

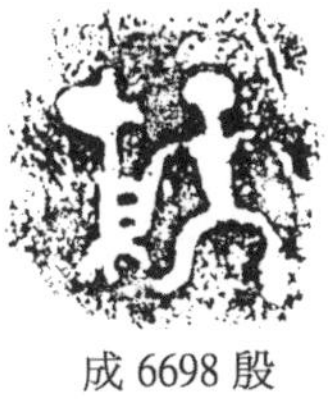

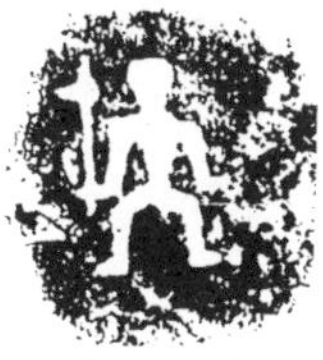

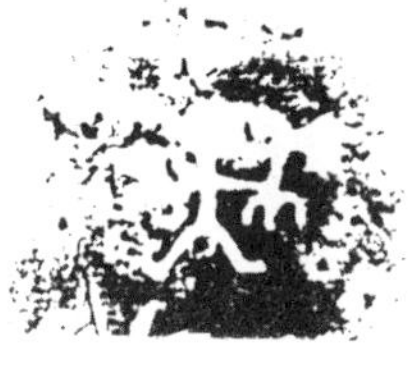

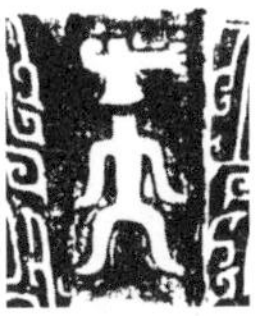

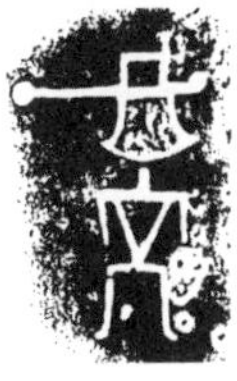

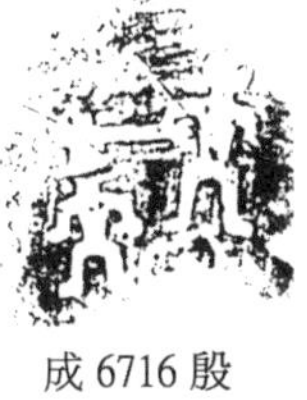

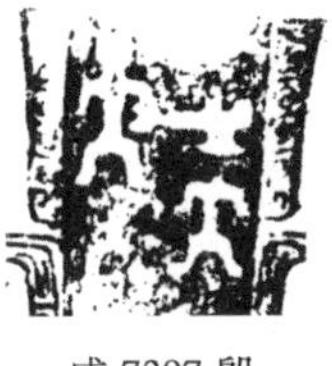

255	254	253	252
			肰
且丁尊 成 5601 周早	父癸觶 成 6328 殷	肰父癸尊 成 5668 A 殷	作且乙卣 成 5262.1 周早
觚 成 6706 殷	天卣 成 4770 殷	肰父癸尊 成 5668 B 殷	父辛殷 成 3200 周早

259	258	257	256
㦰			
父己㦰觶 成 6401 殷	且辛卣 成 5264 周早	父辛觚 成 7143 周早	爵 成 7330 殷・周早
			爵 成 7329 殷

肰 … 㦰

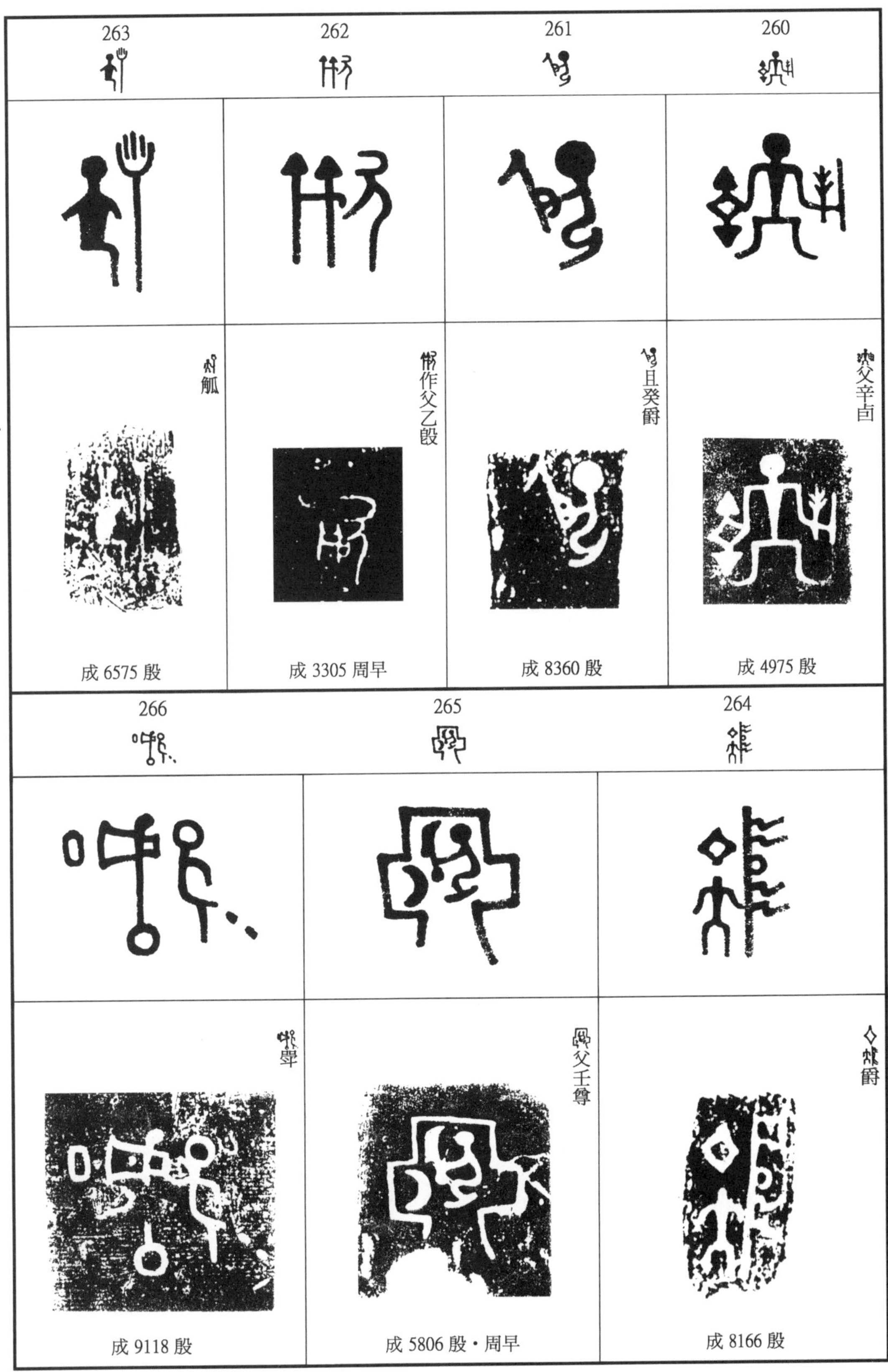
263
262
261
260
觚
作父乙殷
且癸爵
父辛卣
成 6575 殷
成 3305 周早
成 8360 殷
成 4975 殷
266
265
264
斝
父壬尊
爵
成 9118 殷
成 5806 殷・周早
成 8166 殷

270	269	268	267
[illegible]	[illegible]	[illegible]	[illegible]
[illegible][illegible]段 成 3125 周早	[illegible][illegible]段 成 3125 周早	[illegible]母癸甗 成 826 殷	[illegible]觚 成 6709 殷

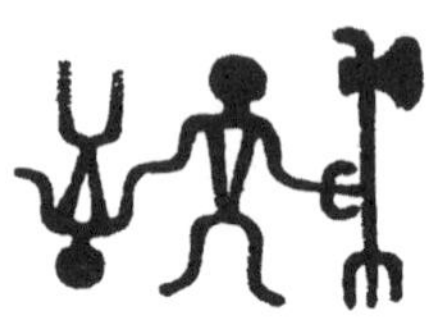

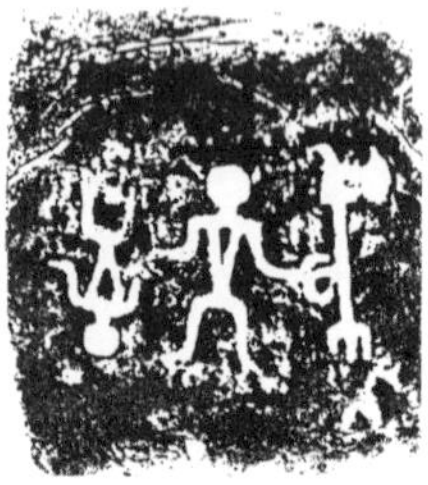

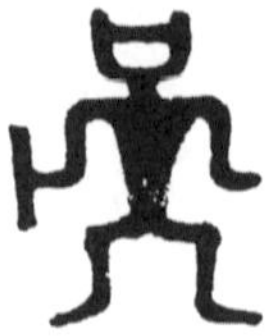

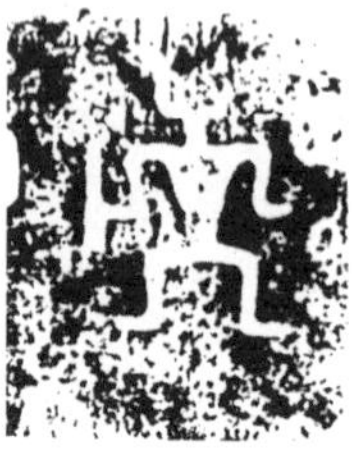

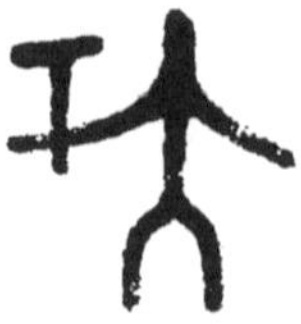

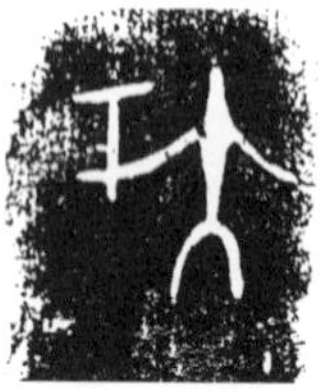

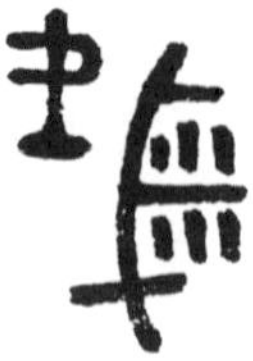

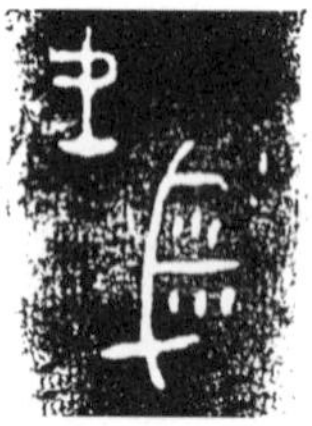

274	273	272	271
[illegible]	[illegible]	[illegible]	[illegible]
[illegible]且[illegible]爵 成 8812 殷	[illegible]爵 錄 759 商晚	[illegible]父癸觶 成 6331 周早	葡[illegible]爵 成 8140 殷
[illegible]且[illegible]爵 成 8810 殷	[illegible]耳觚 成 6931 殷	[illegible]段 成 2917 殷	

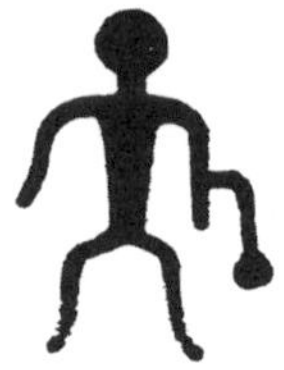

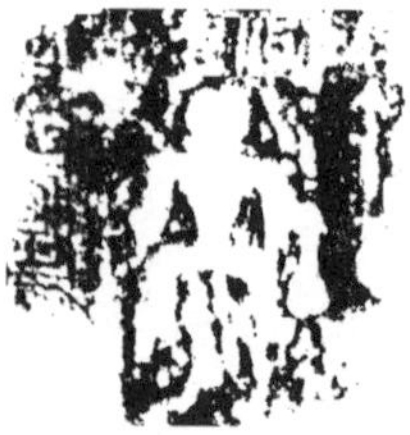

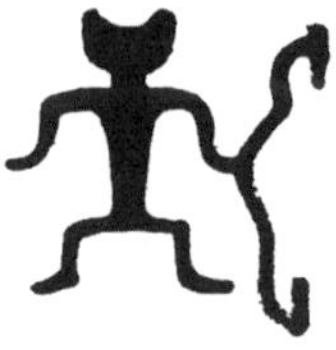

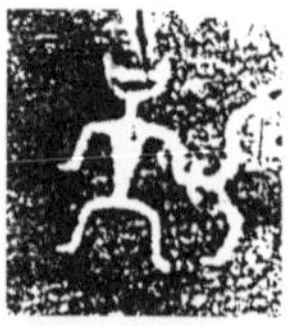

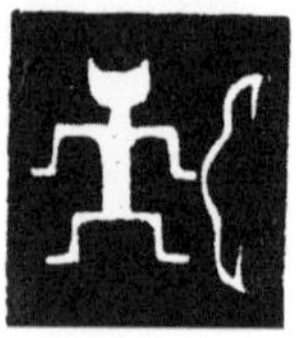

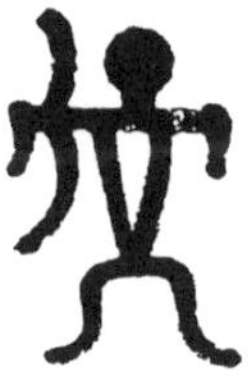

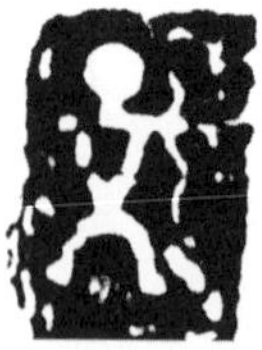

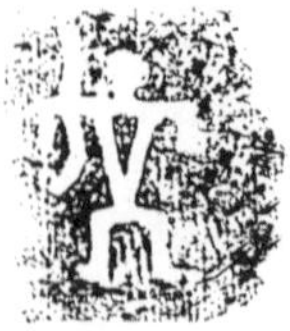

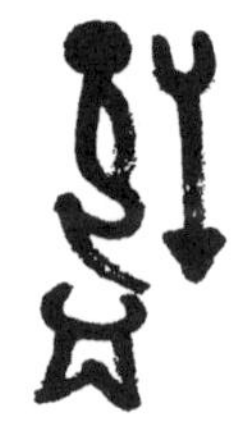

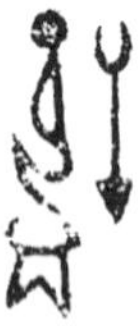

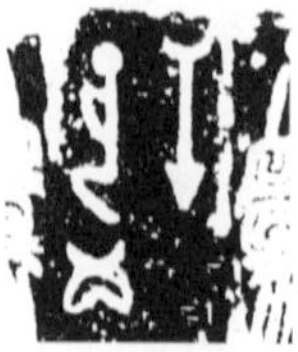

278	277	276	275
車□鼎 成 1456 殷	□父辛尊 成 5802 殷	□方彝 成 9892.1 周早	□且己卣 成 5048.1 殷
車□斝 成 9197 殷		成 9892.2 周早	成 5048.2 殷

282	281 (伎)	280	279
□爵 成 7383 殷	役觚 成 6576 殷	車觚 成 7041 殷	車□罍 總 5537
□鉞 成 11730.1 殷	□爵 成 7390 殷	車□鼎 成 1455 殷	車□罍 成 9776 殷

(伎)

286	285	284	283
月㚔祖丁鼎 新 1922 商晚	作𡚤鼎 成 1705 殷・周早	𢎸系父丁鬲 成 501 周早	吳爵 成 7382 殷
子㚔尊 新 1935 商晚			

289	288	287	
㜌	母	女	女部
㜌鼎 成 1488 殷	母戊觶 成 6134 殷	宔女觚 成 6872 殷	
	母父丁尊 成 5628 殷	子♠女爵 成 8756 殷	

(每) 姃 姘

293 (archaic form)	292 姘	291 姃	290 (每)
奄帚方鼎	婦姘告鼎	丹婦姃鼎	柔每爵
成 1711 殷	成 1710 殷	成 1709 殷•周早	成 8134 殷

297 嬔	296 妊	295 (archaic form)	294 (archaic form)
媵觚	遣妊爵	匜文	又敄癸卣
	成 8137 殷		
	歐侯尊		
錄 697 商晚	新 1585 商晚	金文編附錄上 573	成 5174.1 殷

301	300	299	298
婳	[illegible]	[illegible]	婎
婳鼎 成 998 殷・周早	婦[illegible]罍 錄 981 周早	[illegible]爵 成 7414 殷	齊婎□爵 成 8753 殷 亞旅婎尊 成 5686 殷

305	304	303	302
嬄	[illegible]	嬀	妣
嬄卣 成 4763 周早	㚇[illegible]段 成 3114 殷	亞䰼嬀鐃 成 399 殷	帚妣盤 成 10029 殷

婎 [illegible] [illegible] 婳 妣 嬀 [illegible] 嬄

妃 媓 ⿰木攴 妶 嬉 [illegible] 嗷 嫂

309	308	307	306
妶	⿰木攴	媓	妃
[illegible]妶父己尊 錄 623 周早 [illegible]妶父乙器 成 10533 周早	冄串妹觚 成 7196 殷 冄串妹觚 成 7197 殷	[illegible]爵 成 7416 殷 媓觚 成 6523 殷	亞吴妃盤 成 10045 周早

313	312	311	310
嫂	嗷	[illegible]	嬉
嫂卣 成 4754.1 殷 嫂卣 成 4755 殷	㠱嗷鐃 成 393 殷 㠱嗷鐃 成 394 殷	女[illegible]爵 成 8133 殷 [illegible]𣪘 成 2925 殷	子木觚 成 7270 殷

317 妥	316 媚	315 [illegible]	314 嫡
子妥觚 成 6896 殷 妥鼎 成 1068 殷	子嬰觚 成 6899 殷 子嬰鼎 成 1309 殷	亞[illegible][illegible]方鼎 成 1944 殷	婦嫡觶 成 6143 周早

321 [illegible]（好）	320 婦旋	319 帚	318 婦
婦好瓿 成 9952 殷 好鼎 成 999 殷	婦旋鼎 成 1340 殷 婦嫙觶 錄 653 商晚	婦好瓿 成 9952 殷 婦好方彝 成 9861 殷	婦𣪘 成 2922 殷 婦觥 成 9251.2 殷

325	324	323	322
[illegible](婦·姦)	姍	嬫	嬵
婦姦罍 成 9783 殷 / 婦姦觶 成 6148 殷	帚姍殷 成 3081 殷	婦嬫冊觶 成 6428 殷	婦嬵觚 成 7171 殷 / 婦嬵觚 成 7172 殷

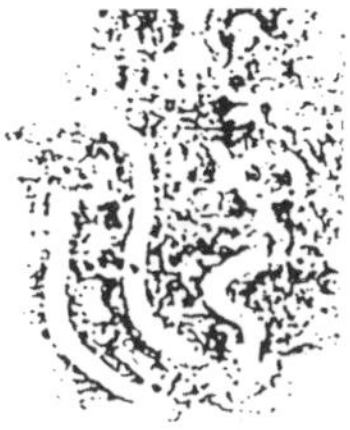

329	328	327	326
坆	[illegible]	[illegible]	[illegible]
羊己[illegible]爵 成 8796 殷	每罍 成 9738 殷	[illegible]婦[illegible]角 成 8984.1 殷 / 成 8984.2 殷	[illegible]婦甗 成 795 殷 / 婦[illegible]觚 成 6869 殷·周早

嬵 嬫 姍 [illegible](婦·姦) [illegible] [illegible] [illegible] 坆

330

[glyph]

婦⿰酉卩咸殷

成 3229 殷

331

[glyph]（⿰女畺）

⿰女畺作父庚鼎

成 2578 殷・周早

332

妻

[glyph]父丁罍

成 9811.1 周早

成 9811.2 周早

333

[glyph]

妻甗

錄 148 商晚

子部

334

子

子觶

成 6020 殷

子卣

成 4732 殷

335

[glyph]（子）

子鼎

成 1046 西周

子車鑾鈴

成 12009 西周

336

[glyph]

[glyph]父己尊

成 5743 周早

[glyph]父乙尊

成 5725 周早

孟 晉(孤) 昋(孤) 㬰 𡦹 𡥞 孑 孔

340	339	338	337
㬰	昋(孤)	晉(孤)	孟
子㬰𣪕 成 3077 殷	亞𡊄父丁卣 成 5271.1 殷 昋𠈌父丁罍 成 9810 周早	亞𡊄𠈌罍 成 9793 殷	父乙孟觚 成 7099 殷

344	343	342	341
孔	孑	𡥞	𡦹
孔作父癸鼎 成 2021 周中	孑父乙爵 成 8393 周中	𡥞父丁爵 成 8443 殷	𡦹爵 成 7322 殷・周早

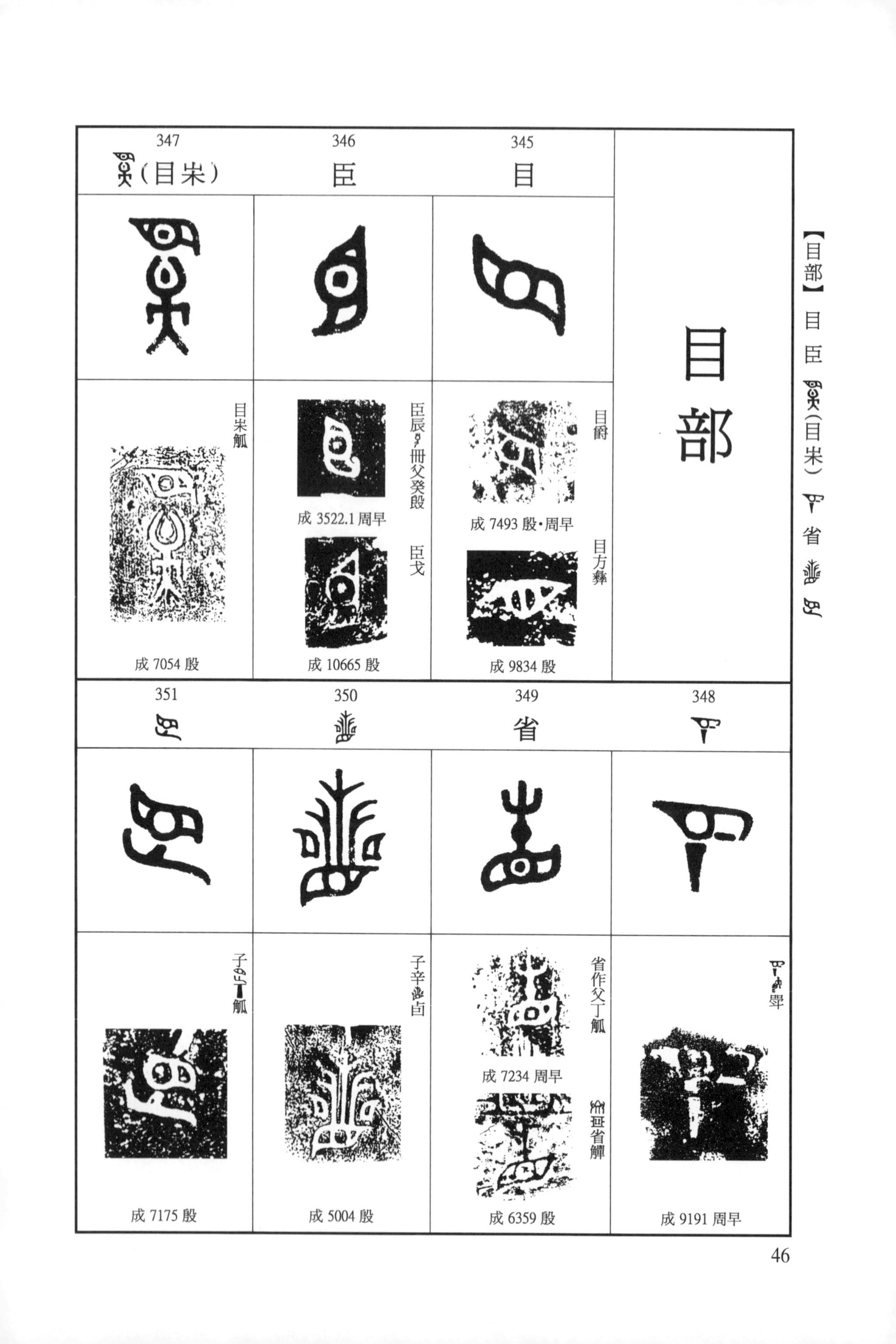

目部

345 目

目爵
成 7493 殷·周早

目方彝
成 9834 殷

346 臣

臣辰冊父癸𣪘
成 3522.1 周早

臣戈
成 10665 殷

347 (目朱)

目朱觚
成 7054 殷

348

畢
成 9191 周早

349 省

省作父丁觚
成 7234 周早

省觶
成 6359 殷

350

子辛卣
成 5004 殷

351

子觚
成 7175 殷

眉

監

䀠

355	354	353	352
		眉	
爵	戈	眉戈 錄 1072 商晚 眉鼎	眉子鬲
成 8815 殷	成 10668 殷	新 1563 商晚	成 487 殷

359	358	357	356
䀠	監		
䀠觚 成 6582 殷 斝	監且丁觶	父己爵	且壬爵
中國法書選1•金文5	成 6207 殷	成 8548 殷	成 8357 周早

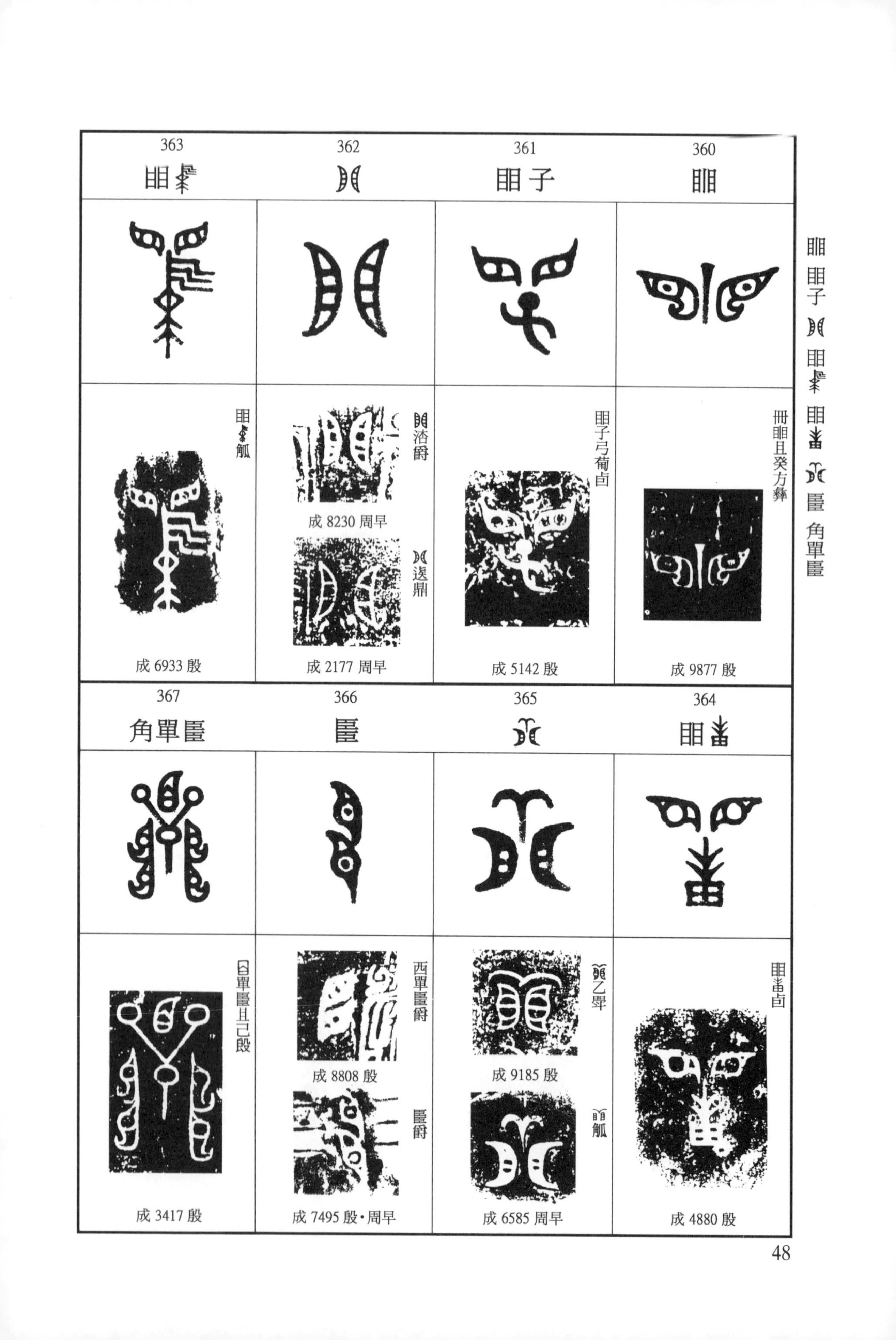

363	362	361	360
㫃[illegible]	[illegible]	㫃子	䀠
㫃[illegible]觚 成 6933 殷	[illegible]洛爵 成 8230 周早 [illegible]遂鼎 成 2177 周早	㫃子弓葡卣 成 5142 殷	冊䀠且癸方彝 成 9877 殷

367	366	365	364
角單䀠	䀠	[illegible]	㫃[illegible]
㠯單䀠且己殷 成 3417 殷	西單䀠爵 成 8808 殷 䀠爵 成 7495 殷‧周早	[illegible]乙斝 成 9185 殷 [illegible]觚 成 6585 周早	㫃[illegible]卣 成 4880 殷

䀠 㫃子 [illegible] 㫃[illegible] 㫃[illegible] [illegible] 䀠 角單䀠

耳部

368 嬰	369 耳	370 耴
嬰鼎 成 1094 殷	耳方彝 成 9835.1 殷	耴觚 成 6586 殷
嬰父己觚 成 7133 殷	耳戈 成 10672.1 殷	

371 ⿰耳卩	372 聑	373 聑日	374 聑髭
王子⿰耳卩鼎 錄 252 商晚	聑田戈 成 10871.1 殷	十聑鼎 成 1752 殷	聑髭觚 成 6930 殷
⿰耳卩鼎 成 1223 殷	聑㽙殷 成 3124 殷	聑日父乙卣 成 5058.1 殷	聑贊婦姼爵 成 5760 殷

378 聑𡙁	377 聑𠈇	376 聑倗	375 聑兕
聑酉戈 成 10869 殷	聑𠈇鼎 成 6928 殷	爵倗且丁爵 成 8840 殷	聑兕觶 成 6155 殷

381 息	380 自	自部	379 𦣻
乙息觚 成 6824 殷	自爵 成 7751 殷		耳斝 新 1582 商晚
息鼎 成 1227 殷	息父乙鼎 成 1535 殷		

口部

382	383	384
口	□(告)	吹
長子口觥 新 563 周早	□亞卣 成 4820 殷	吹作構妊鼎 成 2179 周早
口尊 成 5452 殷	亞□爵 成 7828 殷	

385	386	387	388
□	舌	告	告宁
□每爵 成 8138 殷	舌方鼎 成 1220 殷	告觚 成 6642 殷	告宁父戊觶 成 6398 殷
侣母爵 新 1427 商晚	舌父己觚 成 7132 殷	告爵 成 7579 殷	告宁鼎 成 1368 殷

392	391	390	389
⿱〢口	公	者	告田
⿱〢口鼎 成 1224 殷	雁公觶 成 6174 周早 應公鼎 新 1438 周早	六七六六◇者方鼎 錄 252 周早 者◇鼎 成 1757 周早	告田觥 成 9257.1 殷 告田鼎 成 1483 殷

396	395	394	393
知	⿱罒口	⿱〇口	合
亞[illegible]鄉宁鼎 成 2362 殷	戈⿱罒口卣 成 5112.1 周早 成 5112.2 周早	⿱〇口卣 新 1005 商晚 新 1005 商晚	合胄 成 11880 殷 合胄 成 11884 殷

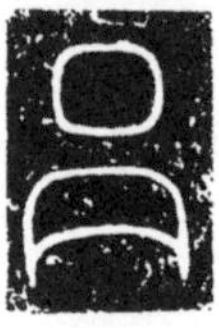

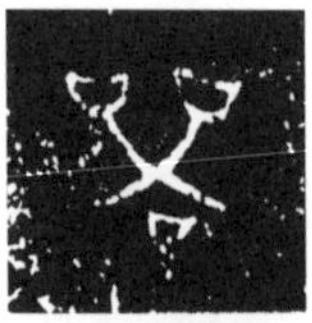

400	399	398	397
𣄰	𠭈	司	啇
𣄰父庚觥 成 9277 周早	𠭈簋 總 1724	司母辛方鼎 成 1780 殷	啇婦甗 成 867 殷
𣄰戊鼎 成 1291 殷	𠭈殷 成 3034 西周	司㜏觚 成 6881 殷	子啇甗 成 866 殷

鹵部

403	402	401
𠙴	諆	詎
𠙴鐃 新 100 商晚	諆子銅泡 新 1360 周早	詎𠭯斝 成 9226 殷
		詎其卣 成 5012.1 殷

406 𩑛（髭）		405 𪗆	404 齒
𩑛鼎 成 1033 殷	須叵部	𪗆見冊鼎 成 1762 殷	齒父己鬲 成 481 殷; 齒兄丁觶 成 6353 殷

	409 𠦬	408 叵	407 𩑛（髭）
頁部	𠦬父丁卣 成 5067.1 周早; 成 5067.2 周早	叵觚 成 6746 殷	須爵 錄 761 周早; 𩑛斝 成 9106 殷

413	412	411	410
頪(類)	頿		
頪甗 成 865 周中	頿卣 成 5188.1 周早; 成 5188.2 周早	⿰鼎頁卣 成 5389.1 周早; 成 5389.2 周早	伯⿰女頁觶 成 6175 周早

416	415	414	
		心	心部
[illegible]爵 成 7507 殷; [illegible]爵 成 7506 殷·周早	念觚 錄 694 商晚; 亞忌匕 成 968 殷	女心鼎 錄 226 商晚; 女心鼎 新 1925 商晚	

手部

419 友	418 又	417 左
友敄父癸觚 成 7303 殷	又尊 成 5449 殷	左觚 成 6588 殷
友敄父癸爵 成 9084 殷	右盉 成 9317 殷	亞吅左鐃 成 403 殷

423 取	422 叡	421 叙	420 并
取父癸卣 成 4994.1 殷	叡觚 成 6596 殷	叙己觚 成 6845 殷	并尊 成 5451 殷
成 4994.2 殷	叡父癸觶 成 6338 殷	叙己觚 成 6846 殷	并觚 成 6597 殷

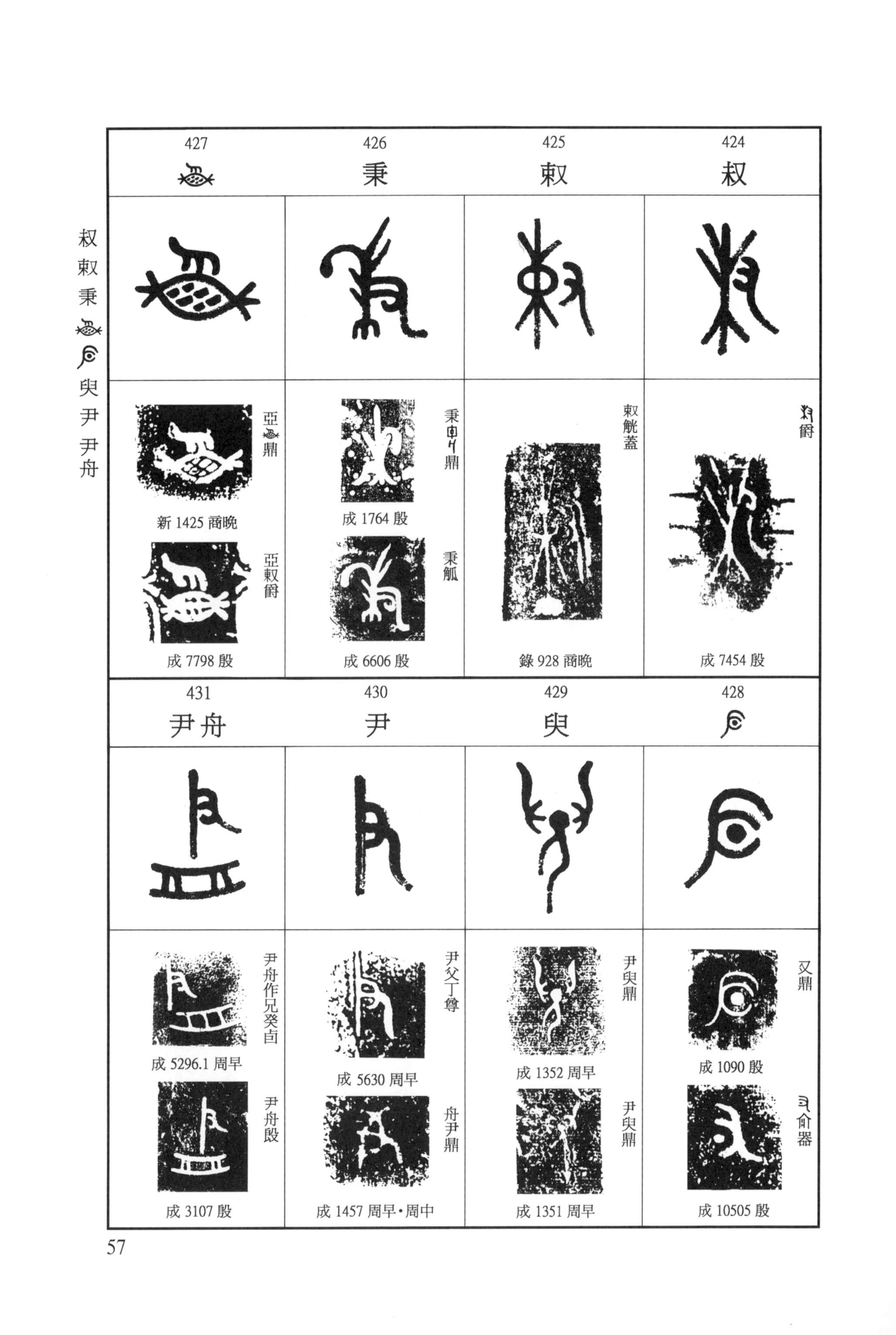

叔 ⿰東又 秉 臾 尹 尹舟

427	426	425	424
	秉	⿰東又	叔
亞鼎 新 1425 商晚 亞⿰東又爵 成 7798 殷	秉中丩鼎 成 1764 殷 秉觚 成 6606 殷	⿰東又觥蓋 錄 928 商晚	爵 成 7454 殷

431	430	429	428
尹舟	尹	臾	
尹舟作兄癸卣 成 5296.1 周早 尹舟段 成 3107 殷	尹父丁尊 成 5630 周早 舟尹鼎 成 1457 周早•周中	尹臾鼎 成 1352 周早 尹臾鼎 成 1351 周早	又鼎 成 1090 殷 俞器 成 10505 殷

432 聿

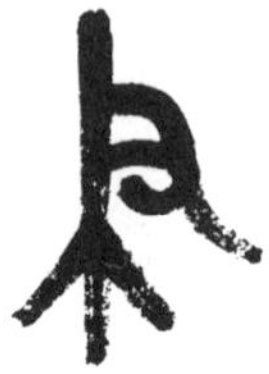

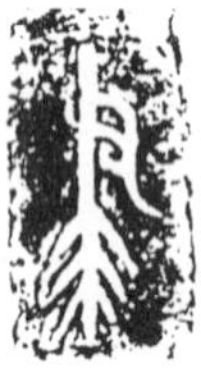

聿爵

成 7440 殷

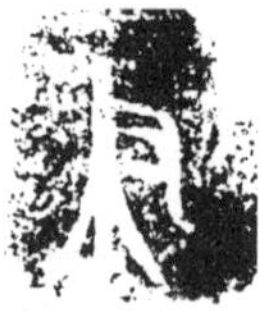

聿鼎

成 1099 殷

433 ⿱聿冋

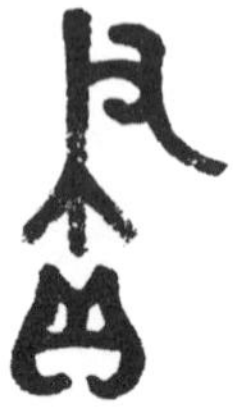

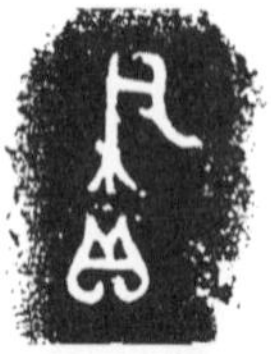

⿱聿冋父辛觶

成 6320 周早

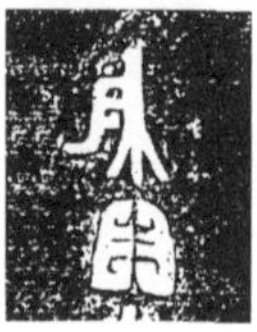

⿱聿冋甲罍

成 9773 殷

434 ⿱聿又(畫)

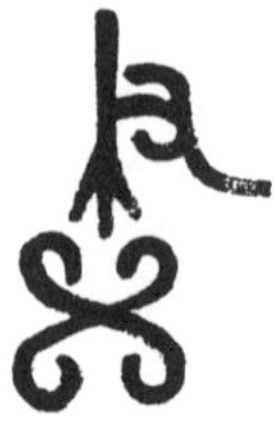

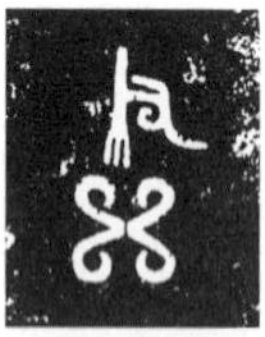

子⿱聿又殷

成 3074 殷

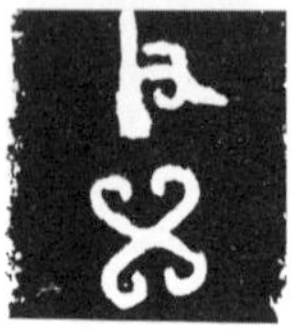

子⿱聿又殷

成 3073 殷

435 史

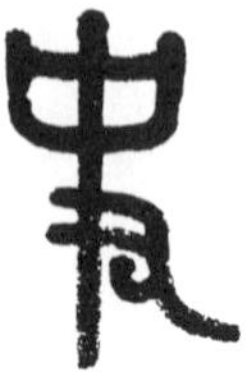

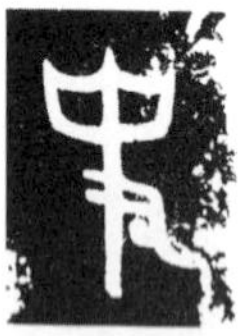

史鼎

成 1077 殷

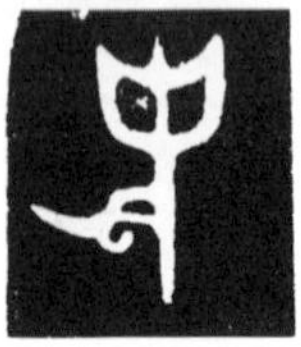

史戈

成 10780 殷

436 史史

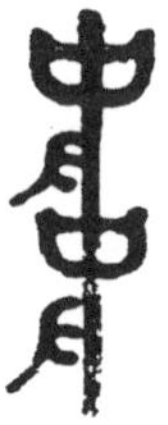

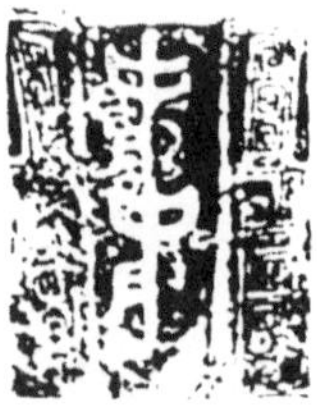

史史爵

成 8193 殷

437 ⿰彳史

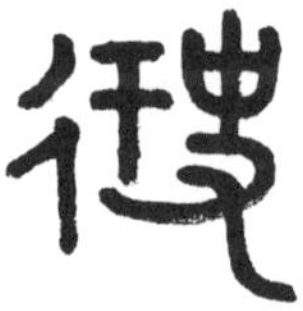

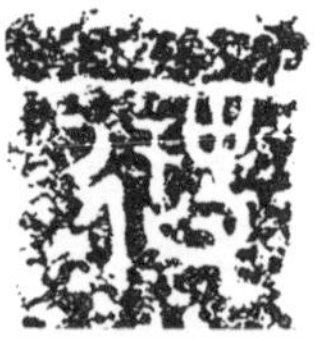

衧斧

新 1760 周早

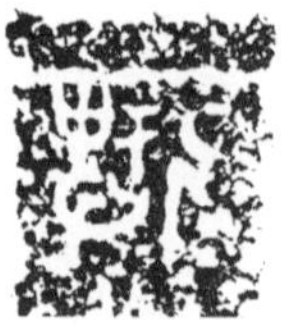

⿰彳史斧

錄 1240 周早

438 ⿰工⿰史攴

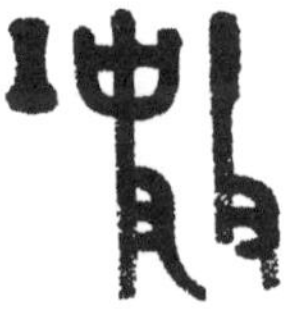

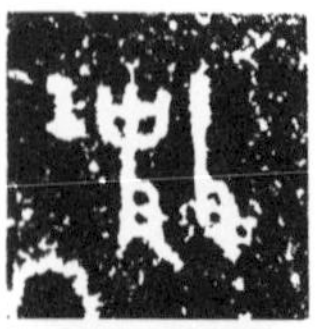

⿰工⿰史攴作父癸殷

成 3521 周早

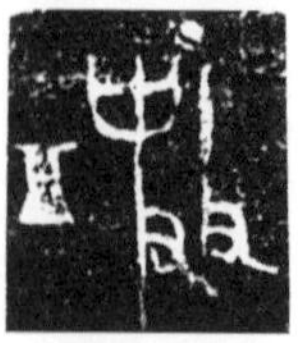

工⿰史攴父己罍

錄 985 周早

439 㬅(曼)

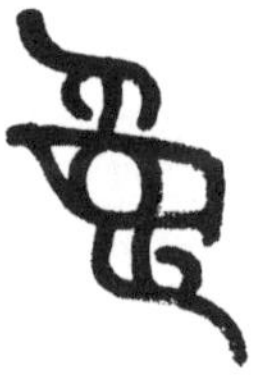

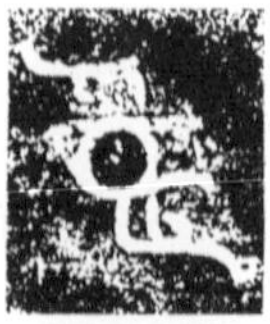

㬅鼎

成 1101 殷

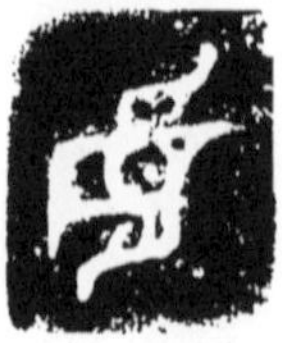

㬅鼎

新 179 商晚

440	441	442	443
㝵Ⅲ	𠬪帚	爰	受
㝵Ⅲ觚 成 6936 殷	𠬪帚觚 成 6935 殷 𠬪帚觚 成 6934 殷	爰卣 成 4738.2 殷 爰鐃 錄 111 商晚	受殷 成 3031 殷 受父己卣 成 4958.1 殷

444	445	446	447
户攵(啓)	徹	羊攵(養)	乁
啟父己爵 成 8549 周早 啓爵 成 7455 殷	徹鼎 成 1490 殷	羊攵觚 成 6662 殷 左羊攵鼎 成 1372 殷	乁羊攵爵 成 8197 殷

451 弄	450 𠁾	449 牧𤰃	448 牧
卬父𣪕 成 3464 周早	子𠁾父癸鼎 成 1891 殷	牧正尊 成 5575 周早 牧正父己觶 成 6406 周早	牧丙爵 成 8016 殷 牧父乙觶 成 6226 殷

455 収	454 𠂔	453 豋	452 𢍏
収鼎 成 1091 殷・周早	亞𠂔戈 成 10842.1 殷	䂓豋鼎 新 270 商晚	𢍏爵 成 7478 殷 登并罍 成 9771 殷

牧 牧𤰃 𠁾 弄 𢍏 豋 𠂔 収

丞 共

456	457	458	459
丞	共		
皀丞卣 成 5318.1 周早	日辛共爵 成 8800 殷	共父乙殷 成 3149 殷	父癸爵 成 1687 殷
成 5318.2 周早	鼎 成 1098 殷	卣 成 4783 殷	共父乙甗 成 809 周早

460	461	462	463
父癸斝 成 9220 殷	周棘生殷 成 3915 西周	父乙盉 成 9344.1 殷	爵 成 7457 殷
父癸卣 成 5096.1 殷	格伯殷 成 4265 周中	爵 成 7468 殷	戈 成 10778 殷

464	465	466	467
[illegible]	[illegible]	興	舁
亞[illegible]爵 錄 829 商晚 [illegible]爵 成 7456 殷	冊[illegible]父甲觚 成 7222 殷	興斝 成 9128 殷 子興瓿 成 9949 殷	具父乙鼎 成 1549 周早

468	469	470	471
得	[illegible]	[illegible]	[illegible]
得父乙觚 成 7086 殷 得觚 成 6634 殷	[illegible]殷 成 2971 殷 [illegible]觚 成 6781 殷	[illegible]亼鐃 成 395.1 殷 [illegible]亼鐃 成 397.1 殷	[illegible]罍 成 9741 殷 [illegible]爵 成 7453 殷

[illegible] [illegible] 興 舁 得 [illegible] [illegible] [illegible]

475	474	473	472
[illegible]	[illegible]	[illegible]	[illegible]
小臣[illegible]卣 成 5379.1 殷 [illegible]父乙爻角 成 8857 殷	[illegible]卣 成 4866.1 殷 [illegible]省觶 成 6359 殷	丁[illegible]爵 成 8025 殷 共鬲 錄 118 周早	[illegible]父乙卣 成 4930.1 殷 成 4930.2 殷

479	478	477	476
羿	父	夒	[illegible]
子父羿鼎 成 1697 殷・周早	父辛尊 成 5531 殷 父己觶 成 6120 殷	[illegible]卣 成 4743.1 殷 成 4743.2 殷	亞夫魃爵 錄 895 商晚

483	482	481	480
[illegible]	[illegible]	[illegible]	[illegible]
[illegible]乙爵 成 8248 殷	[illegible]鼎 成 1753.1 周早 成 1753.2 周早	[illegible]父丁爵 成 8508 殷 [illegible]仲卣 成 5020.1 周早	氺田作彝斝 成 9235 殷

487	486	485	484
[illegible]	爯	朕	[illegible]
[illegible]父乙爵 成 8391 殷 [illegible]父乙爵 成 8392 殷	爯父丁罍 成 9814 周早	朕女觚 成 6879 殷	[illegible]父癸爵 成 9023 殷

[illegible] [illegible] 尤 [illegible] 殼 敄 更 [illegible]

491	490	489	488
[illegible]	尤	[illegible]	[illegible]
[illegible]父戊爵	尤辛爵	[illegible]羊觶	[illegible]父己爵
成 8529 殷	成 8055 殷	成 6185 周早	成 8550 殷

495	494	493	492
[illegible]	更	敄	殼
[illegible]乍尊彝[illegible]簋	更鼎	敄作父癸觶	殼鼎
總 2140	成 1940 周早•周中	成 6474 殷	成 1489 周早

498	497	496
	巽	正
爵	其斝	𠬝正爵
成 7458 殷	成 9127 殷	成 8200 殷

502	501	500	499
子觚	宁觚	父乙爵	父丁爵
成 6911 殷	成 7070 殷・周早	成 8398 殷	成 8457 殷・周早

正
巽

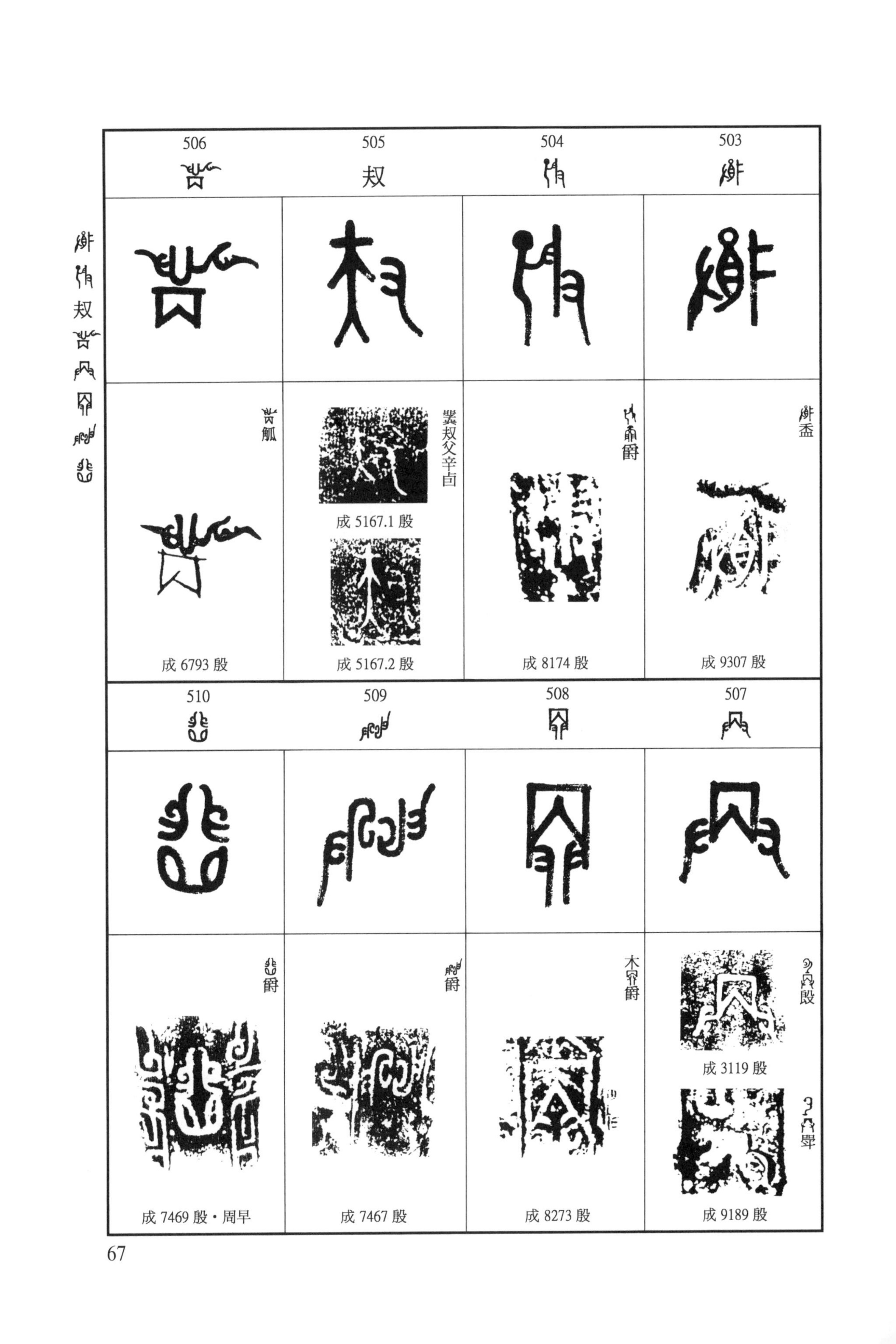

506	505 叔	504	503
觚 成 6793 殷	[illegible]叔父辛卣 成 5167.1 殷 成 5167.2 殷	爵 成 8174 殷	盉 成 9307 殷

510	509	508	507
爵 成 7469 殷・周早	爵 成 7467 殷	木爵 成 8273 殷	殷 成 3119 殷 斝 成 9189 殷

513	512	511	
作[illegible]觶 成 6197 周早	厚且戊觶 成 6439 周早	[illegible]父丁卣 成 5155.3 殷	歐侯尊 新 1585 商晚

517	516	515	514
[illegible]卣 總 5105	[illegible]戈 成 10682 殷	子[illegible]爵 成 8766 殷	[illegible]父乙爵 成 8870 殷

歐

521	520	519	518
戈	父癸尊 成 5676 周早 / 父癸設	父丁爵	爵
成 10688 殷	成 3211.2 殷	成 8455 周早	成 7466 殷

525	524	523	522
	弄	典	
爵	鳥設	典弜父丁觶	獸爵
新 1150 商晚	新170 商晚	成 6393 殷	成 8214 殷

典 弄

526	527	528	529
[glyph]	[glyph]	[glyph]	[glyph]
丁[glyph]觚 新1518 商晚；弔[glyph]觚 成 7051 殷	幾[glyph]冊觚 成 7177 殷	[glyph][glyph]爵 成 10847.2 殷	[glyph]匕乙爵 成 8735 殷

530	531	532	533
𤔲(辭)	𢆶	𢆶𢆶	妥
𤔲工丁爵 成 8792 周早	戈[glyph]𢆶爵 成 8809 殷	𢆶戈 成 10686.1 殷；成 10686.2 殷	亞妥觚 成 6984 殷

足部

534 疋(足)	535 止	536 [illegible]
父癸疋冊鼎 成 1900 殷	宅止癸爵 新 1166 商晚	[illegible]爵 成 7470 殷
疋作父丙鼎 成 2118 殷	[illegible]父癸爵 成 8691 周早	

537 [illegible]	538 步	539 [illegible]	540 [illegible]
[illegible]亞方鼎 成 1759 周早	步爵 成 7473 殷·周早	且辛父甲鬲 成 538 殷	[illegible]亞[illegible]爵 成 8788 殷
	步爵 成 7474 殷		

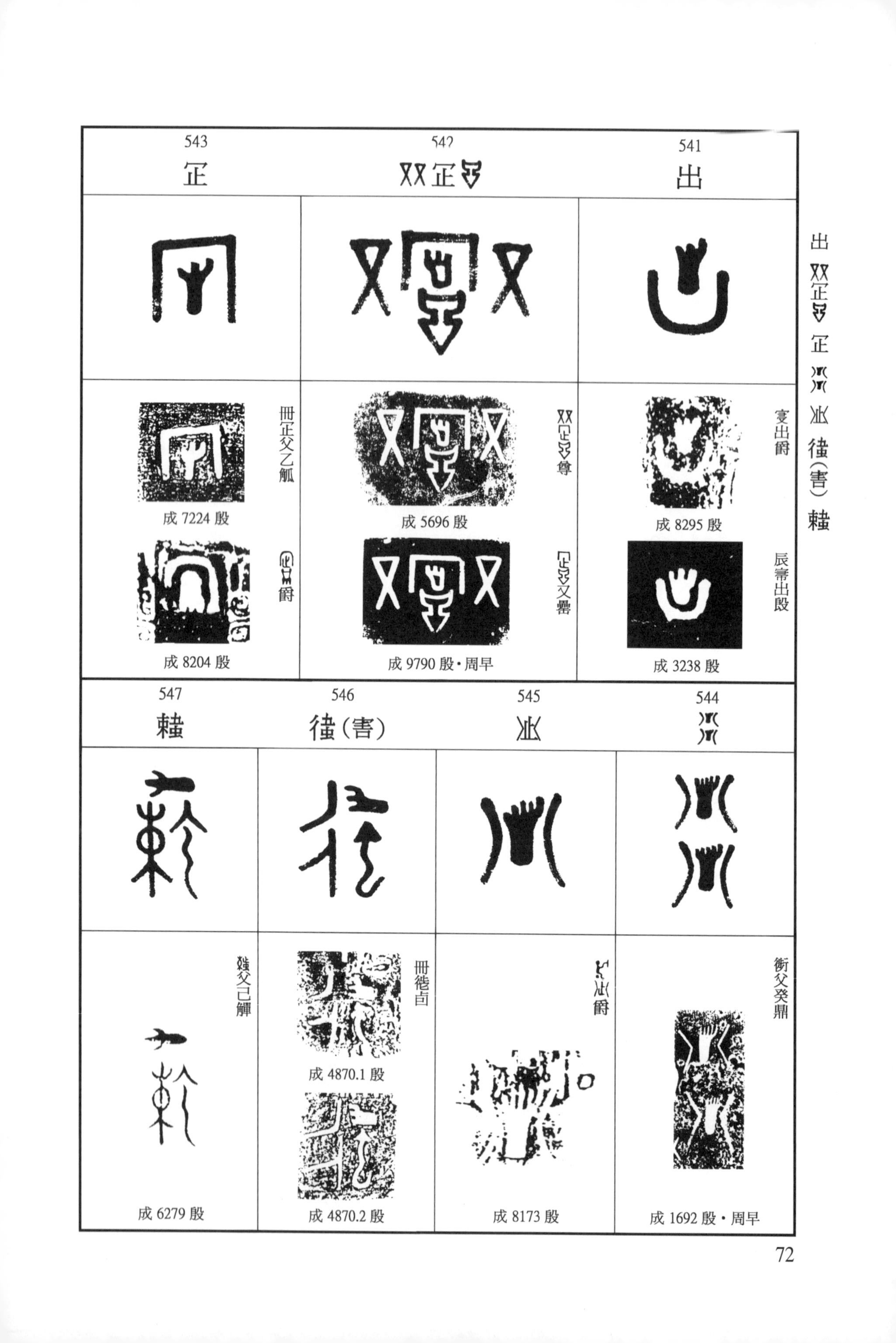

543 疋	542 双疋𠀠	541 出
冊疋父乙觚 成 7224 殷 疋爵 成 8204 殷	双疋𠀠尊 成 5696 殷 疋𠀠父罍 成 9790 殷・周早	㝅出爵 成 8295 殷 辰寔出殷 成 3238 殷

547 輽	546 徸(害)	545	544
父己觶 成 6279 殷	冊徸卣 成 4870.1 殷 成 4870.2 殷	爵 成 8173 殷	銜父癸鼎 成 1692 殷・周早

逐 遽 咼(過) [illegible] 夆 此 [illegible] 徙

551	550	549	548
[illegible]	咼(過)	遽	逐
*[illegible]觚 總 6283	過伯作彝爵 成 8991 周早	遽從段 成 3132 周早	逐段 成 2972 周早
*觚 成 6927 殷	過文段 新 1839 商晚·周早	遽父己卣 成 4959.2 殷	

555	554	553	552
徙	[illegible]	此	夆
徙觶 成 6038.2 殷	婦聿㚸卣 成 5099.1 殷	此勺 新 1652 商晚	夆盉 錄 932 周早
徙卣 成 4794.2 殷	成 5099.2 殷	[illegible]父丁鼎 成 1595 殷·周早	夆盤 錄 996 周早

559	558	557	556
敁	正	祉	徙(祉)
戍人正甗 錄 156 周早 正鴞尊 成 5454 殷	乙正觚 成 6821 殷 魚正乙鐃 成 410 殷	甗祉觚 成 7019 殷 祉中且觶 成 6213 殷	中祉爵 成 8202 殷・周早

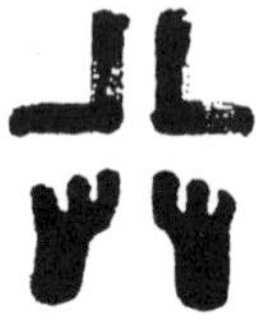

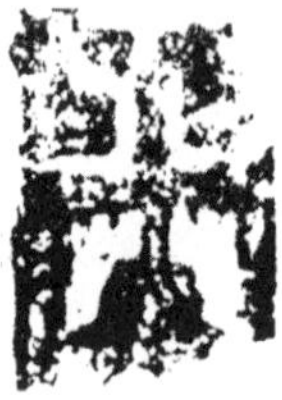

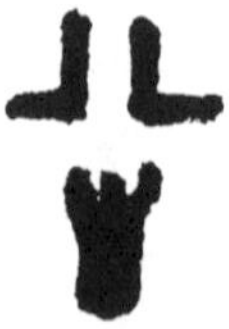

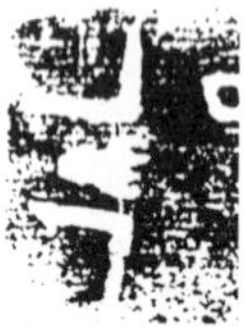

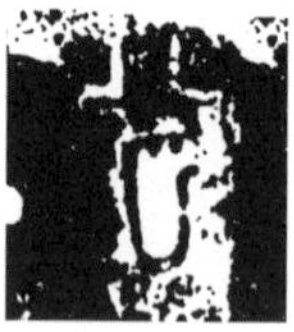

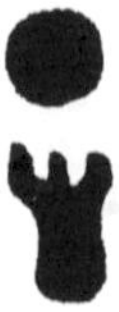

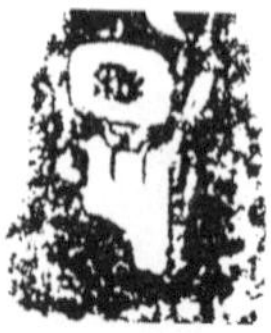

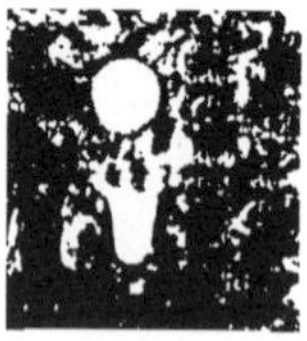

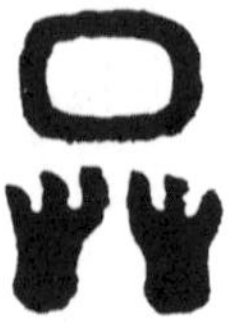

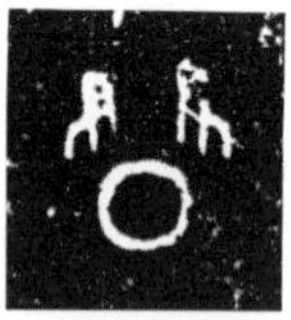

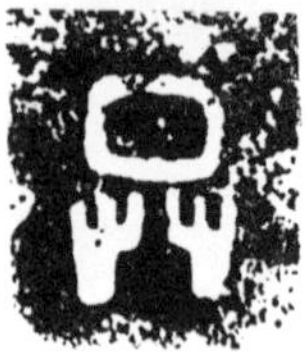

563	562	561	560
囸	疋	敁侯	敁紟
囸鼎 成 1057 殷 囸鼎 成 1058 殷	子卣 總 5280 帚子每觶 總 6601	敁侯殷 成 3127 殷	正紟觚 成 6942 殷

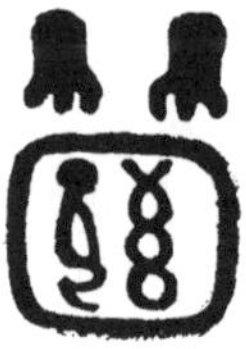

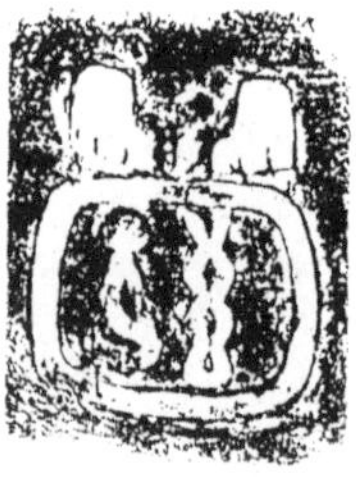

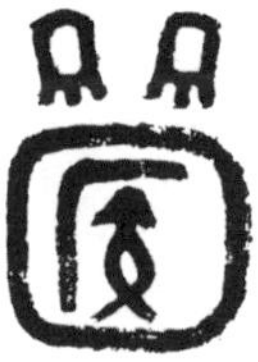

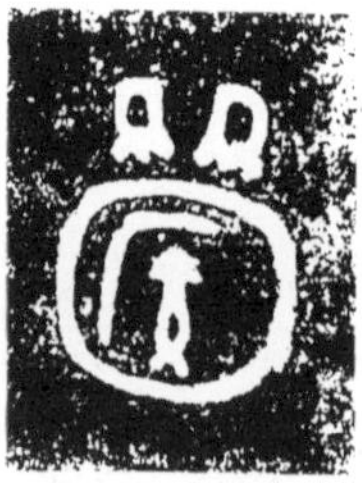

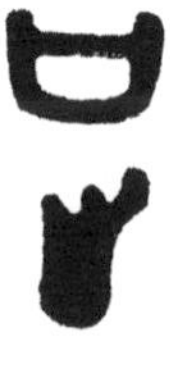

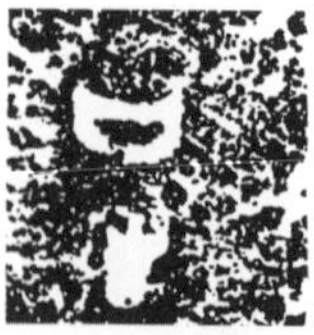

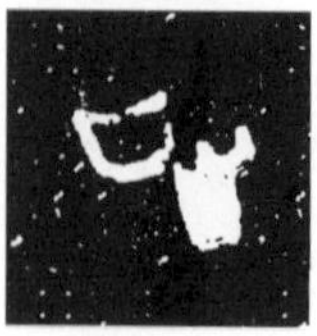

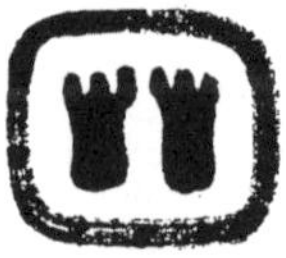

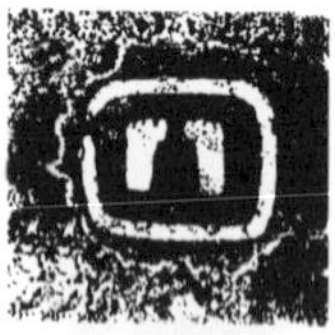

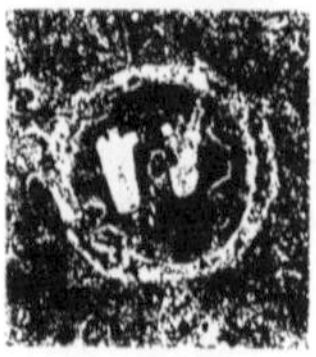

564
⿱罒𣥠

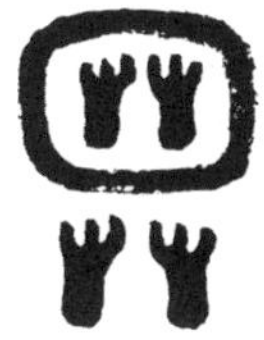

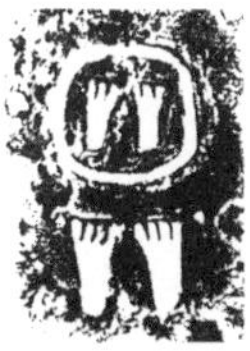

⿱罒𣥠觚

成 6637 殷

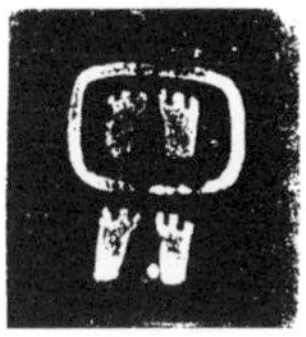

⿱罒𣥠鼎

成 1056 殷

565
⿳止口𣥠 (韋·圍)

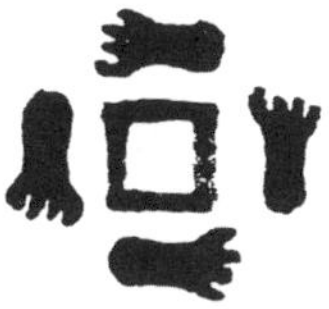

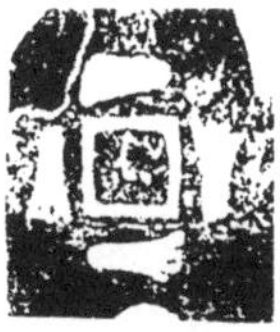

⿳止口𣥠戈

成 10690 殷

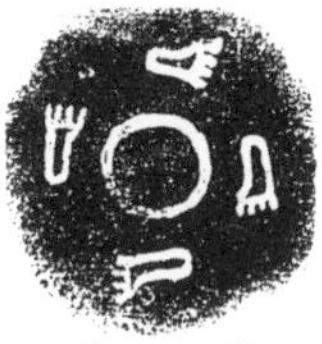

⿳止口𣥠殷

成 2944 殷

566
衛

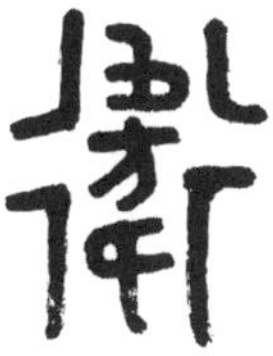

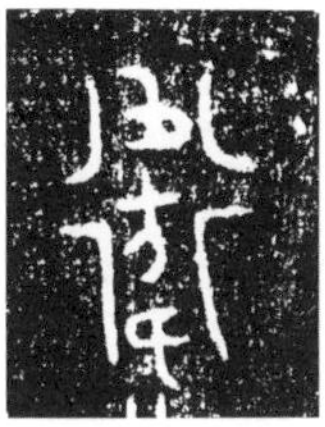

衛作父庚殷

成 3612 周早

567
⿳止口𣥠辰

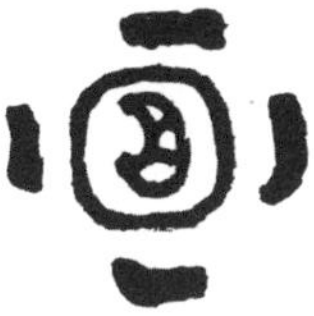

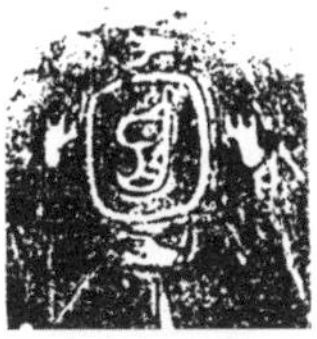

辰⿳止口𣥠父己觚

成 7242 殷

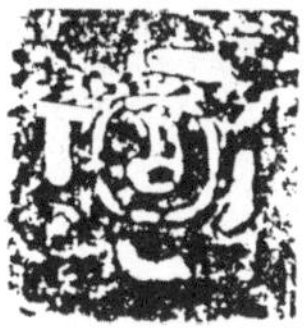

⿳止口𣥠辰尊

成 5580 殷

568
⿳止口𣥠子

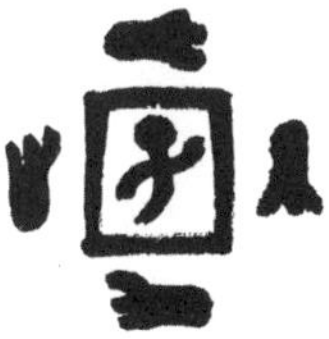

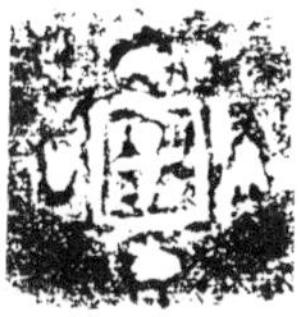

子⿳止口𣥠觚

成 6903 殷

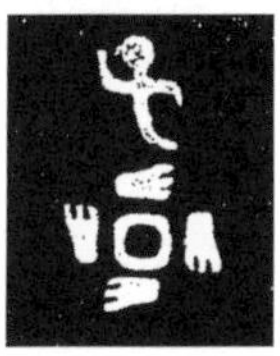

子圍鼎

新 142 商晚

569
⿳止口𣥠典

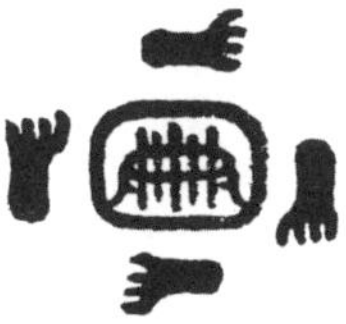

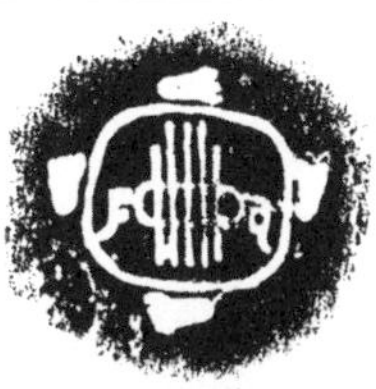

⿳止口𣥠⿱典又鼎

成 1358 殷

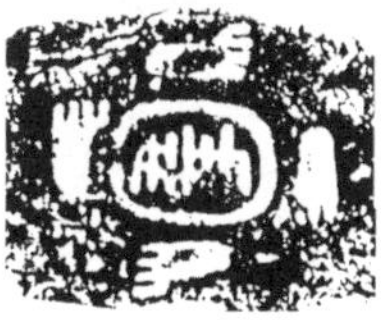

⿳止口𣥠⿱典又卣

成 4873 殷

570
⿰弓韋

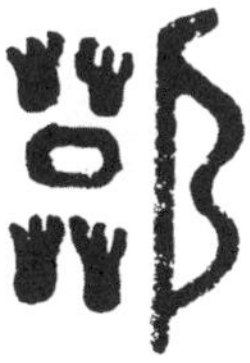

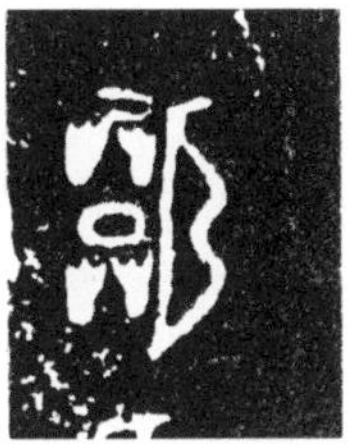

⿰弓韋作父庚尊

成 5958 周早·周中

571
⿸尸𣥠

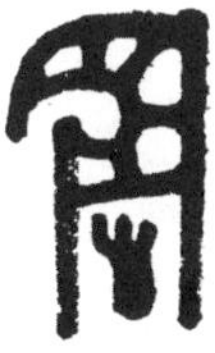

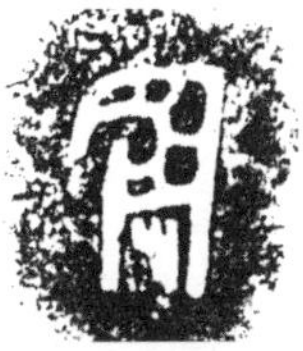

⿸尸𣥠觶蓋

成 6036 殷

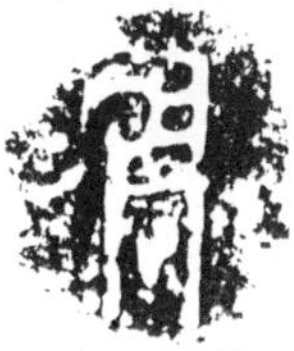

⿸尸𣥠觶蓋

成 6037 殷

572	573	574	575
卣 成 4744.1 殷 成 4744.2 殷	乙且匠觚 成 7075 殷	爵 成 7479 殷	鼎 成 2064 周早

576	577	578	579
亞爵 成 8781 殷	鼎 總 0137	殷 成 3113 殷	爵 新 615 商晚

自然物 日部

580 乭
亞𧂇鼎
成 2033 殷

584	583	582	581
𣅁	𣅀	☼	日
𣅁鬲	春爵	☼鼎	日辛共爵 成 8800 殷；日且壬爵
成 447 商二里岡時期	錄 794 周早	成 1243 周早	成 8354 殷

月部

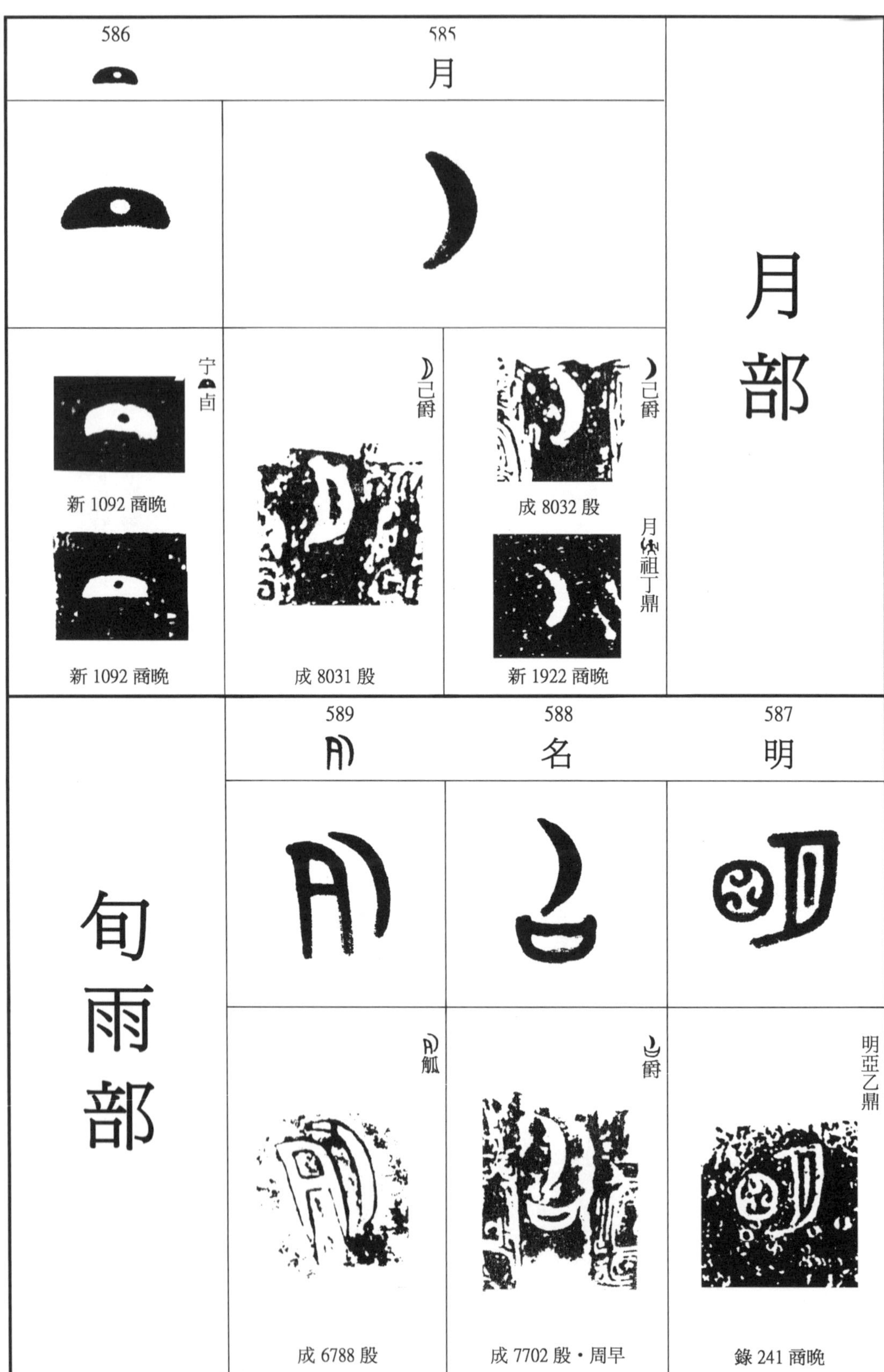

586	585 月	
宁◒卣 新 1092 商晚；新 1092 商晚	☽己爵 成 8031 殷	☽己爵 成 8032 殷；月𪚥祖丁鼎 新 1922 商晚

旬雨部

589 ⺝	588 名	587 明
⺝觚 成 6788 殷	名爵 成 7702 殷・周早	明亞乙鼎 錄 241 商晚

593 霝	592 雩(粵)	591 勻	590 旬
霝鼎 成 1229 殷	雩觚 成 6783 殷	勻作寶彝段 成 3381 周早	旬觶 成 6083 殷
霝器 成 10493 殷	[illegible]爵 成 7746 殷		

597 雨	596 [illegible]	595 [illegible]	594 [illegible]
子雨己鼎 成 1717 殷	[illegible]觥 成 9254 殷	[illegible]卣 成 4804.1 周早	[illegible]甗 成 772 周早
子雨爵 成 8114 殷		成 4804.2 周早	[illegible]鼎 成 1231 周早

土𠂤玉部

600 申	599 𩂣	598 㫃雨
子申父己鼎 成 1873 周早	亞𩂣鼎 成 1416 殷	㫃雨𣪘 總 1841
子申盤 新 1844 周早	亞𩂣鼎 成 1417 殷	

604 陸	603 𠂤	602 𠂤(阜)	601 土
陸冊父乙卣 成 5052.1 殷	𠂤鼎 成 1244 殷	𠂤父丁爵 成 8498 周早	土父癸爵 成 8708 殷
陸冊鼎 成 1359 殷・周早	𠂤父丁觶 成 6264 殷	𠂤鼎 新 268 商晚	

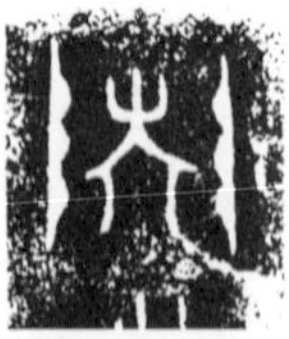

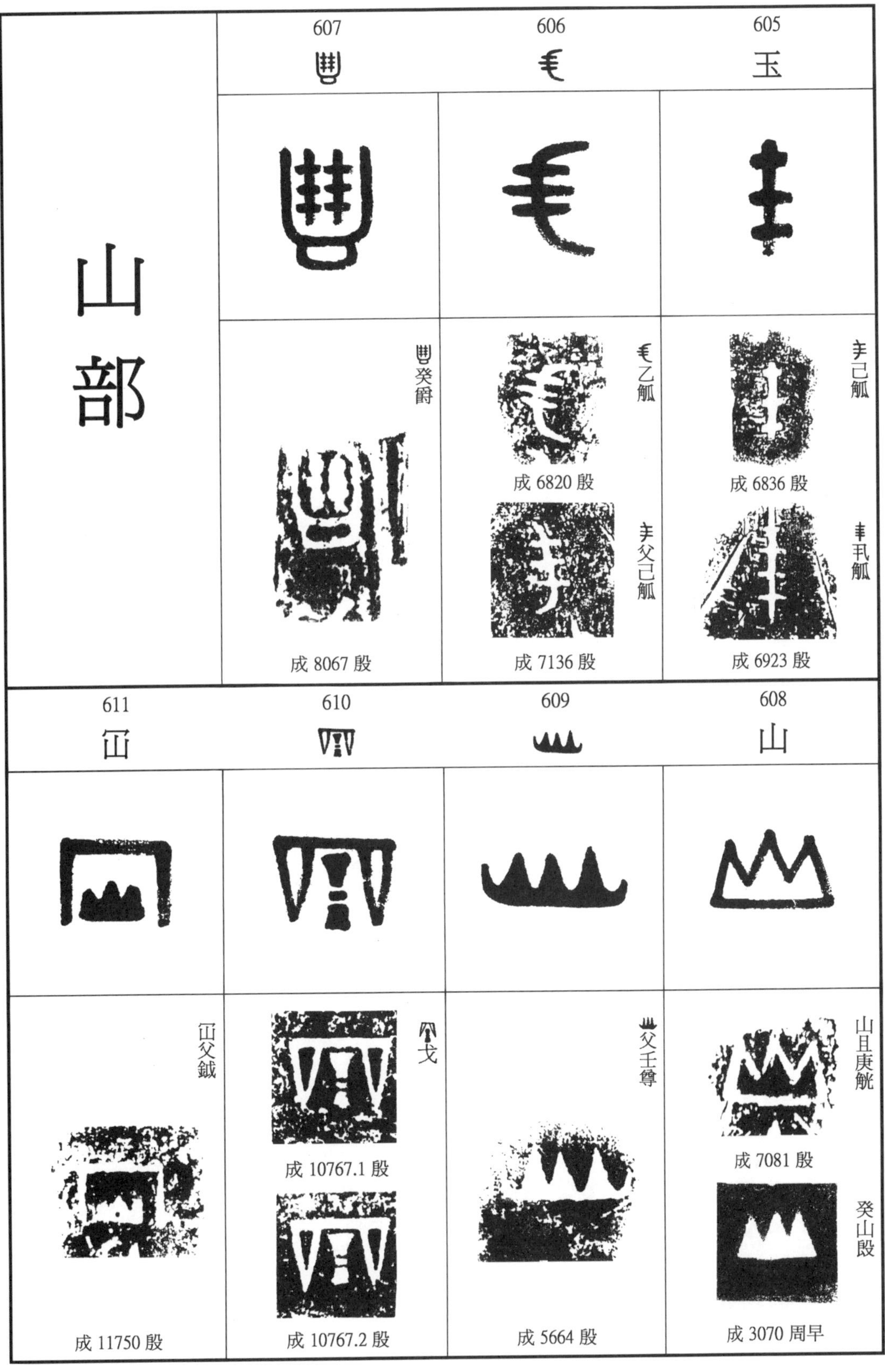

山部
607
606
605
玉
癸爵
成 8067 殷
乙觚
成 6820 殷
父己觚
成 7136 殷
己觚
成 6836 殷
孔觚
成 6923 殷
611
610
609
608
山
父鉞
成 11750 殷
戈
成 10767.1 殷
成 10767.2 殷
父壬尊
成 5664 殷
山且庚觥
成 7081 殷
癸山殷
成 3070 周早

614 洂	613 涉	水部	612 (字形)
洂爵 成 8230 周早	車涉觚 成 7040 殷		戈 成 10768.1 殷
洂伯逘尊 成 5954 周早	戈𢆶爵 成 8809 殷		成 10768.2 殷

618 冬刃	617 沚	616 永	615 祓
冬刃鼎 成 1450 殷	爵 成 7471 殷	宔父戊方彝 成 9879 殷	祓觚 成 6779 殷
冬刃鼎 成 1451 殷	爵 成 7472 殷	馬永卣 成 4885 周早	永嵩觚 成 6937 殷

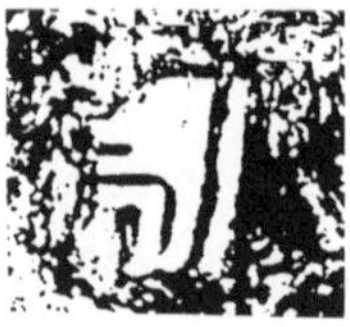

編號	字	器名	出處
619	泉	子曩尊	成 5540 殷
		束泉爵	成 8289 殷
620	[illegible]	子曩觚	成 6891 殷
		束泉爵	成 8286 殷
621	川	父癸[illegible]鼎	成 1694 殷
622	州	州戈	成 10727 殷
623	[illegible]	[illegible]觚	成 6644 殷
624	[illegible]	[illegible]卣	成 4875.2 殷·周初
625	[illegible]	王罍	成 9821 殷
626	回(亘)	[illegible]父丁鼎	成 8906 周早

乙【火部】𤓯 𤆍(熒·榮) 𤉘(煌) 𤇷 𤇳 皇(煌)

629 𤆍(熒·榮)	628 𤓯	火部	627 乙
榮子戈 成 10888 周早	子𤓯父乙爵 成 9088.1 殷		父乙甗 成 800 殷
榮仲爵 錄865 周早	成 9088.2 殷		乙戎鼎 成 1287 殷

633 皇(煌)	632 𤇳	631 𤇷	630 𤉘(煌)
亞𡨦皇𢆶卣 成 5100.1 殷	𤇳戈卣 成 4869 殷	𤇷卣蓋 成 5192 周早	𤉘戈 成 10670 殷
成 5100.2 殷	𤇳戈尊 成 5582 殷·周早		𤉘鬲 成 443 殷

植物 屮部

634

成 7732 殷

635 屮

中草斧

成 11780 殷

作從彝盉

成 9383 周早

636 艸

艸甗

成 787 周早

637 莫

莫尊

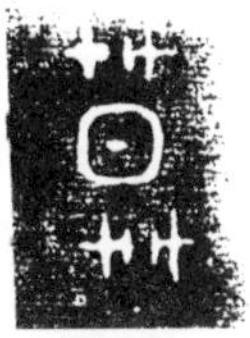

成 5776 周早

莫銅泡

成 11844 周早

丰

638	639	640	641
丰			
父甲卣 成 4905.1 殷	乙觚 成 6819 殷	鼎 成 1248 殷	且乙吉觶 成 6201 殷
丁丰卣 成 4825 殷	觚 新 1657 商晚		

642	643	644	645
爵 成 7741 殷	亞戈 新 1535 商晚	卣 成 4749 殷	爵 成 7731 殷

646	647	648	649
生	苐	笝	[glyph]
生爵	苐父丁爵	夨笝銅泡	[glyph]天爵
錄 790 周早	成 8478 周早	成 11851 周早	成 8145 周早

650	651		652
[glyph]	竹	禾部	禾
[glyph][glyph]門父辛觶	竹觚		子禾爵
新 1165 商晚	成 6741 殷		成 8109 殷
	竹且丁毁		禾卣
	成 3137 殷		成 4750.1 殷

656	655	654	653
棶	[illegible]	來	來田
棶父己鼎 成 1619 周早	[illegible]爵 成 7726 殷	般觥 成 9299 周早	來田戈 成 10868 殷 來田觚 成 7028 殷

660	659	658	657
[illegible]	[illegible]	秝	[illegible]
[illegible]戈 成 10776 殷	[illegible]爵 成 7727 殷	秝[illegible]方彝 錄 992 商晚	叀禾觚 成 7052 殷

664	663	662	661
季	𣡕	𣏟	⿰木木
季父戊子鼎 成 1862 殷	𣡕卣 成 5011.1 殷	𣏟爵 成 7740 殷	⿰木木父庚爵 成 9057 殷
季作寶盤 成 10048 周中	成 5011.2 殷	柬觚 成 6786 殷	⿰木木父庚爵 成 9056 殷

木部

667	666	665
齊	𣎵	盉
𠦪乍父乙卣 成 5202.2 殷	𣎵器 成 10494 殷	𢦏般盉 成 9386 周早
㫃豕父癸觶 成 6423 殷	𣎵壺 新 1044 春秋早期	仲自父盉 成 9410 周早
齊且辛爵 成 8345 周早		

668	669	670	671
木	林	[illegible]	榭
木觚 成 6743 殷	林亞艅卣 成 5013.1 殷	析弓形器 成 11871 殷	榭父辛觶 成 6316 周早
木父壬鼎 成 1665 殷	成 5013.2 殷	析爵 成 7742 殷•周早	

672	673	674	675
[illegible]	杒(制)	[illegible]	杴
枚父辛𣪕 成 3202 殷	杒鼎 成 1135 殷	木[illegible]戈 成 10846 殷	士作父乙方鼎 成 2314 周早
	杒器 成 10490 殷		[illegible]婦𣪕 成 3687 周早

木 林 [illegible] 榭 [illegible] 杒(制) [illegible] 杴

679 橋	678 未	677 杞	676 柜
橋仲作肇毁 成 3363.1 周中	未戈  成 10762 殷	亞獻杞婦卣  成 5097.1 殷	柜父乙卣  成 5147 殷
 成 3363.2 周中	未父乙鼎  成 1562 周中	 成 5097.2 殷	亚虎柜父乙壶 總 5662

683 桒	682 果	681 𣡕(𣶒樂)	680 樂
 桒父辛爵  成 8635 周早	果毁 成 3474.1 周中 	后妌甗 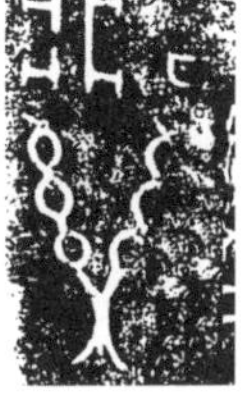 新 681 商晚	樂文觚  成 6920 殷

684	685	686	687
杕	[illegible]	[illegible]	[illegible]
匕辛鐃 成 412 殷	[illegible]父癸觚 成 7156 殷	女朱戈觶 成 6348 周早	[illegible]作父丁毁 成 3512 周早

688	689	690	691
[illegible]	[illegible]	[illegible]	兮
[illegible]獸爵 成 8213 殷	[illegible]父丁盉 新 674 周早	射女觚 成 6878 殷 射女鼎 成 1378 殷	[illegible]戈 成 10725.1 殷 兮鉞 成 11726 殷

692 青	693 [glyph]	694 [glyph](不)	695 甲
韋青鼎 成 1297 𣪘	子[glyph]𣪘 成 3072 𣪘	子[glyph]爵 成 8110 𣪘	甲𣪘 成 2911 周早 甲盉 成 9381 𣪘

696 乇
乇斧 成 11773.1 西周 乇田舌卣 成 5019.1 𣪘

動物 夔部

牛部

698	697
(夒)	夒

爵 成 7344 殷・周早	夒鼎 成 1118 殷	夒鼎 成 1117 殷
無憂作父丁卣 成 5309.2 周早		

羊部

700	699
	牛

戈 總 7289	牛鼎 成 1104.1 周早	牛𣪘 成 2973 殷

702 羊			701 羊𢀖
羊己觚 成 6835 𣪘		羊觚 新 1651 商晚	𣪕見駒𣪘 成 3750 周早 羊𢀖鼎 成 1463 𣪘

706 𦍋	705 𦍌	704 絴	703 𦍋(羊)
𦍋爵 成 7514 𣪘 𦍋鼎 成 1108 𣪘	羊𠙵尊 成 5585 𣪘•周早 𦍌卣 新 1288 商晚	羊箙鼎 新 161 商晚	𦍋父丁𣪘 成 3314 𣪘 父丁觚 中國法書選1•金文8

虎部

709 宰

宰爵

成 7516 殷

708 羞

羞鼎

成 1071 殷

羞鼎

成 1070 殷

707 ⿱羊月

⿱羊月觚

成 6660 殷

⿱羊月觚

成 6661 殷

712 虤

車虤戈

錄 1091 商晚

711 [illegible]

[illegible]⿰女丮卣

成 5193 周早

710 虎

虎㲃

成 2978 殷

虎㲃

成 2974.1 周晚

716 虤

虤父乙爵

成 8379 殷

梔父乙卣

成 5147 殷

715

⿰木虎父辛觚

成 7150 殷

714 ⿰木虎

⿰木虎父辛觚

成 7146 殷

⿰木虎父辛爵

成 8637 周早

713

仲𩟃盨

成 4399 周中

719 ⿰虘又

⿰虘又作父戊尊

成 5899 周中

⿰虘又⿱丵大卣

成 4878 殷

718 虘

虘作父辛殷

成 3520 周早

虘作父辛爵

成 8952 周早

717 ⿸虍圭

⿸虍圭鳥形尊

成 5477 殷

豕部

720	721	722	723
		髳	豕
亞獸爵 成 7802 殷	獸形銘觚 成 6688 殷	南髳罍 新 1587 商晚	豕父癸尊 總 4614
亞獸方彝 成 9851.1 殷		南髳爵 新 1573 商晚	豕戈 成10679 殷

724	725	726	727
庚豩	㓹	彘	圂
庚豕父乙觚 成 7263 殷	[豕又]父辛鼎 成 1644 殷	彘觚 成 6654 殷	圂觚 成 6653 殷
庚豩父丁方鼎 成 1855 殷	㓹爵 成 7527 殷	爵 成 7530 殷	圂觚 成 6652 殷

家
寡
[illegible]
[illegible]
冊豩
[illegible]
[illegible]
[illegible]

731	730	729	728
[illegible]	[illegible]	寡	家
[illegible]觚 成 6655 殷	[illegible]觚 成 6651 殷	寡父乙觶 成 6240 殷	家且乙觚 成 7074 殷 家戈父庚卣 成 5082.1 殷

735	734	733	732
[illegible]	[illegible]	[illegible]	冊豩
[illegible]爵 成 7430 殷 [illegible]刀 成 11804 殷	[illegible]戈 成 10678.1 殷 [illegible]爵 成 7500 殷	[illegible]且戊卣 成 4892 殷 父辛[illegible]鼎 成 1645 殷	冊豩觚 成 7055 殷

馬部

736

豕馬

豕馬父丁尊

成 5737 殷・周早

豕馬父丁方彝

成 9872 殷

豕馬父丁卣

成 5063 周早

豕馬段

成 3459 周早

737

馬

馬戈

成 10857.1 殷

何馬觚

成 6997 殷

738

騾

騾簋

錄 374 商晚

739

獸形銘鼎

成 1111 周早

犬部

741 犬王犬	740 獸(狩)
王且甲方鼎 成 1811 周早	獸父癸爵 成8692 周早
戈 總 7274	獸父癸段 成 3212 殷

745 狷	744 臭(嗅)	743 京犬犬	742 犬
狷元作父戊卣 成 5278.2殷•周初	子自犬卣 總 5182	京犬犬魚父乙鼎 成 2117 殷	犬父丙鼎 成 1565 殷
宁狷父丁斝 成 9242 周早	子臭卣 成 4849 殷•周初		丁犬卣 成 4826.2 殷

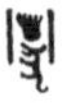

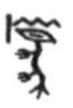

748 象	象部	747	746
象爵 成 7509 殷；象觚 成 6667 殷		猾斗 錄 1027 周早	乍母鼎 總 0663

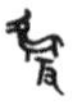

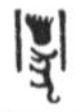

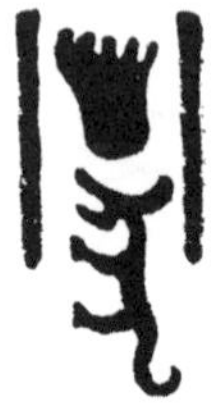

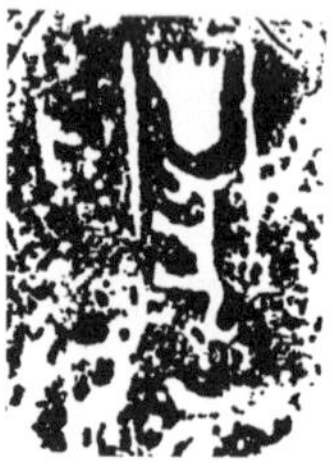

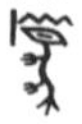

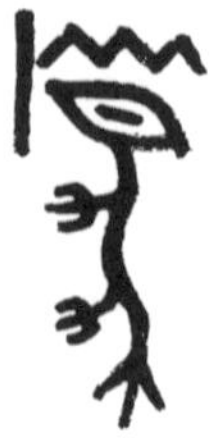

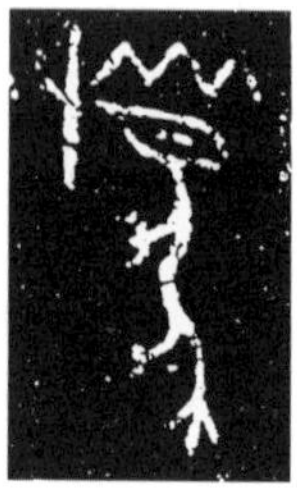

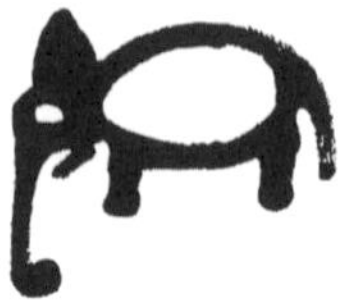

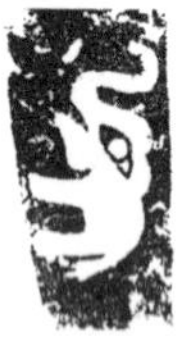

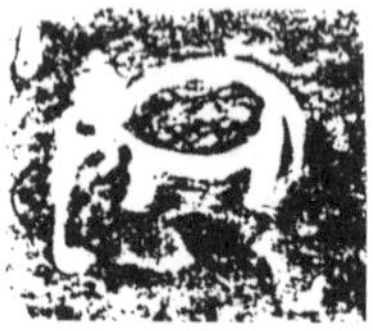

750	749 鹿		鹿部
爵 成 7521 殷；鼎 成 1143 殷	鹿方鼎 成 1110 殷	鹿觚 成 6666 殷	

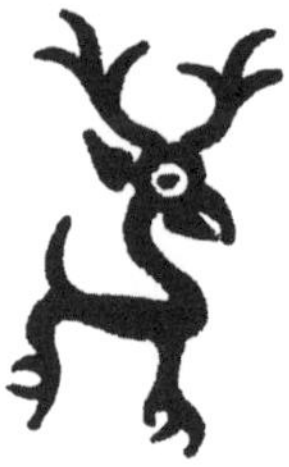

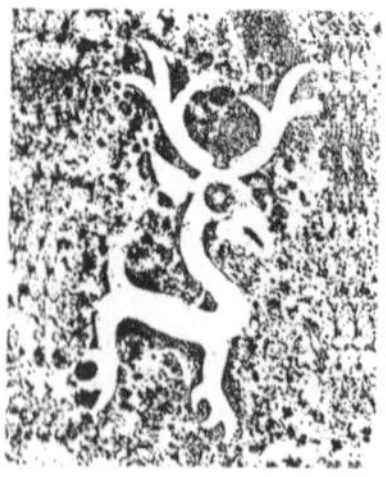

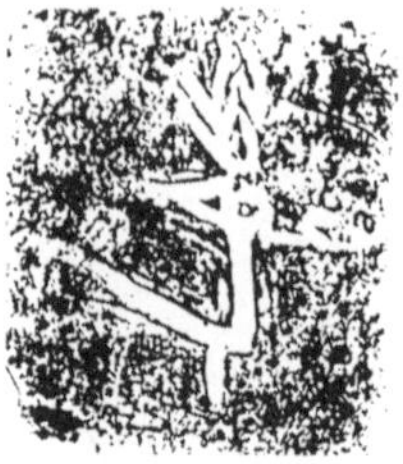

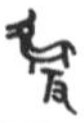

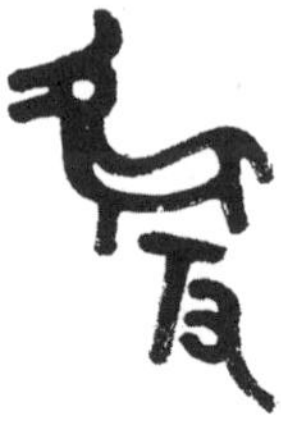

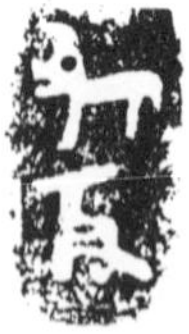

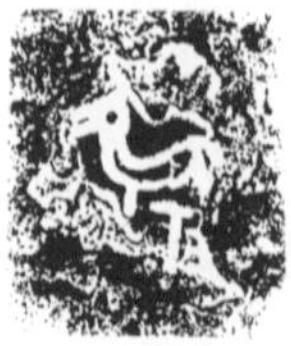

㲋部

753	752	751
麋	(麋)	
麋癸爵 錄 901 周中 夫爵 成 8813 殷	爵 成 7523 殷	父辛尊 總 4661 卒父辛卣蓋 成 5084 殷

757	756	755	754
粵	彙	(兔)	㲋
司粵母爵 成 8743 殷 司娉尊 成 5539 殷	子彙觚 成 6894 殷 父癸觚 總 6168	獸冊爵 成 8212 殷	㲋戈 錄 1069 商晚 亞㲋鴞尊 成 5565.2 殷

760 羽	759 豩		758 㛷
		獸部	
羽戈 成 10680 殷	豩殷 成 3627 周早		司㛷觚 成 6881 殷
羽父寶殷 成 3231 周早	亞㚔鄉宁鼎 成 2362 殷		司㛷觚 成 6886 殷

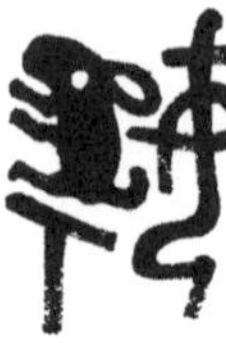

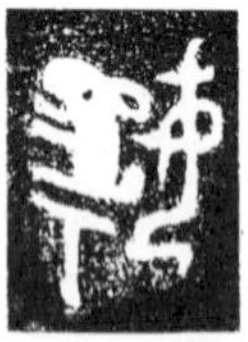

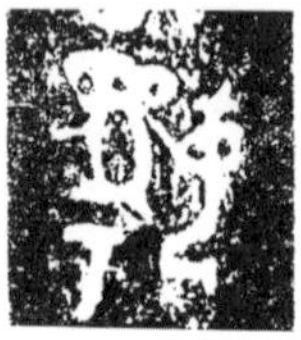

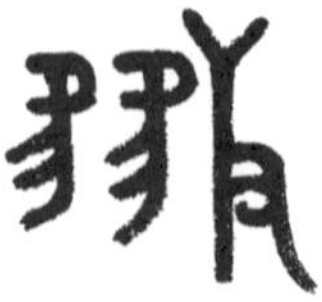

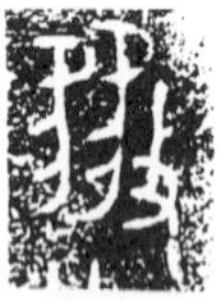

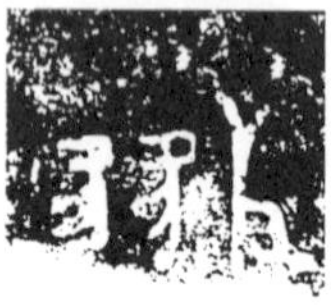

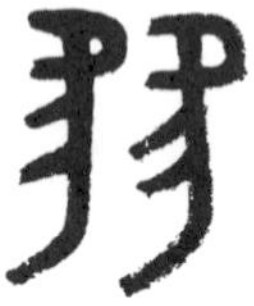

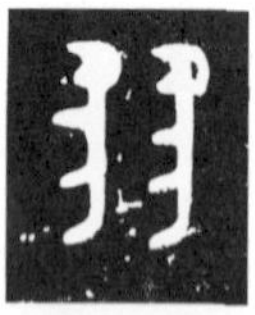

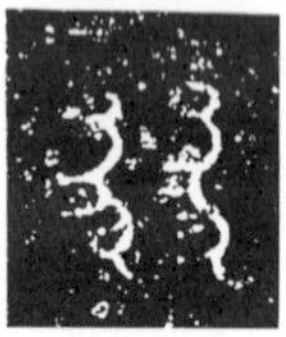

764	763	762	761 䵵
㝬卣 成 4789.2 殷	亞獸爵 成 7807 殷	亞獸戈 成 10841.1 殷	䵵觶 新 819 周早
	獸形銘鼎 成 1112 殷·周早		

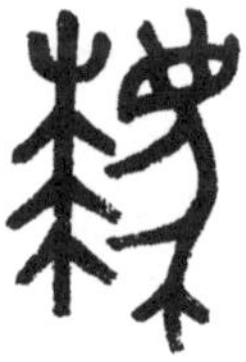

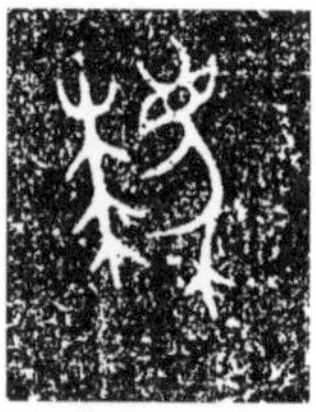

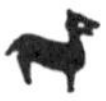

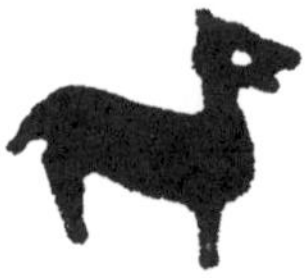

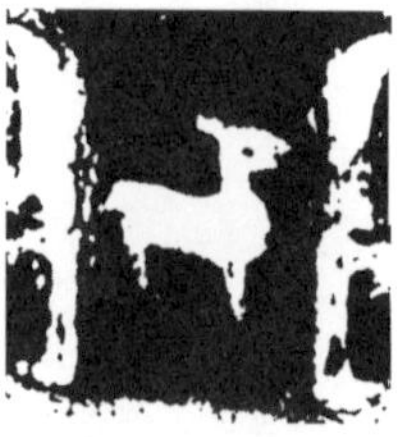

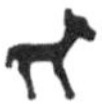

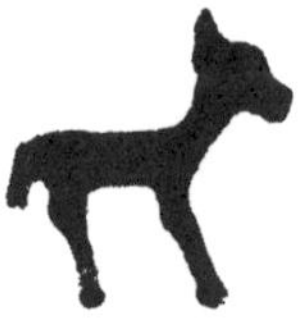

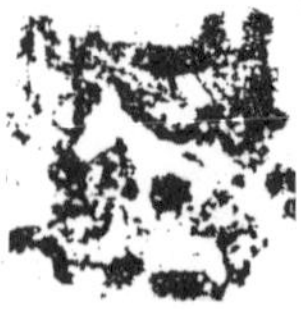

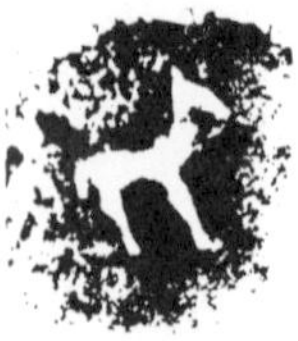

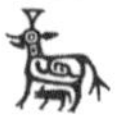

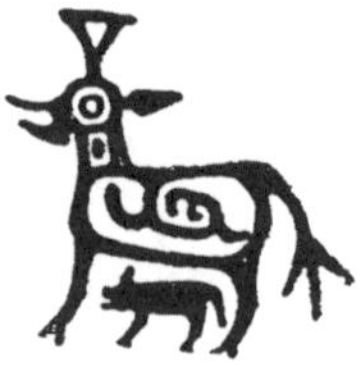

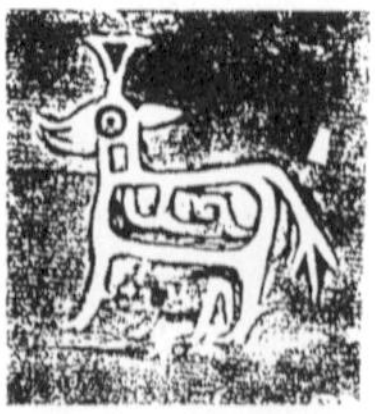

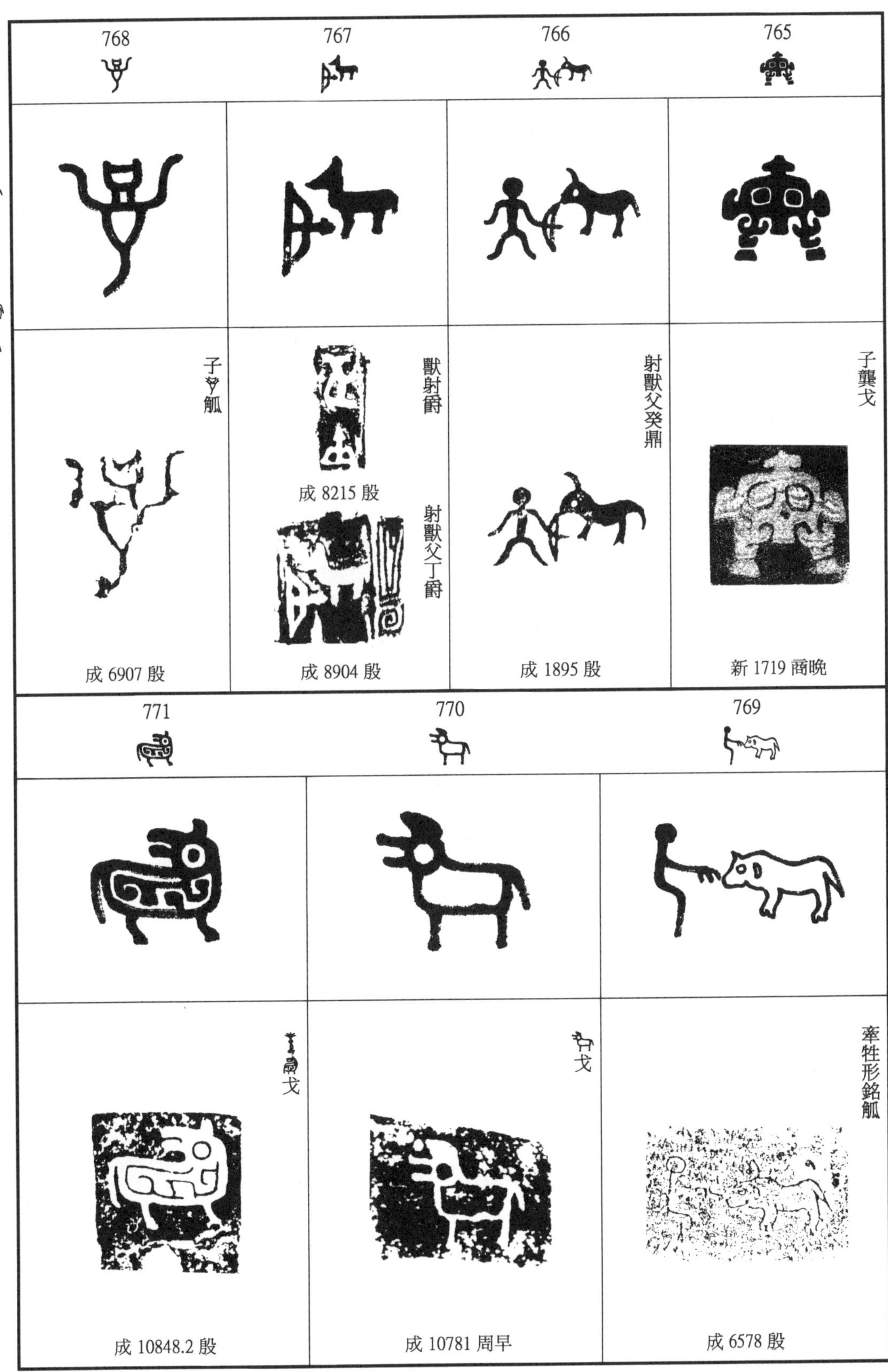

768
767
766
765
子𠂤觚
獸射爵
成 8215 殷
射獸父丁爵
射獸父癸鼎
子龔戈
成 6907 殷
成 8904 殷
成 1895 殷
新 1719 商晚
771
770
769
戈
戈
牽牲形銘觚
成 10848.2 殷
成 10781 周早
成 6578 殷

775	774	773	772
[illegible]宁	羸	[illegible]	[illegible]
獸宁爵	[illegible]且丁爵	[illegible]觚	犧形銘觶
成 8210 殷	成 9045 周早	成 6664 殷	成 6069 殷

779	778	777	776
[illegible]	[illegible]（狩·獸）	[illegible]大	[illegible]
[illegible]且乙觶	獸觚	[illegible]大殷	亞獸爵
總 6547	成 6671 殷	成 3118 殷	成 7805 殷

[illegible]　[illegible]　羸　[illegible]宁　[illegible]　[illegible]大　[illegible]（狩·獸）　[illegible]

禽鳥部

780 隹

隹□斝 成 9192 周早

貝隹易父乙爵 成 9050.1 殷

781 雔

雔父辛觶 成 6314 周早

雔父癸爵 成 8698 殷

782 隽

隽觚 成 6679 殷

783 奞

兄丁奞觶 成 6354.1 殷

鬲奞爵 成 8283 殷

784 集

小集母乙觶 成 6450.2 殷

集觚 錄 700 商晚

785 雚

雚母觶 成 6150 殷

786 隻

隻卣 成 4788.1 殷

隻父癸爵 成 8697 殷

790 [glyph](隼)	789 西單	788 西	787 西隻單
隻卒子鐃 成 404 殷	西單己觚 成 7193 殷 西單斝 成 9200 殷	西單己觚 成 7193 殷 己[glyph]爵 成 8036 殷	西隻單毀 成 3243 殷 西隻單卣 成 5007.1 殷

794 鳥	793 雁	792 [glyph]	791 [glyph]
鳥且甲卣 成 4889.1 殷 鳥形銘鼎 成 1120 殷	應公鼎 新 1438 周早 雁公觶 成 6174 周早	[glyph]隼爵 成 8281 殷	[glyph]鼎 成 1089 殷

798	797	796	795
⿱鳥豕	⿰氵鳥	⿱鳥口	□(⿰玄鳥)
⿱鳥豕卣	鳥豕爵	⿱鳥口父戊殷	亞□玄婦方罍 總 5553 亞吴玄婦罍
成 4789 殷	成 8222 殷	成 3188 殷	成 9794.1 殷

802	801	800	799
□	鶾	鳴	鳳
⿱鳥亼且己觚	鶾叏父鼎	鳴觶	婦鳳觶 錄 671 商晚 婦鳥觚
成 7079 殷	成 2205 西周	成 6034 殷	成 6870 殷

806	805	804	803
⿰⿱鳥丙⿱鳥丙	⿱鳥丙	[pictograph]	[pictograph]
⿰⿱鳥丙⿱鳥丙父乙毁	串⿱鳥丙父丁卣	父辛矢鼎	[pictograph]戈
成 3153 殷	成 5069 殷	成 1890 周早	成 10710 殷

810	809	808	807
雞	鑊	鳶(鳶)	⿱鳥冈
東[illegible]公丁豆	引作文父丁鼎	鳶鼎	⿱鳥冈弓形器
成 4658 殷	成 2318 殷	成 1124 殷	成 11869 殷
[illegible]父辛尊	仲子觥	鳶卣	⿱鳥冈父己觶
成 5802 殷	成 9298.1 殷·周早	成 4787 殷	成 6288 周早

[pictograph] [pictograph] ⿱鳥丙 ⿰⿱鳥丙⿱鳥丙 ⿱鳥冈 鳶(鳶) 鑊 雞

蟲蛇部

813	812	811
蝠		
子蝠斝 成 9172.1 殷 成 9172.2 殷	父丁𣪘 成 3315 周早	父乙鼎 成 1831 殷•周早

817	816	815	814
			(蟬)
戈 成 10707.2 殷 卣 成 4751.1 殷	父乙𣪘 成 3862 周早	父丁卣 成 5071 周早 作父乙𣪘 成 3602.2 殷	丙申角 三代 16.47

虫 禹 蟲

821	820	819	818
禹		虫	
且辛禹方鼎 成 2111 殷 㠱且辛卣 成 5201.1 殷	爵 成 7554 殷	虫乙觶 錄 650 商晚 爵 成 7555 殷•周早	父己觶 成 6285 殷

824	823	822
	蟲	
父口爵 成 8731 殷 方彝 成 9869 殷	子癸蟲觶 成 6351.1 殷 成 6351.2 殷	爵 成 7567 殷

蚰 ⿻ ⿻ 弔 弜 叔

827	826	825
⿻	⿻	蚰
⿻觚 成 7061 殷	⿻鉞 成 11727 殷 ⿻爵 成 7565 殷	⿻鼎 成 1467 殷 ⿻父丁段 成 3314 殷

830	829	828
⿻(叔)	弜	弔
叔父癸鼎 錄 238 商晚 弔龜父丙段 成 3427 周早	𬎾父丁段 成 3184.1 周中 弜父丁鼎 錄 232 商晚	弔卣 成 4786 殷 叔方彝 成 9842.2 周早

831	832	833	834
			(黑)
戈 成 10704 殷	弔龜鼎 成 1469 殷	子觚 成 6897 殷	噭士卿父戊尊
戈 成 10702.1 殷	爵 成 7557 殷	子鼎 成 1716 殷	成 5985 周早

835	836	837	838
	[illegible]	萬	[illegible]
爵	鼎	萬爵 成 7552 殷	爵 成 7564 殷
成 7566 殷・周早	成 1133 殷・周早	萬爵 成 7551 殷	爵 成 7563 殷

(黑) 萬 [illegible]

魚龍部

839 魚

魚父乙卣

成 4916.1 殷

魚父乙鼎

成 1551 周早

840 𩵦

𩵦鼎

成 1128 殷

841 弇

弇器

成 10485 殷

弇卣

成 4741.1 殷

842 漁

子漁尊

成 5542 殷

子漁斝

成 9174 殷

843 鱻

冉鱻觚

成 7063 殷

冉鱻盉

成 9330.1 殷

844 䲆

䲆作父丁觶

成 6447 周早

848	847	846	845
[illegible]（蕭）	朋	貝	㬎
[illegible]戈  成 10721 殷	宁朋觚  成 7011 殷	葡貝卣  成 4882.2 殷 貝隹易父乙爵  成 9051.1 殷	㬎父辛爵  成 8620 殷

852	851	850	849
 [illegible]	貾	䝱	買
 [illegible]爵  成 7652 殷 [illegible]戈  成 10722 殷	 [illegible]人貝爵  成 8802 殷	 羊䝱車觚  成 7201 殷 羊貝車爵  成 8804 殷	 買車卣  成 4847.1 殷 買鼎  成 1168 殷

856	855	854	853
	(⿰龜刂)	⿱奄黽	黽
⿱奄黽鼎 錄 272 周中	刀 成 11803 殷	⿱奄黽父癸鼎 成 1683 殷；卣 中國法書選 1·金文 18	黽罍 中國美術全集 5 商；黽父丁鼎 成 1584 殷

860	859	858	857
	龔	龍	龜
卣 成 4784 殷	龔卣 成 4742.1 殷；龔女毁 成 3083 殷	龍爵 成 7532 殷；龍器 成 10486 殷	弔龜鼎 成 1469 殷；弔龜父丙毁 成 3427 周早

【骨羽毛部】角 䚒 解 W(冎) 𦘔 冊 毛

骨羽毛部

863 解	862 䚒	861 角
𤰈子甗 成 874 周早	䚒戈 成 10849.1 殷；觵觚 成 6804 殷	角丆方彝 成 9860 殷；角戊父字鼎 成 1864 殷

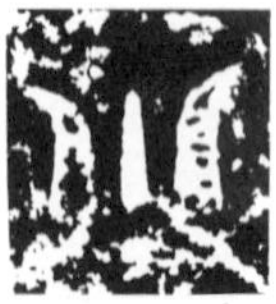

867 毛	866 冊	865 𦘔	864 W(冎)
日毛銅泡 成 11857 西周	冊父辛卣 成 4985.1 殷；成 4985.2 殷	子𦘔爵 成 8101 殷	W父口斝 成 9221 殷

衣著 衣糸部

868 衤	869 祺	870 □
甲母觚 成 7165 殷	祺父乙鼎 成 1563 周早	□斝 成 9145 殷
甲母觚 成 7164 殷		西單□觚 成 7194.2 殷

871 巾	872 8(幺)	873 (系)	874 糸
巾斧 成 11772 周早	8父癸爵 成 8719 殷	子系爵 成 8107 殷	子系爵 成 8106 殷
	8旅父丁爵 成 8897 周早	子父癸鼎 成 2136 殷	系父丁爵 成 8497 周早

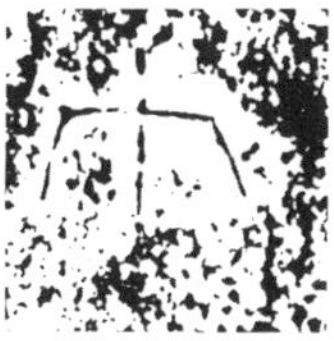

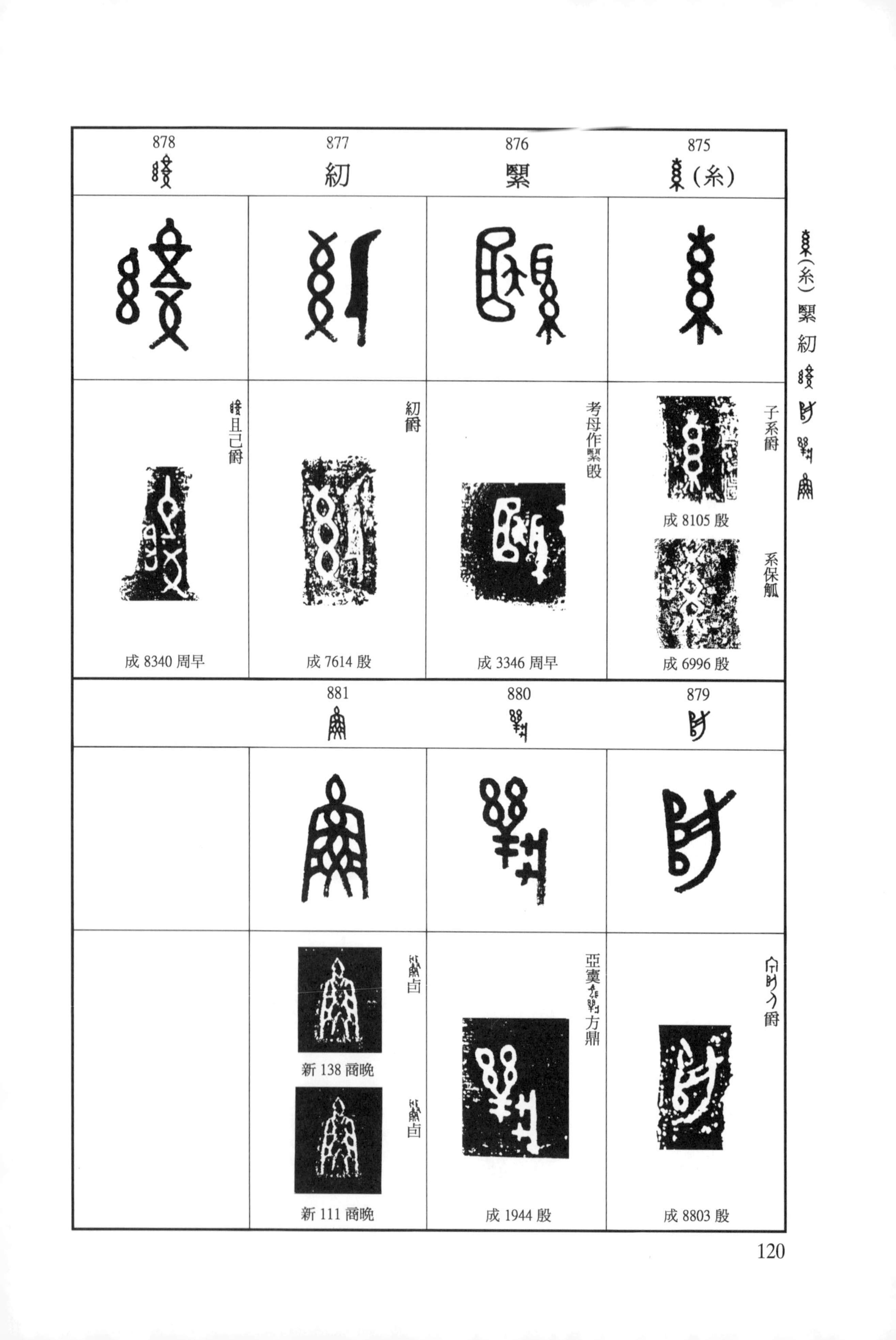

878 □	877 紉	876 繫	875 □(系)
□	□	□	□
□且己爵 成 8340 周早	紉爵 成 7614 殷	考母作繫毁 成 3346 周早	子系爵 成 8105 殷 系保觚 成 6996 殷

	881 □	880 □	879 □
	□	□	□
	□卣 新 138 商晚 □卣 新 111 商晚	亞□□方鼎 成 1944 殷	□□□爵 成 8803 殷

建築 宀部

882 宀	883 守	884 寠
宀尊 成 5501 殷	守殷 成 2968.1 殷	寠8爵 成 8296 殷
宀作父辛觶 成 6417 周早	亞木守觚 成 7181 殷	

885 㝑	886 室	887 安	888 宎
㝑𡚬盤 成 10029 殷	㝑小室盂 成 10302 殷	安卣 成 4881.1 殷	亞㝱父丁卣 成 5271.2 殷
辰寢出簋 錄 408 商晚		成 4881.2 殷	宎父戊方彝 成 9878 殷

892 宅	891 ⿵宀⿻十	890 䆐	889 ⿻十口
冊㔾宅鼎 成 1737 殷	⿵宀⿻十父乙觶 成 6227 周早	䆐鼎 新 1248 周早	⿻十口父丁爵 成 8472 殷·周早
宅止癸爵 新 1166 商晚	母⿵宀⿻十帚方彝 成 9873.2 殷	䆐鼎 新 1247 周早	

896 ⿱宀⿱口丂	895 ⿱宀丂	894 賓	893 字
⿱宀⿱口丂𣪘 成 3046.1 周晚	⿱宀丂盉 成 9308 周晚	乃孫作且己鼎 成 2431 殷·周早	字觚 成 6530 殷
⿱宀⿱口丂𣪘 成 3047.1 周晚	⿱宀丂盤 成 10020 周晚	匚賓父癸鼎 成 2132 周早	角戊父字鼎 成 1864 殷

⿻十口 䆐 ⿵宀⿻十 宅 字 賓 ⿱宀丂 ⿱宀⿱口丂

900 嬣	899 寧	898 寍	897 㝉
母嬣日辛尊 新 1793 商晚	寧女方鼎 成 2107 周早	寍卣 成 5353.1 殷	㝉女觚 成 6872 殷
女嬣祖丁角 錄 897 商晚	寧母父丁方鼎 成 1851 殷	成 5353.2 殷	㝉女觚 成 6873 殷

904	903	902 𡨋	901
鳥𡪪段 新 172 商晚	父癸何觶 成 6424 殷	𡨋父辛卣 成 4972.1 殷	㝈且戊卣 成 4893.1 殷
鳥𡪪段 新 170 商晚	何父癸卣 成 5091.1 殷	成 4972.2 殷	成 4893.2 殷

908	907	906	905
穷	牢	宊	宰
穷父癸爵 錄 886 商晚 穷父癸爵 成 8716 周早	牢口作父丁殷 成 3608 周早	宊耳爵 成 8207 殷	宰𢓊宔父丁鼎 成 2010 周早 宰女彝鼎 成 1712 周早

912	911	910	909
尊 成 5778 周早	觚 成 6789 殷	父丁爵 成 8499 殷	戟 成 10802 周早

宰 宊 牢 穷

916	915	914	913
𡨎	窫	宥	𡧓
耒冊父辛觚	宄窫父辛觶	𢑚宥器 / 成 10505 殷 / 宥叉鼎	東父壬觚
成 7269 殷	成 6418 周早	成 1478 殷	錄 745 商晚

920	919	918	917
宗	宮	向	襄奸
 宗尉父爵	 東宮方鼎	 向鼎	 襄鼎
 成 8803 殷	 成 1484 周早	 錄 199 商晚	 成 1498 殷

924	923	922	921
𠆣	𠆣(㝑)	𠆣	𠆣
口官𠙴鼎 總 528	𠆣己爵 總 3656	父庚𠆣鼎 成 1628 殷	亞䰟父丁鼎 新 1644 商晚

927	926	925	
高	𠆣	亯	亯部
高作父乙觶 成 6441 周早	𠆣觥 成 9262.1 殷 成 9262.2 殷	亯爵 錄 795 周早 亯殷 成 2987 周早	

928
亳

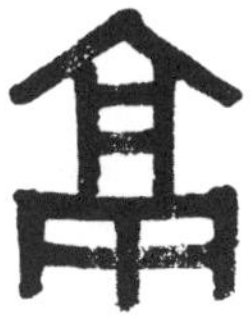

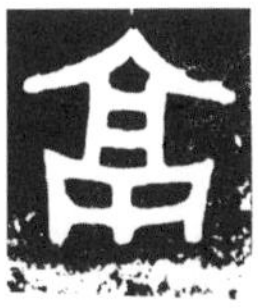
亳冊戈
成 10876.2 殷

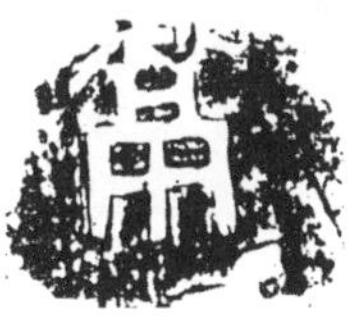
亳冊戈父乙觚
成 7262 殷

929
⿱亠⿱口⿱冖亏

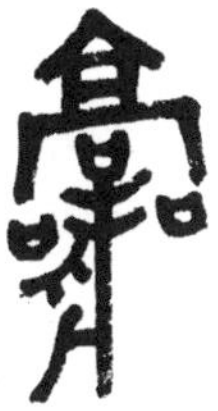

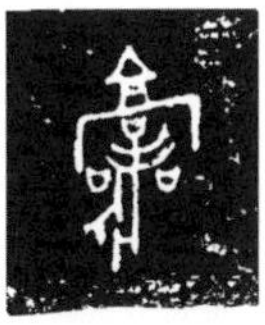
⿱亠⿱口⿱冖亏作母癸卣
成 5295.1 殷

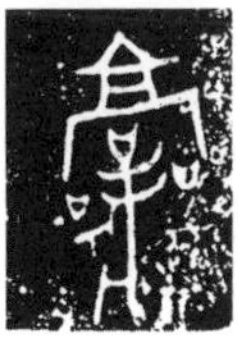
成 5295.2 殷

930
⿰冂吕

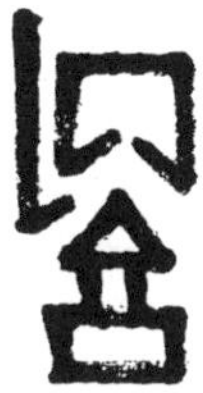

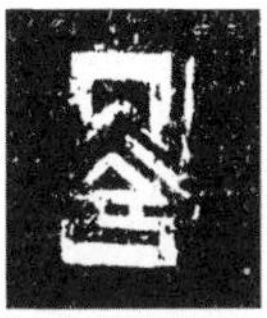
⿰冂吕卣
成 4861.2 殷

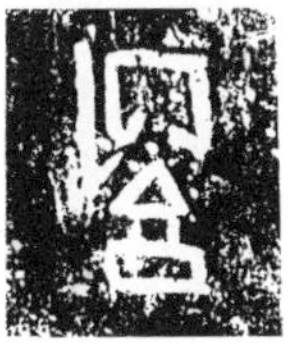
⿰冂吕卣
成 4860.2 殷

931
⿱亯小

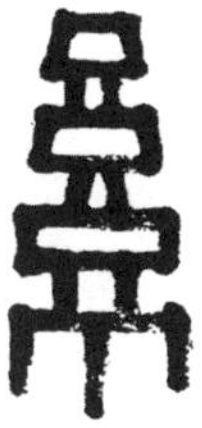

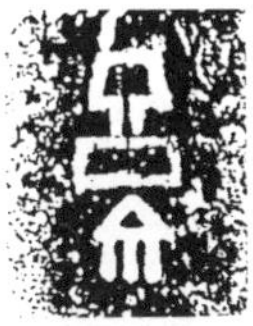
子⿱吕小尊
總 4542

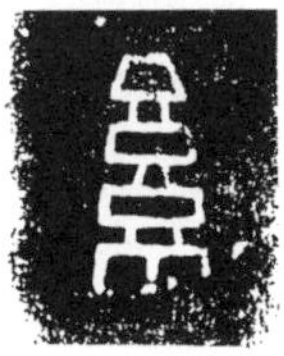
子⿱亯小方鼎
成 1314 殷

932
𩫏(郭·墉)

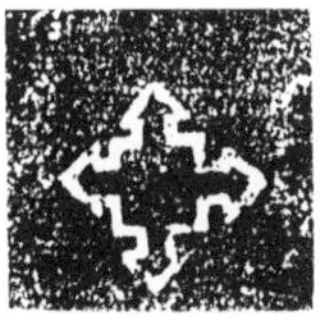
辛𩫏鼎
成 1296 殷·周早

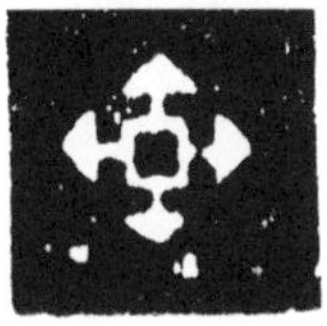
己𩫏鼎
成 1292 殷

京部

933
京

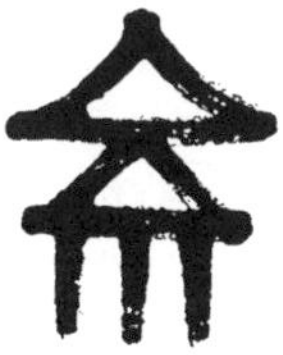

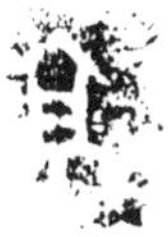
京觶
成 6090 周早

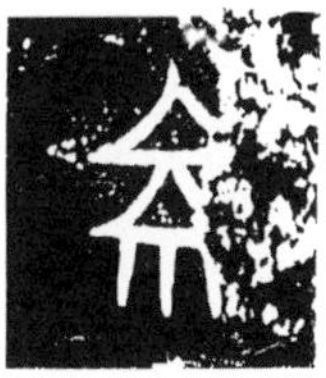
京父己毁
成 3193 殷

934
⿱亼巾

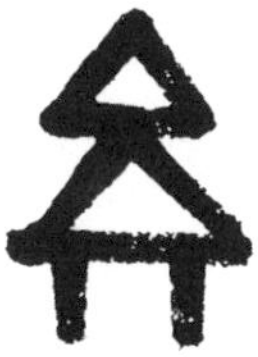

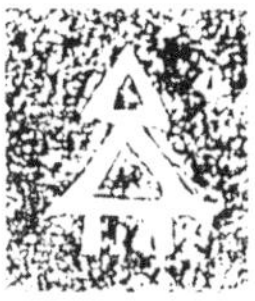
⿱亼巾觚
成 6735 殷

⿱亼巾爵
成 7581 殷

No.	Character	Sources
935	𦎫	[illegible]羊器 成 10511 殷; 丁𦎫鼎 成 1289 殷
936	彈	弓𦎫父己鼎 成 1876 殷; 弓𦎫方鼎 成 1449 殷
937	[illegible]	[illegible]癸爵 成 8070 殷; [illegible]父己鼎 成 1613 殷
938	[illegible]	[illegible]父乙卣 成 4919 殷
939	[illegible]	[illegible]爵 成 8279 殷
940	[illegible]	[illegible]觚 成 6738 殷; [illegible]戈 成 10744 殷
941	[illegible]	[illegible]爵 成 8260 殷
942	[illegible]	[illegible]尊 成 5500 殷; [illegible]卣 成 4747.1 殷

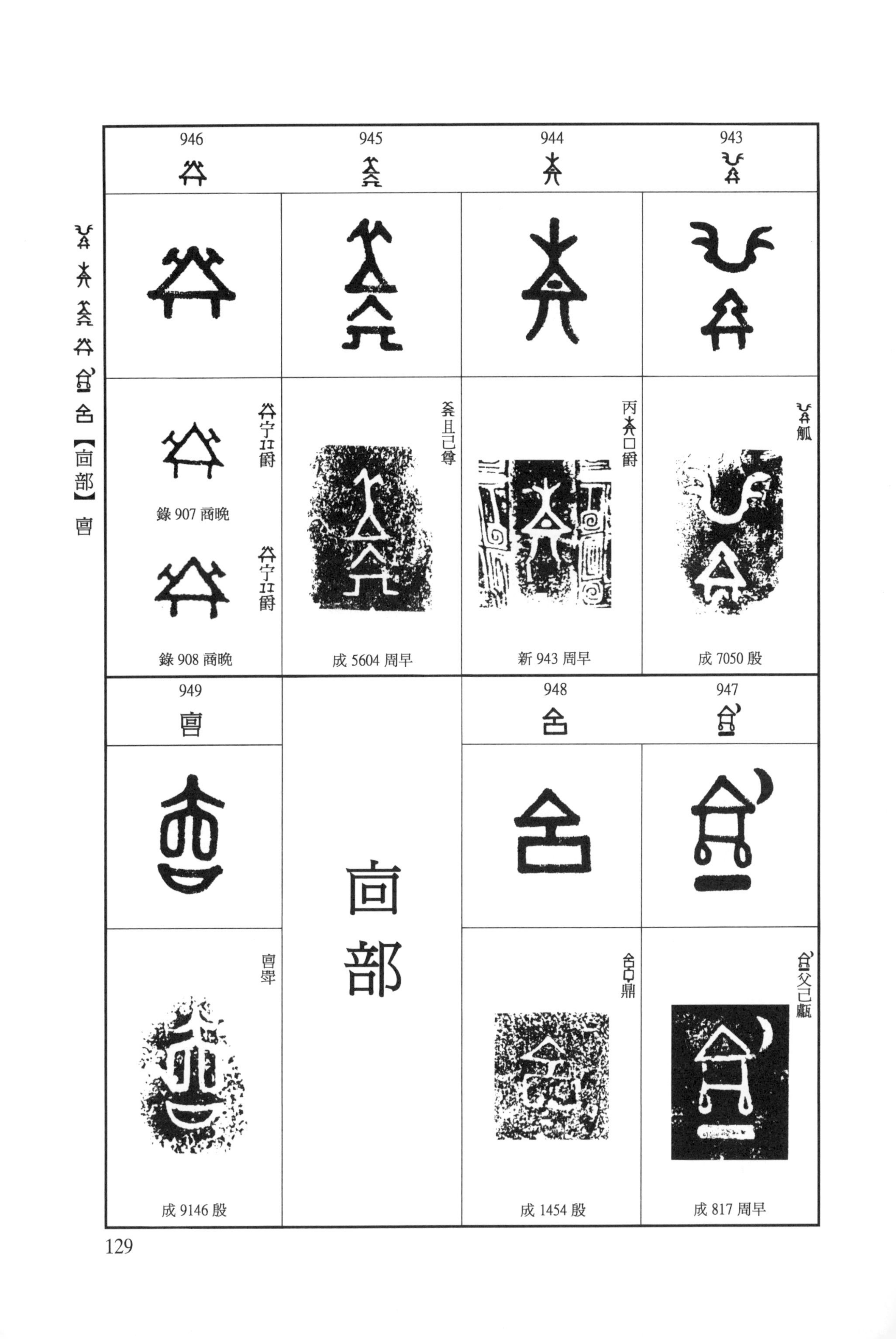

□ □ □ □ □ □【㐭部】□

946	945	944	943
□	□	□	□
□宁□爵 錄 907 商晚 □宁□爵 錄 908 商晚	□且己尊 成 5604 周早	丙□口爵 新 943 周早	□觚 成 7050 殷

949		948	947
□	㐭部	□	□
□斝 成 9146 殷		□□鼎 成 1454 殷	□父己甗 成 817 周早

井部

952	951	950
爵	大御尊	大父乙觶
成 7729 周早	成 5687 周早	成 6374 周早
	天畺御尊	臣辰冊父癸鼎
	錄 621 商晚	新 1684 周早

956	955	954	953
	(丹)	丼	丼 (井)
卣	卣	丼父辛爵	康鼎
成 4782 殷	新 275 商晚	錄 903 周早	成 2786 周中•周晚
爵			伯䢅父鼎
成 7765 殷•周早			成 2465 周晚

門戶部	959 𠙵(𠂤)	958 凵	957 丁
	𠙵父己爵 成 8551 周早	凵父己爵 成 8578 殷 鼎凵殷 成 3123 殷	丁鼎 成 1288 殷 丁㝩鼎 成 1289 殷

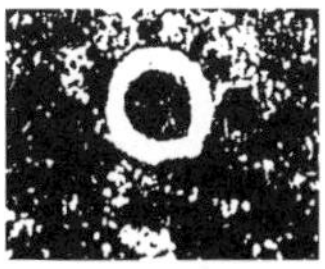

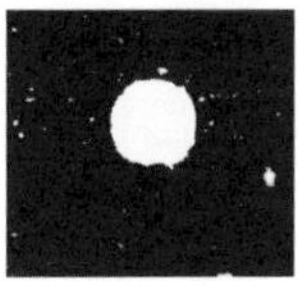

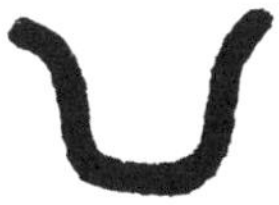

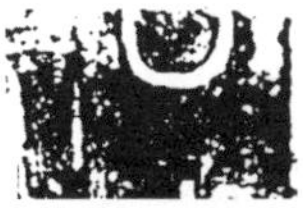

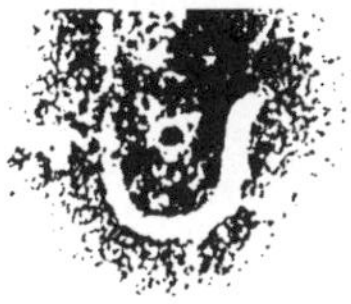

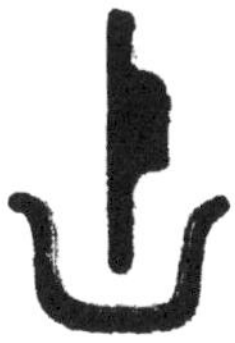

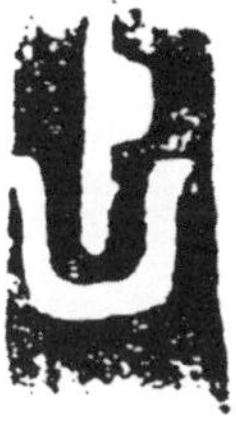

963 𨷖	962 𨳿	961 門	960 戶
𨷖作寶彝甗 成 854 周早	父丙𨳿鼎 成 1567 殷・周早	𡿨九門父辛觶 新 1165 商晚 門且丁毁 成 3136 殷	庚戶觚 成 6838 殷

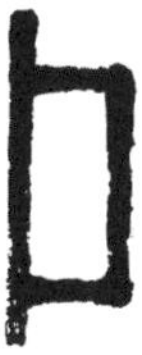

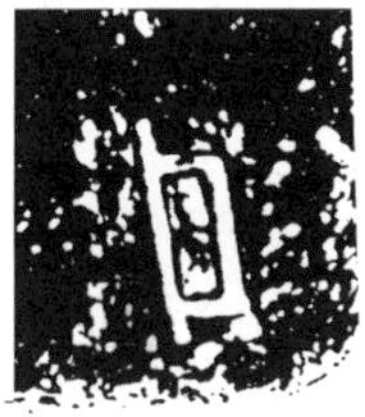

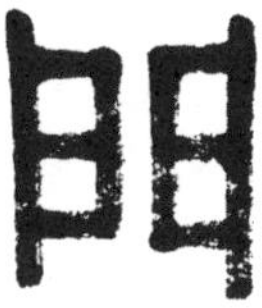

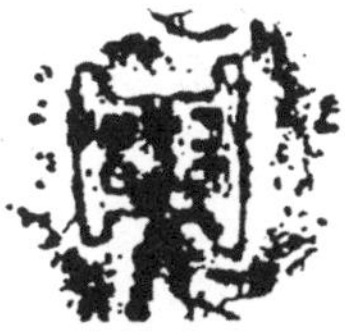

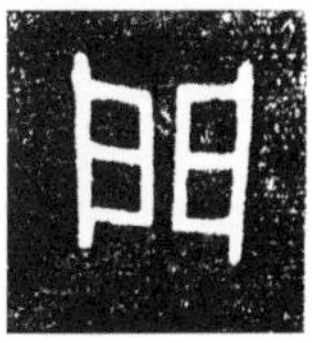

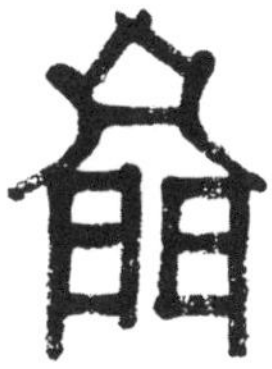

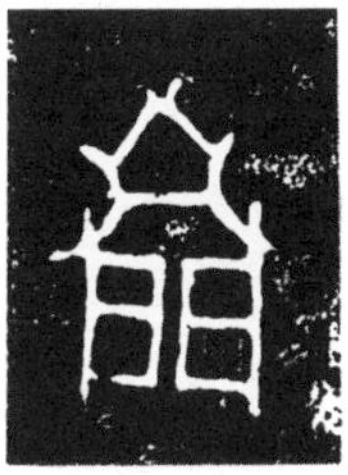

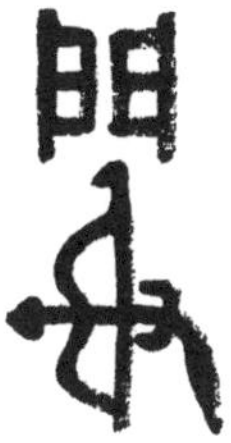

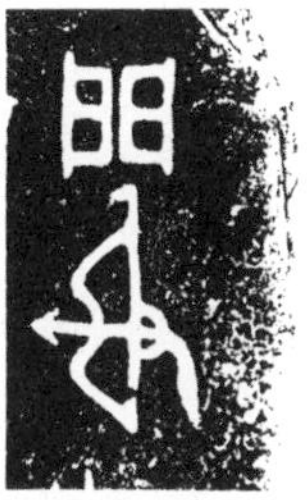

田域 田口部

966 囧	965 倉	964 闢
戈夫辛鼎 成 2406 周早	倉鼎 成 1142 殷	劦闢父丁斝 成 9241 周早
[illegible]鼎 成 1487 殷		

969 周	968 農	967 田	
[illegible]爵 成 8155 殷	田農甗 成 890 周早	田戈 成 10739 殷	婦田觚 成 6871 殷
成周鼎 新 936 周早	史農觶 成 6169 周早	田戈 成 10738 殷	甲父田卣 成 4903.2 殷

970 [illegible]

婦[illegible]爵 成 8132 殷

971 甫(圃)

盂卣 成 5399.1 周早

甫父乙尊 成 5619 周中

972 [illegible](甫·圃)

甫母丁鼎 成 1704 周早

973 [illegible]

丏甫尊 成 5576 周中

[illegible]觥 成 9252.1 周早

974 [illegible]

[illegible]鼎 成 1138 殷

[illegible]觚 成 6745 殷

975 [illegible]

[illegible]觚 成 6760 殷

976 畺

田畺父己觶 成 6405 周早

977 圖

子廟圖卣 成 5005.1 周早

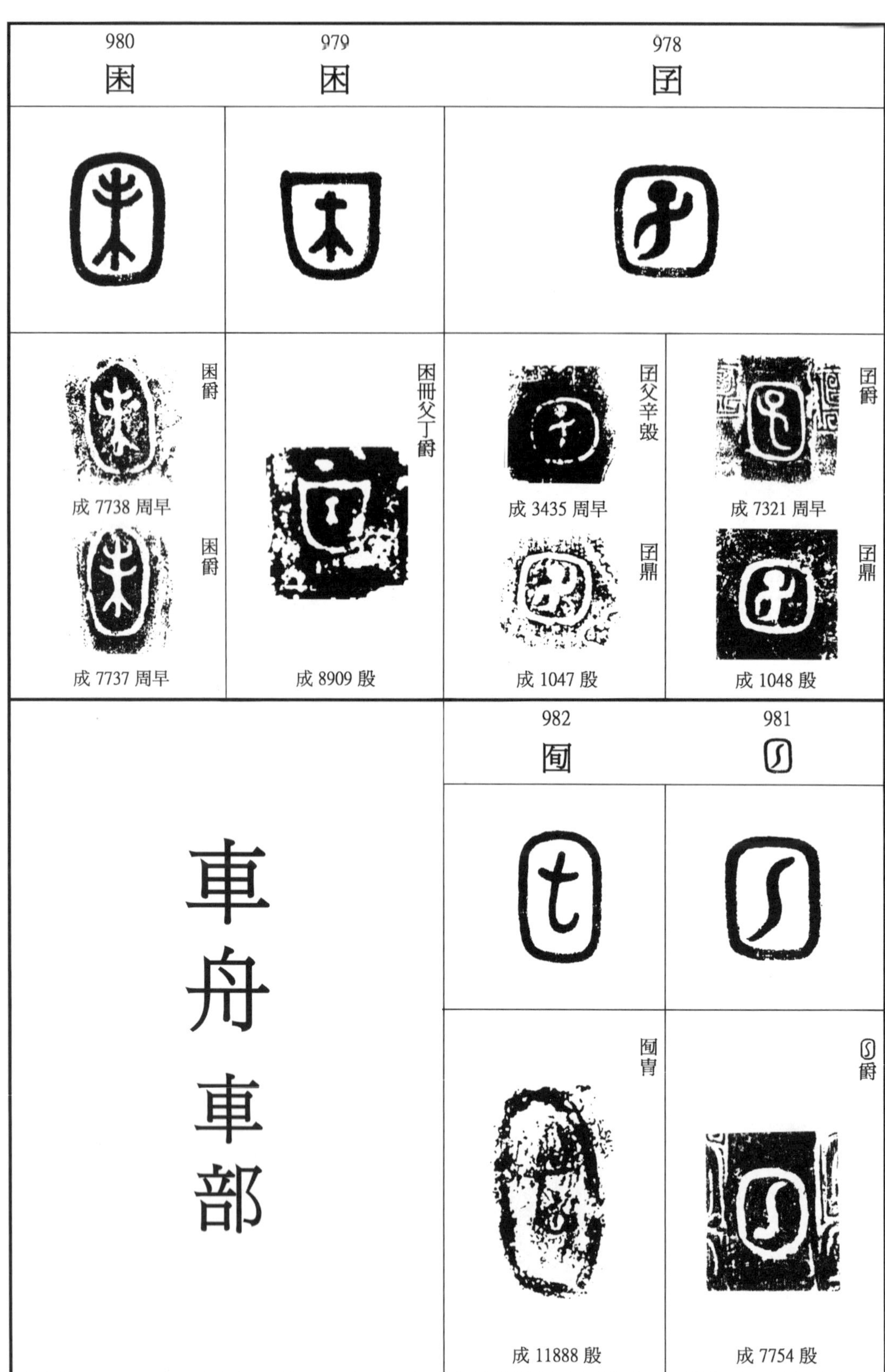

980 困[variant]

979 困

978 囝

困[variant]爵 成 7738 周早

困[variant]爵 成 7737 周早

困冊父丁爵 成 8909 殷

囝父辛毁 成 3435 周早

囝爵 成 7321 周早

囝鼎 成 1047 殷

囝鼎 成 1048 殷

車舟 車部

982 [囗乇]

981 [囗S]

[囗乇]冑 成 11888 殷

[囗S]爵 成 7754 殷

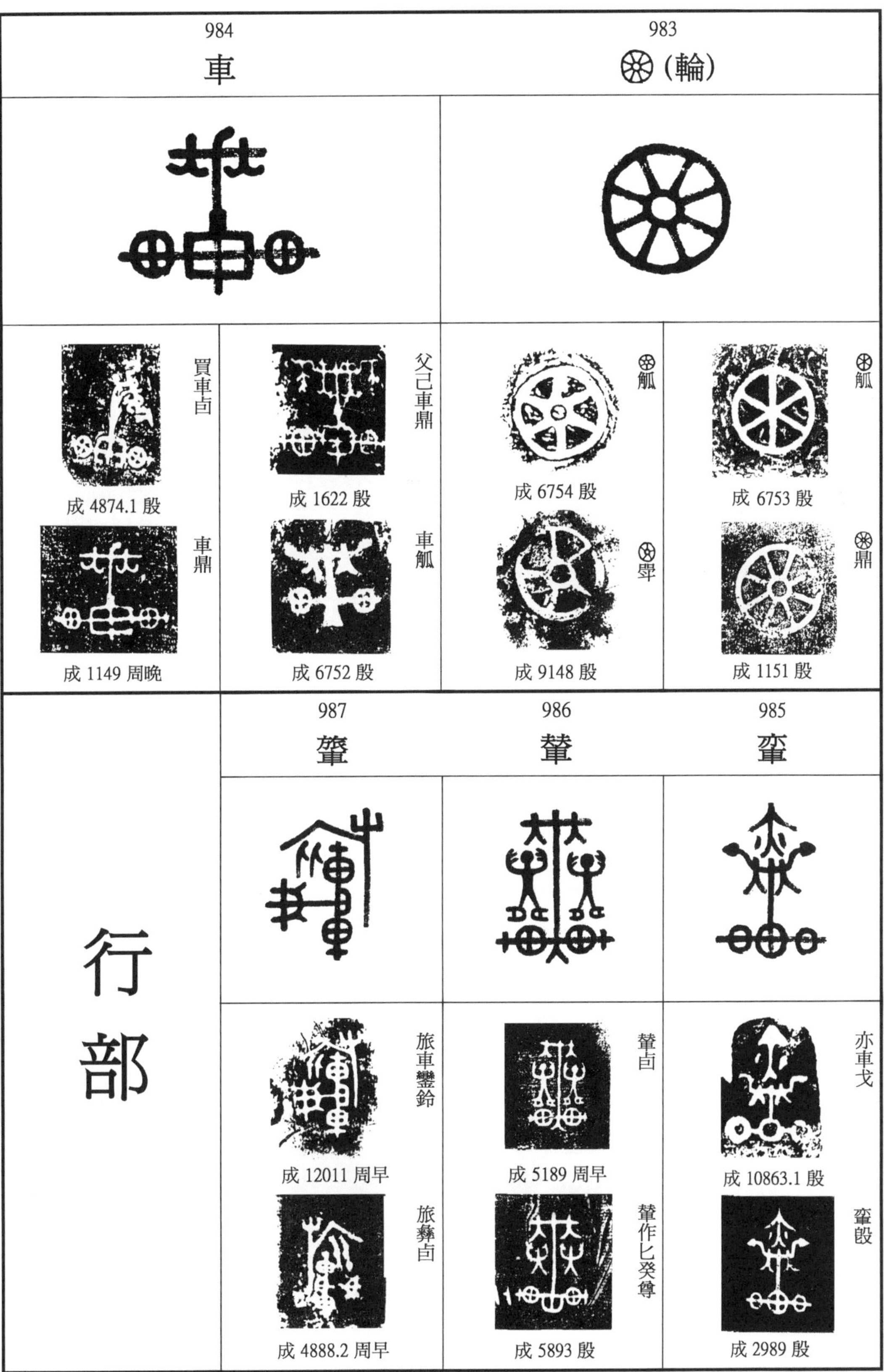
984
車
983
⊛(輪)
買車卣
成 4874.1 殷
父己車鼎
成 1622 殷
⊛觚
成 6754 殷
⊛觚
成 6753 殷
車鼎
成 1149 周晚
車觚
成 6752 殷
⊛斝
成 9148 殷
⊛鼎
成 1151 殷
987
𨏖
986
輦
985
𩉿
行部
旅車鑾鈴
成 12011 周早
輦卣
成 5189 周早
亦車戈
成 10863.1 殷
旅彝卣
成 4888.2 周早
輦作匕癸尊
成 5893 殷
𩉿段
成 2989 殷

988	989	990	991
行	衡	⿲彳㠯亍	衎
行天父癸卣 成 5093.1 殷	耳衡父乙鼎 成 1834 殷	⿲彳㠯亍天父癸殷 成 3340 殷	亞豈衎甗 成 827 周早
成 5093.2 殷	耳衡父乙鼎 成 1835 殷		衎天父癸鼎 成 1896 殷

992	993	994
⿲彳勹亍	[illegible]	⿰彳⿰冎刂
⿲彳勹亍器 成 10488 殷	遷父辛觶 成 6318 周早	⿰彳⿰冎刂母觚 錄 739 商晚

舟部

器物食器部

997 舲	996 䑕	995 舟
舲舌盤 成 10035 殷	逆䑕父辛觶 成 6416 周早	舟父甲卣 成 4907 周早
舲伯尊 成 5849 周早	逆䑕父辛鼎 成 1888 周早	舟鼎 成 1148 殷

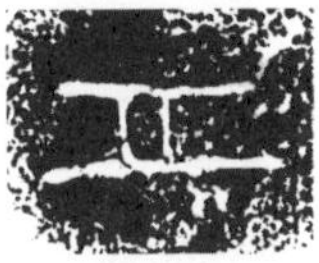

1000 𪔂	999 鼎	998 䰜
鼎劦戈 成 10879.1 殷	鼎卣 成 4746.2 周早	伐䰜戈 成 10873.2 殷
成 10879.2 殷	鼎鼎 成 1189 殷	丁䰜觚 成 7021 殷

1004 鬲	1003 𠔃(具)	1002 鼎	1001 齋
旅鬲鬲 新 676 周中；鬲鬲 成 453 周中晚	𠔃戈 總 7239	鼎父乙𣪘 新 1706 商晚；父乙鼎鼎 成 1547 殷	仲作齋鼎 成 1731 周早

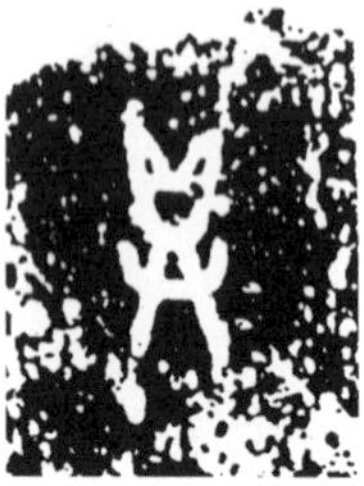

1007 𥁕(鑄)	1006	1005 䖵(融)	
大保方鼎 成 1735 周早	方鼎 中國法書選 1 金文 35 周早	融卣 新 1057 商晚	融尊 商代金文圖錄 47 商晚

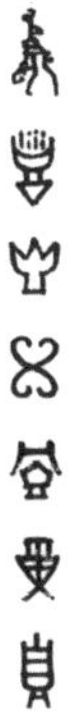

酒器部

1008	1009	1010	1011
彝爵 新 105 商晚	父己罍 成 9788 殷	觚 成 6916 殷	干首 成 11913 殷 子觚 成 6901 殷

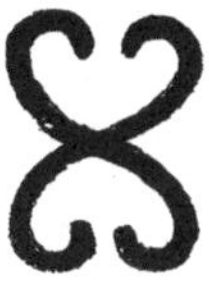

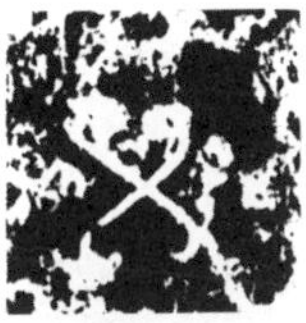

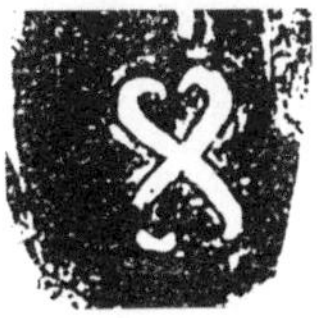

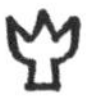

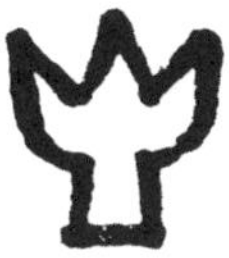

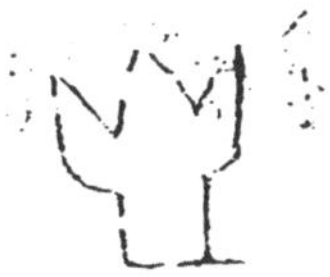

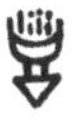

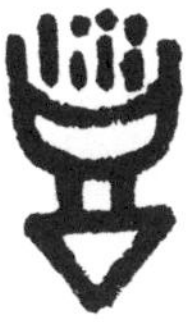

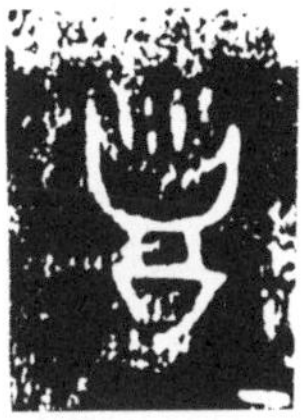

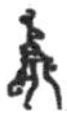

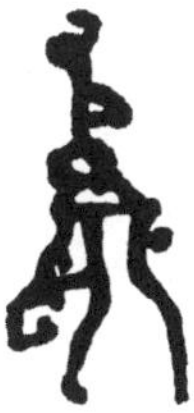

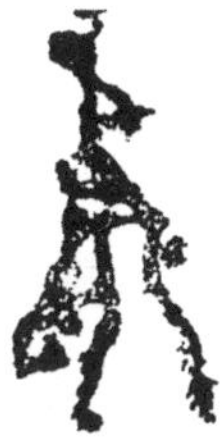

1012	1013	1014
父乙殷 成 3160 周早 父癸爵 成 8722 殷	子父己觶 成 6399 殷	爵 成 8263 殷

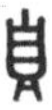

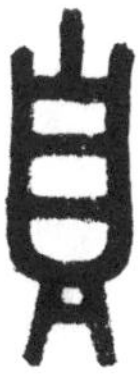

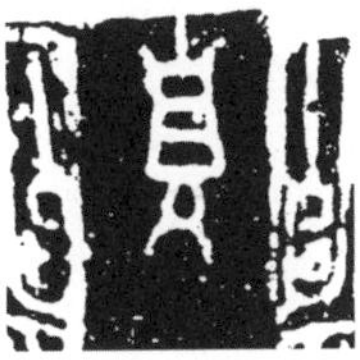

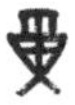

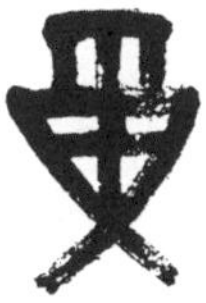

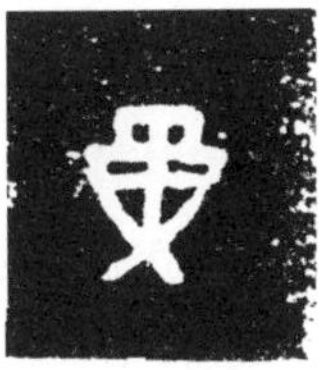

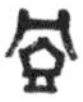

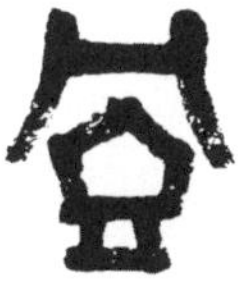

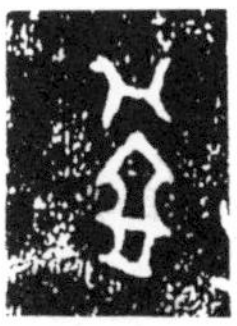

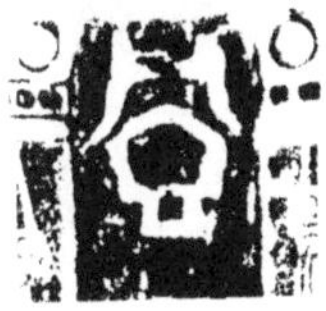

1015 酉

酉父己卣
成 4951 周早

父辛酉卣
成 4987 殷

1016 覃

覃父己爵
成 8577 殷

1017 酋

酋尊
成 5492 殷

酋父癸鼎
成 1679 殷

1018 酋

酋父戊盉
成 9357 殷·周早

酋卣
成 4756 殷·周初

1019 豆

耳豆爵
成 8268 殷

1020 豆

豆己觶
總 6403

己豆鼎
成 1471 殷

1021 尊

父丁尊觥
成 9274 周早

尸作父己卣
成 5280 殷

1022 畐

畐父辛爵
成 8627 殷

畐父辛爵
成 8628 殷

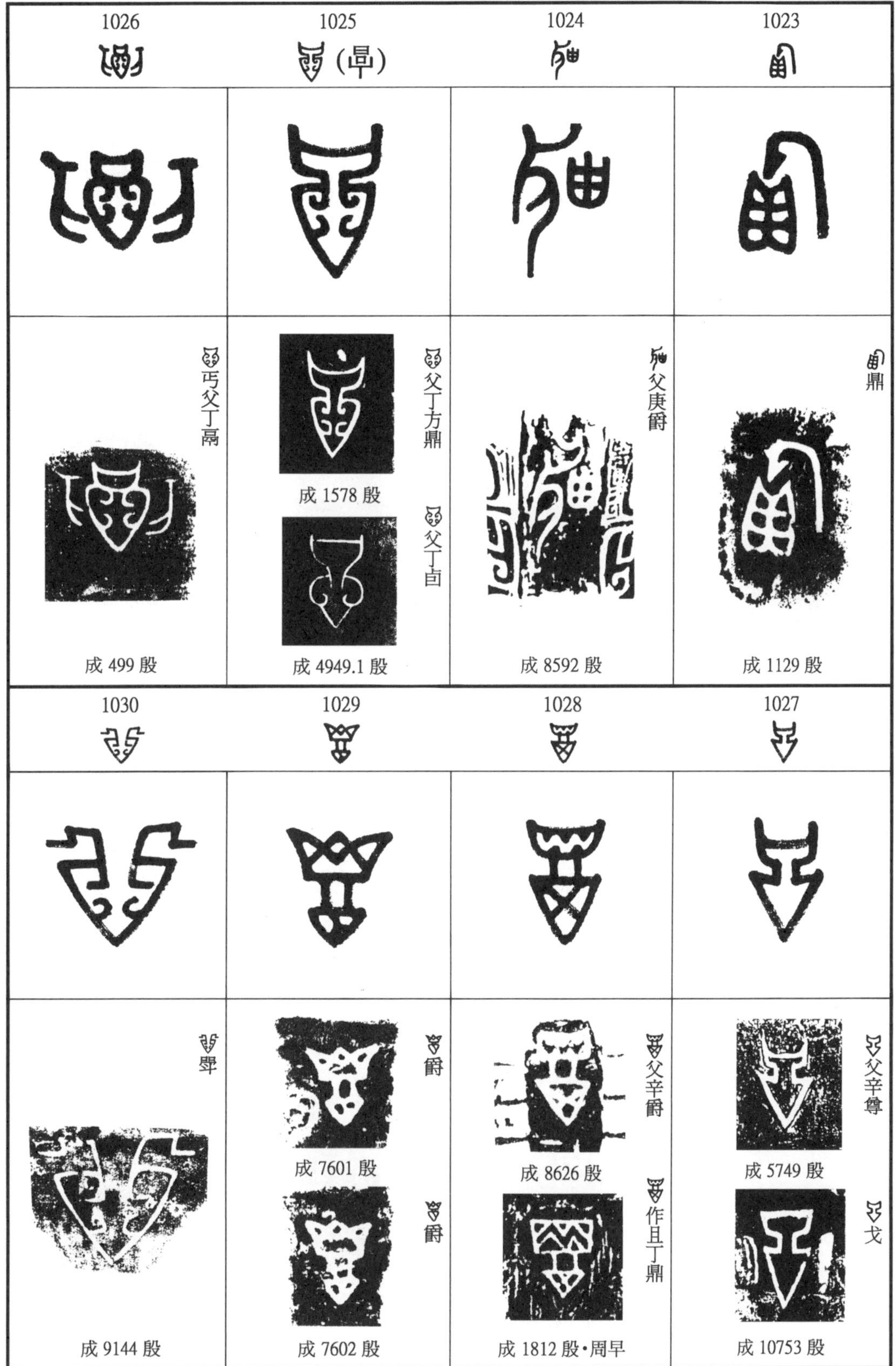

1026
1025
(舁)
1024
1023
丙父丁鬲
父丁方鼎
父庚爵
鼎
成 1578 殷
父丁卣
成 499 殷
成 4949.1 殷
成 8592 殷
成 1129 殷
1030
1029
1028
1027
舁
爵
父辛爵
父辛尊
成 7601 殷
成 8626 殷
成 5749 殷
爵
作且丁鼎
戈
成 9144 殷
成 7602 殷
成 1812 殷•周早
成 10753 殷

1034 爵	1033 斝	1032 壺	1031 𠂤
爵父癸壺 錄 950 周早 爵且丙尊 5599 周早	斝器 成 10495 殷	壺觚 成 7031 殷 隹卣 新 1800 西周	亞㠱匕 成 968 殷

1037 皿		1036	1035 爵
	水器部		
皿殷 成 3003 周晚 皿爵 成 7605 殷		母卣 成 4843 殷	殷 成 3037 殷

1041	1040	1039	1038
盟	盂	盃	□
□父丁罍 成 9811.2 周早	盂鼎 新 1245 周早 盂鼎 新 1244 周早	盃爵 成 7606 殷 盃弓形器 成 11870 殷	□方彝蓋 成 9883 殷 冊屖𣪕 成 3438 周早

1045	1044	1043	1042
□	□	□	□
□尊 成 5508 殷	□鼎 成 1230 殷	□爵 成 7607 殷 □爵 成 8192 殷	□𣪕 成 3006 周早 □𣪕 成 3005 周早

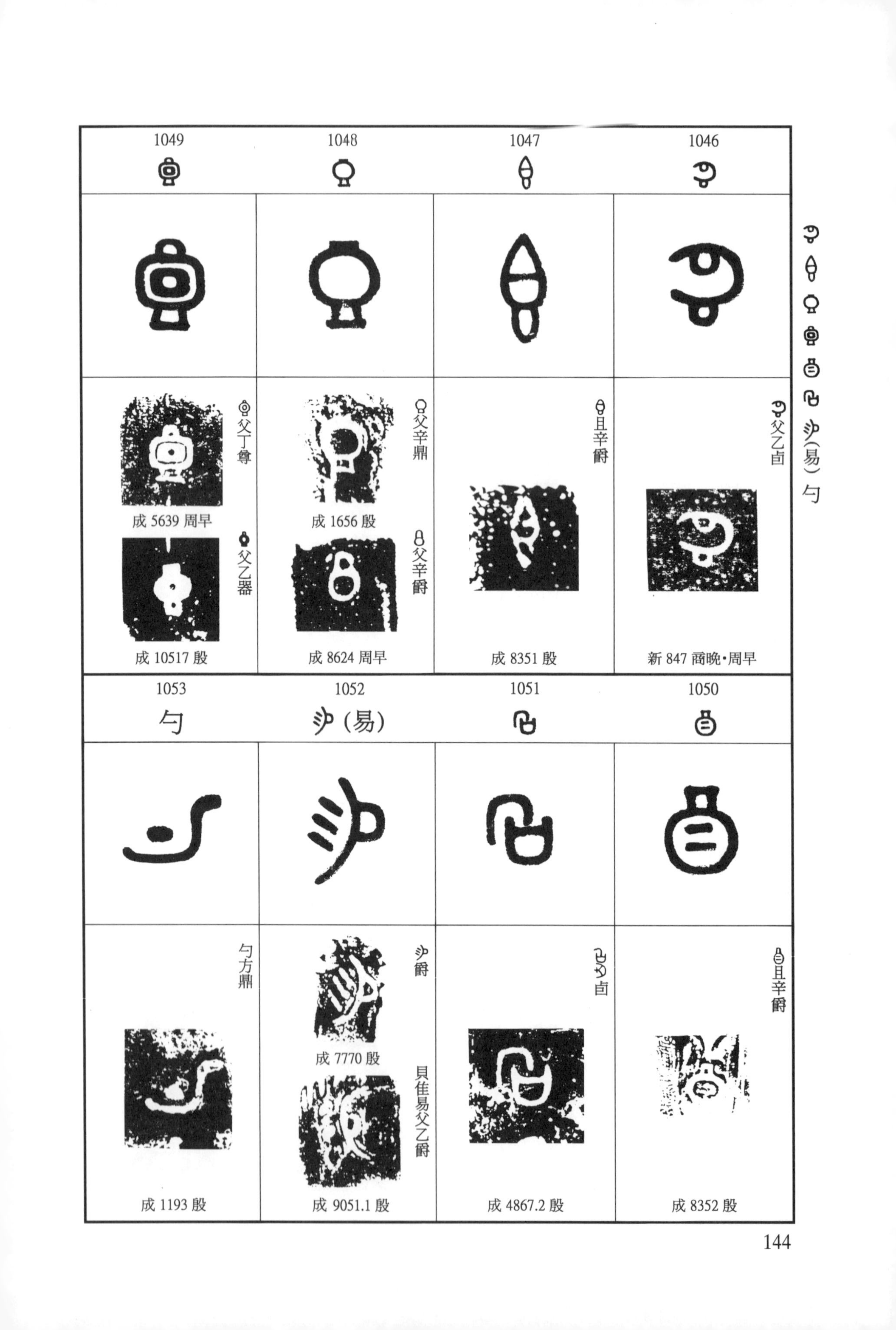

1049	1048	1047	1046
父丁尊 成 5639 周早 父乙器 成 10517 殷	父辛鼎 成 1656 殷 父辛爵 成 8624 周早	且辛爵 成 8351 殷	父乙卣 新 847 商晚·周早

1053	1052	1051	1050
勹	(易)		
勹方鼎 成 1193 殷	爵 成 7770 殷 貝隹易父乙爵 成 9051.1 殷	卣 成 4867.2 殷	且辛爵 成 8352 殷

(易) 勹

樂器部

1056 豐	1055 鼓	1054 壴
豐師當盧 新 648 西周	鼓觶 成 6044 殷	壴鼎 成 1175 殷
豐王斧 成 11774 西周	鼓寧盤 成 10031 殷	

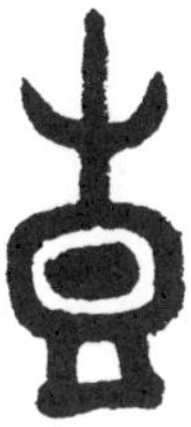

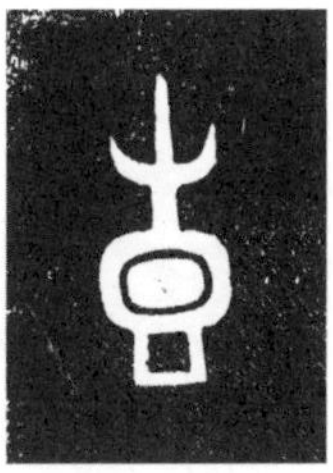

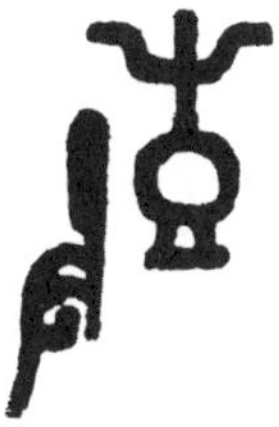

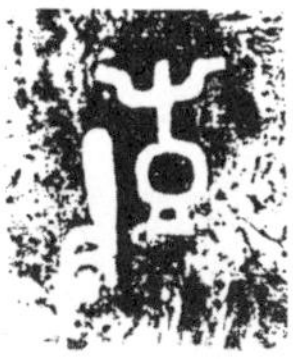

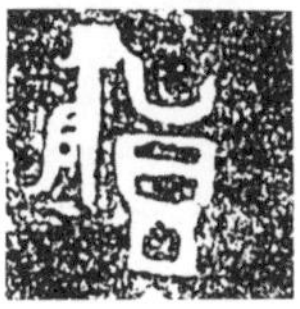

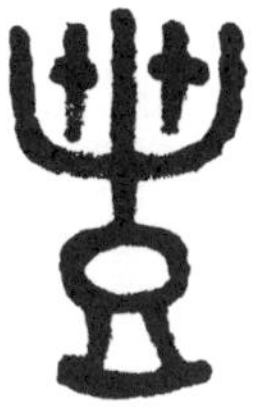

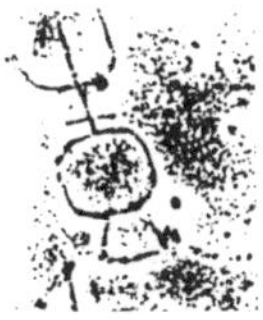

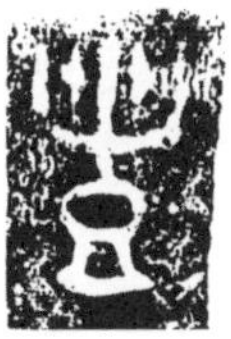

1060 康	1059 賡中	1058 賡	1057 庚
康母𣪕 成 3085 周早	賡中父乙爵 成 8875 殷	賡瓿 成 9947 殷	庚觚 成 6722 殷
康丁器 成 10537 殷		斝 中國法書選1·金文5	庚戈斝 成 9187 殷

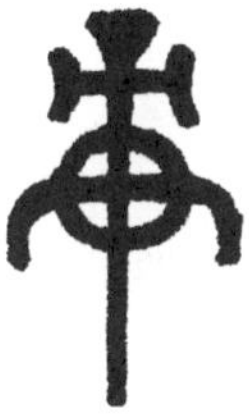

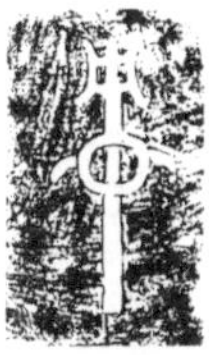

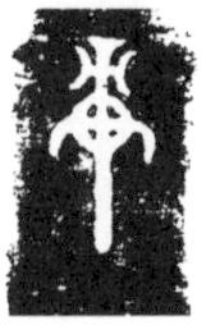

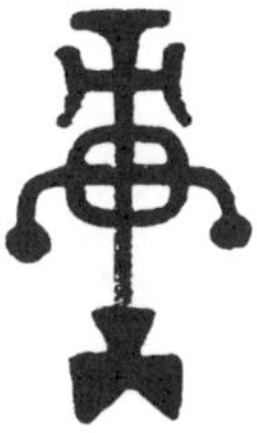

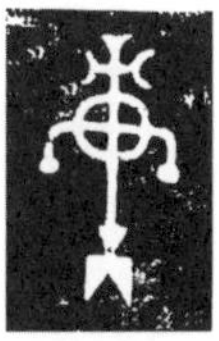

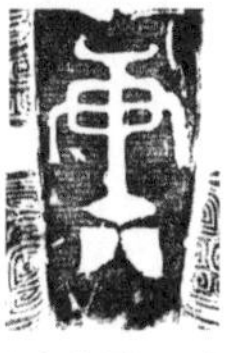

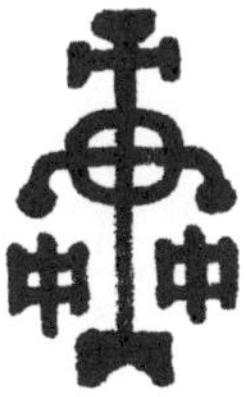

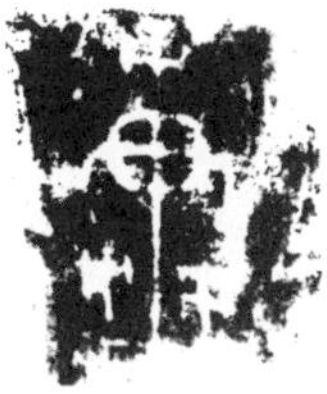

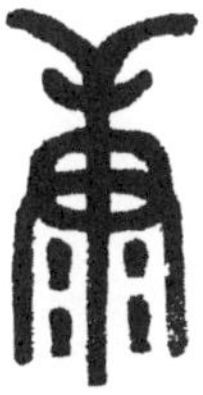

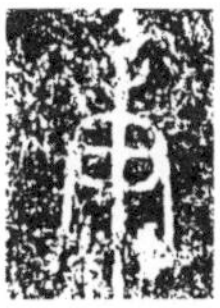

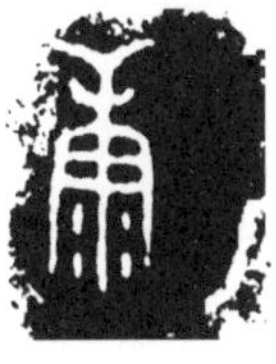

1064 𢀛	1063 于	1062 南	1061 唐
𢀛觚 成 6720 殷	奄婦未于方鼎 成 1905 殷	南㬎罍 新 1587 商晚；南單觚 成 7014 殷	唐子且乙爵 成 8836 殷；唐子且乙爵 成 8834 殷

1067 𣐩	1066 𣎆	1065 東(橐)	
𣐩盤 成 10011 殷；東父辛鼎 成 1659 周早	𣎆卣 成 4785.1 殷；成 4785.2 殷	東尊 成 5502 殷；東乙父尊 成 5615 殷	橐部

東 𣗥(曹) 專 叀

1071	1070	1069	1068
	𣗥(曹)	東	
爵 成 7728 周早	大𣗥父乙爵 成 8864 殷 大𣗥父癸爵 成 8956 殷	東鬲 成 442 殷 東宮方鼎 成 1484 周早	東泉爵 成 8289 殷

1075	1074	1073	1072
		叀	專
戈 成 10749.1 殷 成 10749.2 殷	尊 總 4483	戈爵 成 8232 殷 叀冊鼎 成 1360 殷	鐃 成 363 殷 專鼎 成 1100 殷

1076	1077	1078	1079
戈 成 10759 殷 戈 成 10760 殷	鐃 成 360 殷	尊 成 5509 殷 父辛段 成 3436 周早	子[illegible]父乙爵 成 9088.1 殷 成 9088.2 殷

1080		1081 宁	1082 宁狽
戈父鼎 成 1698 殷	宁部	宁觚 成 6625 殷 告宁鼎 成 1368 殷	宁狽父丁斝 成 9242 周早

【宁部】 宁 宁狽

羜 ⿱宁心 貯 [glyph](⿰戈宁) [glyph](⿰矢宁) [glyph] [glyph](⿰酉宁) [glyph]

1083 羜	1084 ⿱宁心	1085 貯	1086 [glyph] (⿰戈宁)
[glyph]	[glyph]	[glyph]	[glyph]
宁羊父丙鼎 成 1836 周早	⿱宁心觚 成 6646 殷 [glyph]貯觚 成 9256 殷	貯鼎 成 1167 殷 貯冑 成 11885.1 殷	戈宁鼎 成 1448 周晚 戈宁父丁盉 成 9376.2 殷

1087 [glyph] (⿰矢宁)	1088 [glyph]	1089 [glyph] (⿰酉宁)	1090 [glyph]
[glyph]	[glyph]	[glyph]	[glyph]
宁矢觚 成 9258 殷 矢宁鼎 成 1453 殷	[glyph]作文考癸卣 成 5335.1 周早	酉宁鼎 成 1366 殷	劦宁鼎 成 1365 殷 僕麻卣 新 1753 周早

1094	1093 (宁)	1092	1091
觚 成 6727 殷	卣 成 4801 殷 卣 成 10717 殷	卣 成 4866.2 殷 省觶 成 6359 殷	季甫父乙尊 成 5797 周早

1098	1097	1096 (宁)	1095
斿爵 新 1570 商晚	爵 成 7699 殷	卣 成 4800.1 殷 成 4800.2 殷	瓿 成 9941.2 殷 鼎 成 1164 殷

1102	1101	1100	1099
𥃲	𠃊	曲	㡀
𥃲毁 成 3466 周早	乃孫作且己鼎 成 2431 殷・周早	曲父丁爵 成 8501 殷	㡀爵 成 7759 殷

1105	1104		1103
中 (仲)	中	中部	⺃
仲觶 成 6088 周早	中爵 成 7716 殷		⺃衜天父庚爵 成 9074 殷
仲觶 成 6089 周早	中父辛爵 成 8630 殷		㣈⺃爵 總 3656

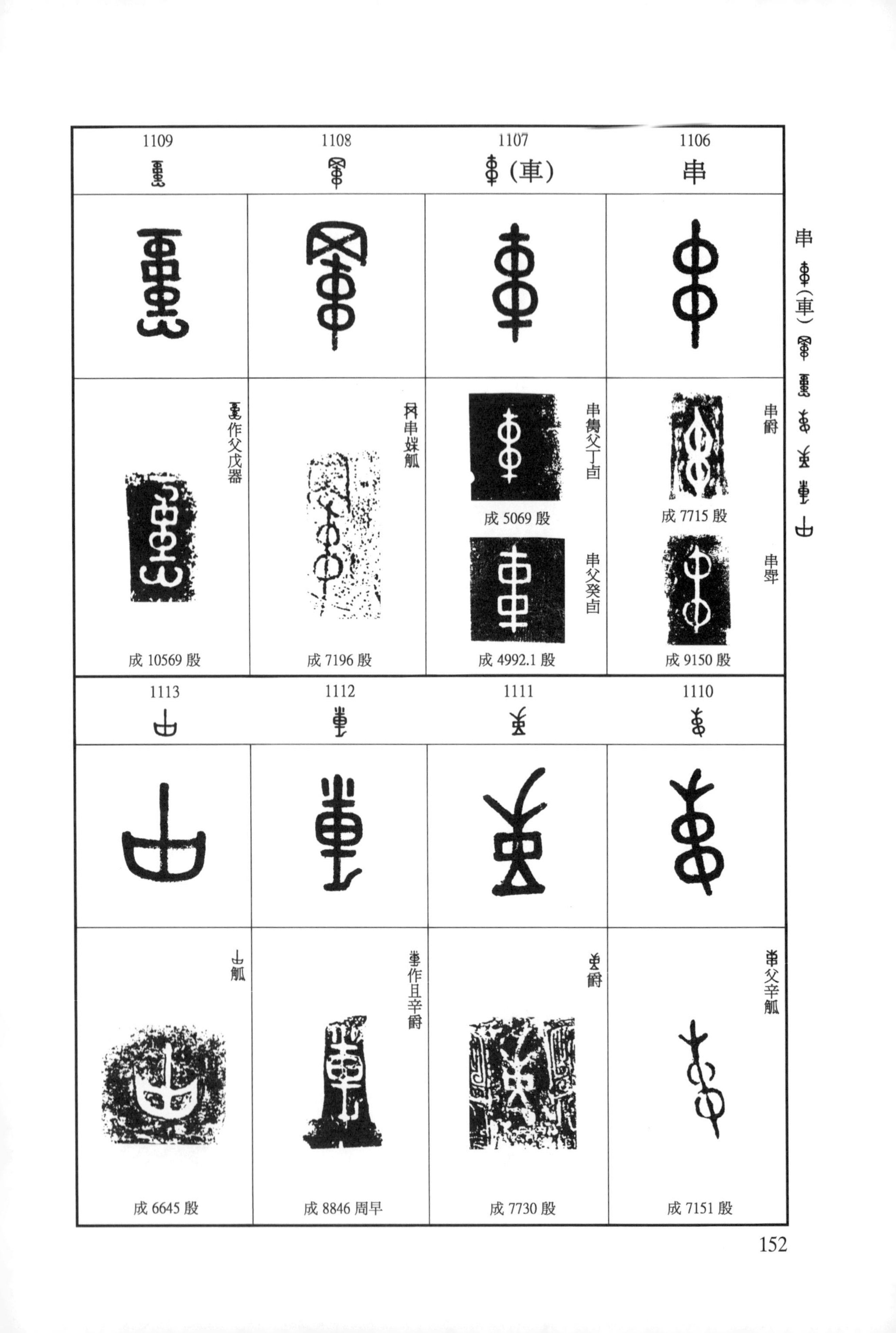

1109	1108	1107	1106
		(車)	串
作父戊器 成 10569 殷	冎串媟觚 成 7196 殷	串雋父丁卣 成 5069 殷 串父癸卣 成 4992.1 殷	串爵 成 7715 殷 串斝 成 9150 殷

1113	1112	1111	1110
觚 成 6645 殷	作且辛爵 成 8846 周早	爵 成 7730 殷	父辛觚 成 7151 殷

1116		1115	1114
㫃	㫃部	屮	中
㫃乙殷 成 3232 殷		屮爵 成 7771 殷	中方鼎 成 1233 周早

1120	1119	1118	1117
族	旚	旛	旋(旋)
族且乙卣 成 4890.1 殷 成 4890.2 殷	亞㠱皇旚卣 成 5100.2 殷	旛爵 成 7646 殷 旛方彝 錄 989 商晚	旋冑 成 11889 殷 旋鼎 成 1051 殷

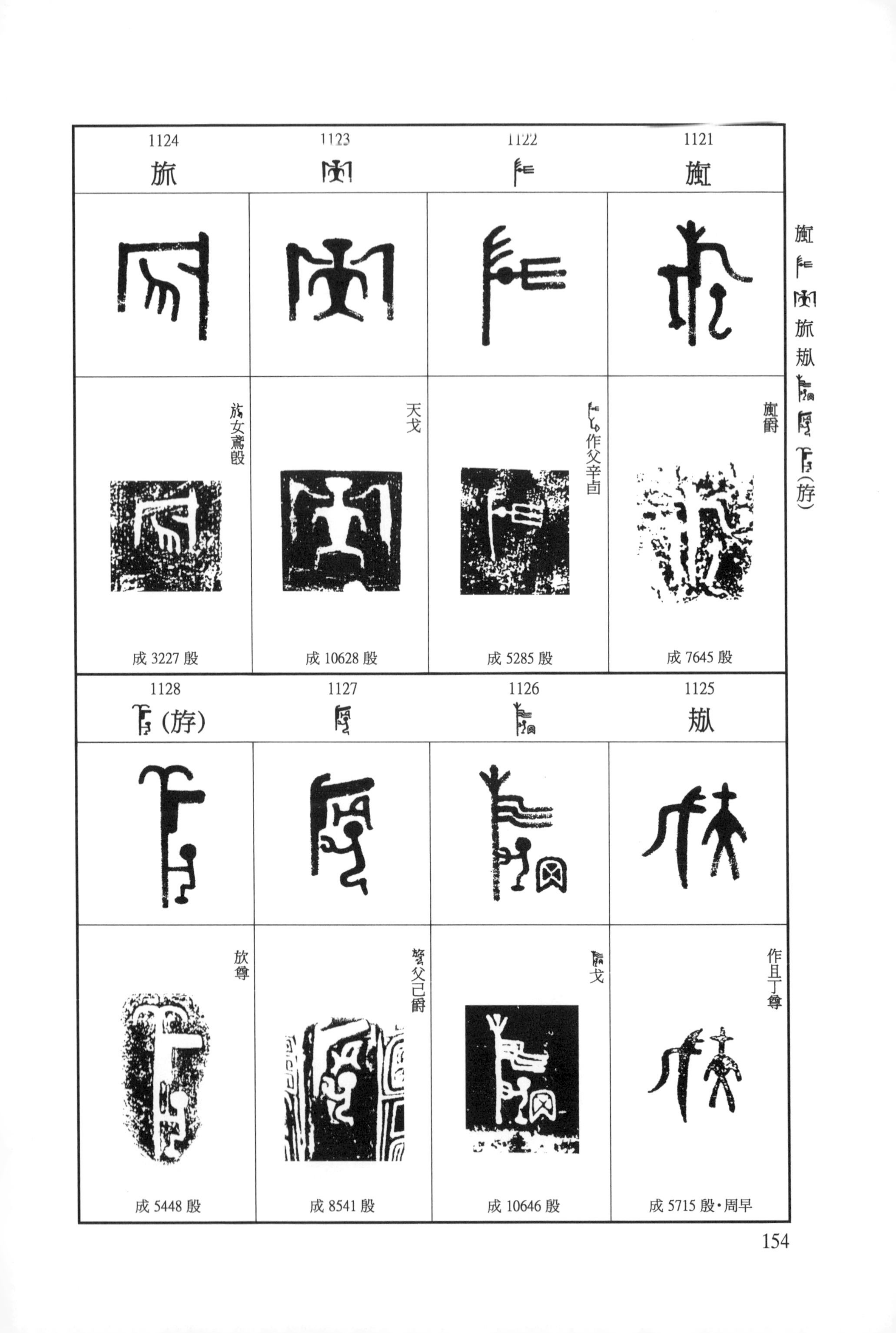

1124	1123	1122	1121
旅	[illegible]	[illegible]	旟
旅女鳶毁	天戈	作父辛卣	旟爵
成 3227 殷	成 10628 殷	成 5285 殷	成 7645 殷

1128	1127	1126	1125
(斿)	[illegible]	[illegible]	䣰
放尊	父己爵	戈	作且丁尊
成 5448 殷	成 8541 殷	成 10646 殷	成 5715 殷•周早

1132 ⿱斿土(遊)	1131 斿(游·遊)T	1130 ⿱斿皿	1129 𢾊(旛)
⿱斿土爵 新 310 商晚	㫃T觚 成 7022 殷	⿱斿皿鼎 成 1174 殷 且丁父癸卣 成 5265.2 殷	伯旛觶 成 6477.1 周早 成 6477.2 周早

夲丙部	1135 旅	1134 斿(游·遊)	1133 ⿱斿冈
	旅爵 成 7426 殷 旅觚 成 6535 殷	斿爵 成 7423 殷 斿父辛鼎 成 1632 殷·周早	⿱斿冈觚 新 174 商晚 ⿱斿冈方彝 新 180 商晚

1136	1137	1138	1139
夲旅	夲	夲箙	[illegible]
夲旅觚 成 7000 殷	[illegible]父己爵 成 8582 殷	父癸夲葡觚 成 7249 殷	[illegible]父戊爵 成 8526 周早
夲旅方鼎 成 1371 殷	夲觚 成 6627 殷	[illegible]父癸爵 成 8970 殷	輩作匕癸尊 成 5893 殷

1140	1141	1142	1143
[illegible]箙	弔	𡗗	[illegible]
葡[illegible]卣 錄 596 商晚	[illegible]爵 成 7709 殷	[illegible]父辛尊 成 5661 周早	[illegible]鼎 成 1032 殷
[illegible]葡父乙毀 成 3302 殷	[illegible]葡弔方觚 成 7188 殷	[illegible]鼎 成 1136 殷	

1147	1146	1145	1144
[illegible]	廞	執	[illegible]
成 6425 周早 ([illegible]父癸觶)	成 5005.1 周早 (子廞圖卣) 成 6373 周早 (子廞父乙觶)	成 5391.2 周早 (執卣) 成 9003 周早 (執父乙爵)	成 7400 殷 (執爵) 成 10043 周早 ([illegible]父己盤)

1151	1150	1149	1148
斁	[illegible]	[illegible]	圉
成 10756 殷 (斁戈) 錄 1248 周早 (令斁鉞)	成 10866.2 殷 (車斁戈)	成 7238 殷 (11卒父戊觚) 成 3175 殷 (父丁[illegible]毀)	成 6631 殷 (圉觚)

1155	1154	1153	1152
[illegible]	丙	[illegible]	[illegible]
[illegible]爵 成 7663 殷 [illegible]父己鼎 成 1610 殷	父丙尊 成 5522 殷・周早 [illegible]鼎 成 1161 殷	[illegible]方鼎 成 1092 殷 [illegible]殷 成 2966 殷	川敎觚 成 6943 殷 [illegible]觚 總 4895

1159	1158	1157	1156
[illegible] (騍)	[illegible]	[illegible]	[illegible]
騍作旅彝卣 成 5118.1 周早	[illegible]父乙爵 成 8413 殷	[illegible]戈 成 10775 殷 獸戈 錄 1079 周早	舌戊觚 成 7161 殷

幵 己 卯

1163	1162	1161	1160
幵			
竝幵戈 成 10851.2 殷	觚 成 6801 殷	戟 成 10806 周早 斧 成 11769 春秋	月魚鼎 成 1766 周早・周中

1167	1166	1165	1164
卯			己
鳥卯爵 成 8221 殷	鼎 新 294 商晚	殷 成 3043 周早	己並爵 成 8030 殷 己鼎 新 1920 商晚

1171	1170	1169	1168
[archaic glyph]	𦦊	其	[archaic glyph]
[archaic glyph]鼎 成 1031 殷	子作婦㛸卣 成 5375.1 周早 成 5375.2 周早	諲其卣 成 5012.1 殷	[archaic glyph]乙爵 成 8011 殷

1174	1173	1172	
[archaic glyph]	[archaic glyph]	單	㺇具部
西單中父丁卣 成 5156.1 殷 成 5156. 2殷	子[archaic glyph]爵 成 8761 殷 子[archaic glyph]單簋 新 1521 商晚	南單冓觚 成 7191 殷 單父丁斝 成 9212 殷	

1178	1177	1176	1175
[glyph]	衞	衛	[glyph]
[glyph]觚 成 6784 殷	衞卣 成 4779 殷	衛觚 成 6944 殷 [glyph]爵 成 7704 殷	◇單鼎 成 1485 周中 彝妊甗 成 877 周中

1182	1181	1180	1179
[glyph]	[glyph]	[glyph]	[glyph]
西單光觚 成 7192 殷	[glyph]戈 成 10770 殷	獸當盧 錄 1258 周早	聑[glyph]器 成 10507 殷 聑[glyph]毁 成 3124 殷

工具部

1185 [illegible]	1184 𢆉	1183 干
[illegible]殷	𢆉爵	干銅泡
成 3044 殷	成 7649 殷	成 11843 西周

農具部

1188 壬	1187 [illegible]	1186 工
壬冊父丁爵	子[illegible]爵	工壺爵
	新 229 商晚	成 8203 殷·周早
	[illegible]貯觚	工口爵
成 8911 殷	成 9256 殷	成 8254 殷

1192 耒耒	1191 爫耒	1190 耒	1189 力
耒耒殷 成 3625 殷	耒殷 成 2969 殷；耒父丁卣 成 4945 殷	耒作寶彝卣 成 5117.1 周早；耒父己尊 成 5647 周早	力冊父丁觚 成 7233 殷；力鼎 成 1760 殷

1196 [illegible]	1195 [illegible]	1194 [illegible]	1193 耒耒 耒耒
𠁣鉞 成 11755 殷	子[illegible]鼎 成 1319 殷；子[illegible]卣 成 4850.1 殷	匕辛鐃 成 412 殷	劦嗣父丁斝 成 9241 周早；劦冊竹卣 成 5006.1 殷

卜示部

1197	1198 辰	1199 卜
龟戈 新 1816 商晚	辰父乙觶 成 6239A 周早	卜鼎 新 1303 商晚
豕形戈 總 7282	臣辰□父乙爵 成 5795 周早	卜侖觚 成 7036 殷

1200 ⿴囗亻	1201 示	1202 祝	1203 爻
弓日⿴囗亻觚 成 7189 殷	丁卣 成 4797 殷	大祝禽方鼎 成 1937 周早	㸚盉 成 9322 殷
	丁示觚 新 1577 商晚	大祝禽方鼎 成 1938 周早	爻鼎 成 1212 殷

兵器 戈部

1205 且(祖)	1204 巫
且辛卣 成 4821 殷	巫觶 成 6086 周早
且鼎 成 984 周中	巫鳥尊 成 5586 周早

1208 戠	1207 戟	1206 戈	
駿卣 成 5380.1 殷	戟作父丁卣 成 5272.1 周早	戈父丁殷 成 3172 殷	戈罍 成 9753 殷
戠殷 成 3025 殷	成 5272.2 周早	戈方彝 成 9840 殷	戈且己尊 成 5603 周早

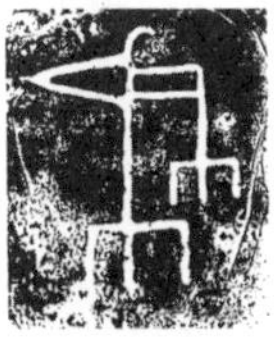

1209
戎

戎刀爵
成 8239 殷

乙戎鼎
成 1287 殷

1210
□

己□卣
成 4829.1 殷

己□鼎
成 1294 殷

1211
䀟

䀟鼎
成 1210 殷

皿䀟鼎
成 1470 殷

1212
□

□卣
成 4711 殷

1213
□

戎父辛觥
成 9278 殷·周早

1214
□

父辛□鼎
成 1662 殷

1215
戔

戔父丁爵
成 8465 殷

亢戔父丁觚
成 7237 殷

1216
武

武父乙盉
新 130 商晚

武罍
新 1836 商晚

1217	1218	1219	1220
父乙尊 成 5617 殷	家戈爵 新 617 商晚	且辛戉觚 成 7216 殷	戈 成 10735 殷
父乙觶 成 6228 殷		爵 成 8154 殷	父乙觶 成 6223 周早

1221 義	1222	1223	1224
子義爵 新 1027 商晚	作父庚卣 成 5213 周早	亞戈 成 10844.2 殷	夻者君父乙尊 成 5945 周早

戊部

1225

鼎

成 1218 殷·周早

1226

觚

成 6719 殷

1227 戊

甗

成 779 殷

鼎

成 1213 殷

1228

戈

總 7352

1229

尊

成 5466 殷

且辛戉觚

成 7216 殷

1230 戉箙

戉葡卣

成 5101.1 殷

葡戉父癸甗

成 846 殷

1231 成

成周戈

錄 1098 周早

成周鼎

新 936 周早

咸 王

1235	1234	1233	1232
			咸
父癸爵 成 8707 殷 作父乙毀 新 1853 周早	父己盉 成 9358 周早	葡父乙觶 成 6386 殷 父乙卣 總 5225	咸匕癸尊 成 5613 殷 咸父乙毀 成 3150 殷

1239	1238	1237	1236
	王		
乙毀 成 3061 殷	豐王銅泡 成 11848 周早 豐王銅泡 成 11850 周早	父乙器 成 10532 殷 觥 成 9262.1 殷	作父癸鼎 成 1901 周早 隹作父己尊 成 5901 周早

1242 中得	1241 盾		1240 丌
中得罍 成 9775.1 殷; 成 9775.2 殷	秉田丁卣 成 5008 殷・周早; 聑田戈 成 10871.2 殷	盾部	丌爵 成 7706 殷

1246	1245	1244	1243
父戊角 成 8531 殷; 父戊甗 成 9957 殷	且己爵 成 8845 周早	尊 成 5583 殷; 父乙卣 成 5059.1 殷	父癸毁 成 3219 周早

1250	1249	1248 古	1247
父乙觶	乙觚	爵	盤
成 6231 殷	成 6829 殷	成 7703 殷•周早	成 10014 殷

1253 ⿰矢又	1252 矢	矢部	1251
⿰矢又父戊觚 成 7123 殷 ⿰矢又毁 成 2956 殷	矢爵 成 7632 殷 矢父癸觶 成 6333 周早		冊父庚尊 成 5744 殷•周早

1257 箙	1256 𣪠	1255 医	1254 眣
葡鼎 成 1215 殷	父丙卣 成 5208.1 殷	子医卣 成 4847.2 殷	㚖弓形器 成 11868 殷
葡盤 成 10012 殷	成 5208.2 殷	医瓿 成 9943 殷	眣爵 成 7637 殷

1260	矛斤辛部	1259	1258
鐃 成 391 殷		寅觚（黃觚） 成 6598 殷	斝 成 9141 殷
		寅鉞 成 11738 殷	

編號	字	銘文	出處
1261		作寶鼎	成 1950 周中
1262		子女爵	成 8756 殷
		子女爵	成 8757 殷
1263	束	束鼎	成 1247 殷
		乙爵	成 8013 殷
1264		父丁爵	成 8471 殷
		保爵	成 8170 殷
1265	癸	癸觚	新 1516 商晚
		父癸尊	成 5533 周早
1266		仲尊	成 5854 周早
1267		作父乙卣	成 5207.1 殷
			成 5207.2 殷
1268		器	成 10491 殷

1272	1271	1270	1269
新	[glyph]	[glyph]	[glyph]
新邑戈 成 10885 周早	息斤尊 錄 614 商晚	[glyph]聑鼎 成 1752 殷	[glyph]戈 新 181 商晚 山鉞 成 11754.2 殷

1276	1275	1274	1273
[glyph]	辛聿	辛	[glyph]
啇觚 成 6778 殷	辛聿尊 成 5555 殷	辛鬲 成 450 周早 辛觚 成 6723 周早	[glyph]戟 成 10805 周早

1277
亏

亏鼎

成 990 殷

弓部

1278
弓

弓鼎

新 651 周中

弓父庚卣

成 4968.1 殷

1279
弜

亞弜鼎

成 1394 殷

弜爵

成 7735 殷

1280
弢

弢觶

成 6067 殷

1281
㢸

弢作肇𣪘

成 3236 周早

1282
射女[illegible]

射女鼎

成 1377 殷

射女鼎

成 1379 殷

射女觚

成 6878 殷

[illegible]女射鑑

成 10286 殷

1286	1285	1284	1283
[illegible]	[illegible]	[illegible]	射
[illegible][illegible]殷 新 1314 周中	耳[illegible]耒殷 新 593 周早	[illegible]冊[illegible]盤 成 10046 殷 [illegible]冊[illegible]簋 成 10395 殷	射爵 成 7634 殷 [illegible]射作障甗 成 848 周早

1289	1288	1287	
[illegible]	[illegible]	刀	刀部
[illegible]察父辛觶 成 6418 周早	戎刀爵 成 8239 殷 [illegible]戈 成 10683 殷	刀口爵 成 8247 殷 子刀父辛方鼎 成 1882 殷	

刃 ⿰刀子 ⿰刀又 㓞 ⿱㓞土 則 ⿰⿵冂亩刂 ⿱一圅

1290 刃	1291 ⿰刀子	1292 ⿰刀又	1293 㓞
冬刃觚 成 7023 殷	⿰刀子作父己尊 成 5878 周早	⿰刀又父辛尊 成 5656 周早	⿱㓞土母彝卣 成 5111.1 殷
冬刃鼎 成 1451 殷	子刀父辛鼎 成 1881 周早	□戈 成 10681 殷	且壬刀觚 成 7217 殷

1294 ⿱㓞土	1295 則	1296 ⿰⿵冂亩刂	1297 ⿱一圅
⿱㓞土亍卣 成 5016 殷	則作寶爵 成 8828 周中	⿰⿵冂亩刂鼎 成 2072 周早	□鍪 新 1401 戰國
□父乙鼎 成 1823 殷•周早			圅父癸卣 成 4989.1 殷

1298	1299	1300	1301
			丙(丙)
戈 成10685.1 殷	刀 成11807 殷	父丁鼎 成1861 西周	亞丙尊 總4535
成10685.2 殷		卣 成4883.1 周早	亞丙卣 成4814.1 殷

雜兵部

1302	1303	1304
方	旁	乍(作)
亞女方爵 成8778 殷	旁父乙鼎 成2009 殷·周早	作父乙鼎 成1564 西周
耳張耒毁 新593 周早	周兔旁父丁尊 成5922 周中	作且辛盉 成9336.1 周早

克

1308	1307	1306	1305
			克
虎戈 成 10860.1 殷 成10860.2 殷	子口爵 成 8768 殷	子爵 成 8102 殷	克爵 成 7378 殷 克爵 成 7379 殷

1312	1311	1310	1309
爵 成 8278 殷	鼎 成 1486 西周	戈 成 10692.1 殷 成 10692.2 殷	天爵 成 8153 殷 爵 成 7713 殷

1316	1315	1314	1313
父辛爵 錄 903 周早	父癸鼎 成 1902 周早	戜且庚𣪘 成 3865 周中	作父丁𣪘 成 3649 周早
父丁鼎 錄 233 商晚		父戊爵 成 8527 殷	作父丁𣪘 成 3650 周早

		1318	1317
		令父辛卣 成 5087.1 殷	休作父丁𣪘 成 3609 周中
		成 5087.2 殷	且辛𣪘 成 3141 殷

數字

1319 一

一胄

成 11893 殷

1320 二

二胄

成 11894 殷

1321 五

五胄

成 11897 殷

⧖卣

成 4793.2 周早

1322 ⋈(五)

⋈鼎

成 1234 殷·周早

⋈鼎

成 7749 周早

1323 八

八胄

成 11899 殷

1324 九

九殷

成 3035 殷

1325 十

十壺

新 1418 商中

1329	1328	1327	1326
六六六	六一七六一六	五八六	一六一
父戊卣	◇者方鼎	效父殷	一六一戈
成 5161.1 殷		成 3823 周早	錄 1074 周早
		效父殷	一六一戈
成 5161.2 殷	新 652 周早	成 3822 周早	錄 1075 周早

1333	1332	1331	1330
七六八六七五	六六一一六一	六六一六六一	六一八六一一
者◇鼎	盤	甗	召卣
成 1757 周早	成 10019 周早	成 788 周早	成 4868 周早

七五六六六七　七八六六六六　八七六六六六　八一六　八六七六一七

1337 八一六	1336 八七六六六六	1335 七八六六六六	1334 七五六六六七
𠔁盤 成 1016 殷	中方鼎  成 2785 周早	中方鼎  成 2785 周早	𦣻仲卣 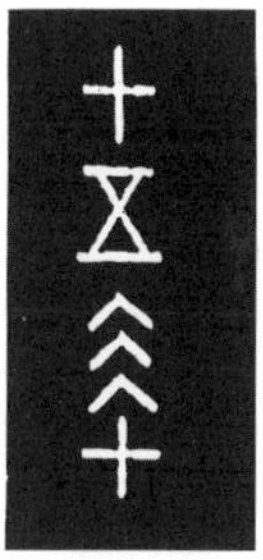 成 5020.1 周早

			1338 八六七六一七

			叔爵  錄 950 商晚

冊亞冊部

1340	1339	
𣫦見冊	冊	冊亞冊部
𣫦見冊戈 成 10952 𣪘 𣫦見冊罍 成 9792 𣪘	史冊戈 成 10875.1 𣪘 冊父乙卣 成 4913.2 𣪘	

1343	1342	1341
天冊	𠂤冊亯	𠂤亯冊
大冊父己觚 成 7240 𣪘	冊亯𠂤器 成 10526 𣪘 𠂤冊亯尊 成 5689 𣪘·周早	𠂤亯冊觚 成 7167 𣪘 𠂤亯冊觚 成 7168 𣪘

天𠬝冊 ⿱冊 ⿱冊 木工冊 雔冊 耒冊耒

1346	1345	1344
⿱冊	⿱冊	天𠬝冊
⿱冊父癸鼎 成 2258西周	⿱冊殷 成 3110 殷 ⿱冊父戊殷 成 3323 周早	冊父癸卣 成 5173.1 殷 成 5173.2 殷

1349	1348	1347
耒冊耒	雔冊	木工冊
冊劦爵 成 8282 殷 冊劦父丁殷 成 3319 周早	雔父戊罍 成 9817 周早	覷作母甲尊 成 5929 周早 木工冊作母甲觶 成 6502 周早

1350 亳戈冊

乙亳戈冊觚

成 7253 殷

戈亳冊父丁殷

成 3428 殷

1351 冊冊

冊光殷

成 3109 殷

冊且丁角

成 8327 殷

1352 夫冊

夫冊鐃

成 392 殷

1353 [illegible]冊

戳父乙尊

成 5957 周早

[illegible]冊父乙方鼎

成 1821 殷

1354 天冊

[illegible]父丁鼎

總 0383

天冊父乙鼎

成 1822 殷・周早

1355 [illegible]冊

扶冊作從彝觚

成 7274 殷・周早

1358

辰冊

臣辰□冊盉

成 9380 周早

臣辰□冊父癸段

成 3523.2 周早

1357

□冊

且辛冊尊

成 5718 周早

□冊父辛爵

成 8948 周早

1356

□冊

□冊父乙尊

成 5724 殷

1361

亞正冊

作父戊觶

成 6483 周早

1360

韋(韋·圍) 冊

圍冊觚

新 167 商晚

韋父丁爵

成 9072 殷

1359

𠂤冊

冊𠂤冊銅器

總 7951

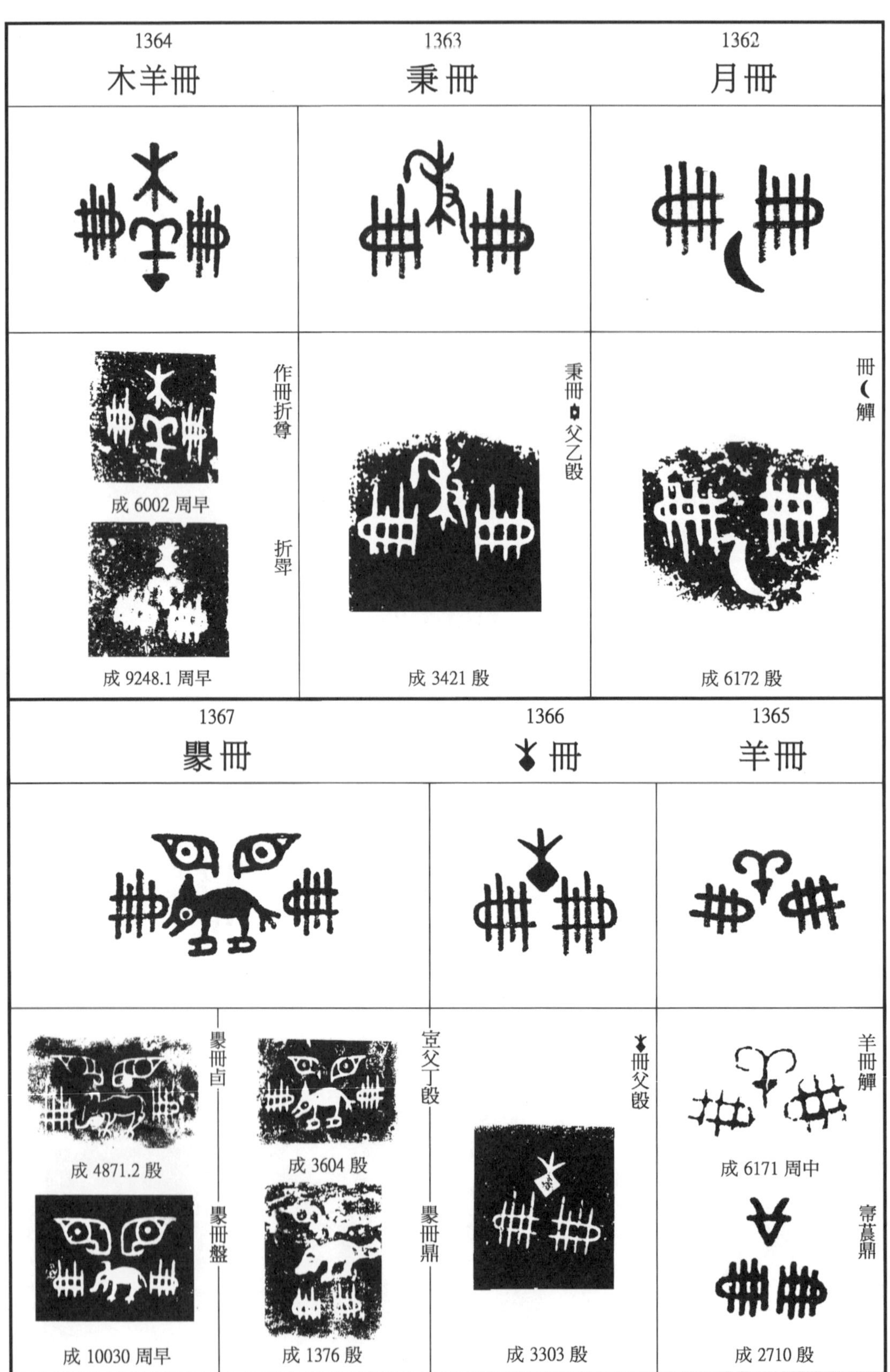

1364
木羊冊
1363
秉冊
1362
月冊
作冊折尊
成 6002 周早
折斝
成 9248.1 周早
秉冊父乙殷
成 3421 殷
冊觶
成 6172 殷
1367
𥃲冊
1366
冊
1365
羊冊
𥃲冊卣
成 4871.2 殷
宔父丁殷
成 3604 殷
𥃲冊盤
成 10030 周早
𥃲冊鼎
成 1376 殷
冊父殷
成 3303 殷
羊冊觶
成 6171 周中
寗蒦鼎
成 2710 殷

1370 𠀀冊	1369 亯冊	1368 鳥冊
般作父乙方鼎 成 2114 殷	亯冊父己尊 成 5900 周早	令盤 成 10065 周早; 鳥冊令方彝 總 4981

1373 寅冊	1372 𠧪冊舟	1371 舟冊
寅冊父乙觚 成 7227 殷; 婦寅冊觶 成 6428 殷	作冊𠨘父乙尊 成 5991 周早; 作冊𠨘卣 成 5400.2 周早	舟冊婦鼎 成 1713 殷

1376 工冊	1375 豆冊	1374 陸冊
工冊觚 成 6993 殷 天工冊父己毀 成 3433 周早	豆冊父丁盤 成 10051 殷	陸冊父乙卣 成 5052.1 殷 陸冊父庚卣 成 5081.1 殷

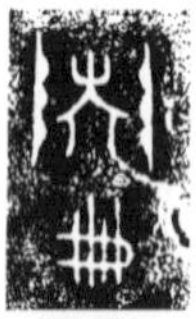

1379 8冊	1378 弜冊	1377 戈冊北單
冊玄父癸簋 錄 411 商晚	冊弜且乙角 成 9064.1 殷	戈冊北單乍父辛簋 總 2336 州子卣 錄 604 商早

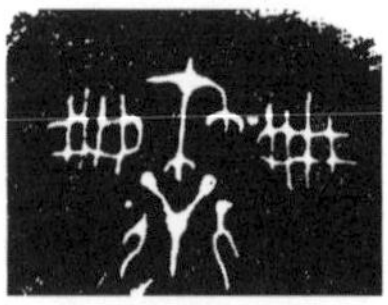

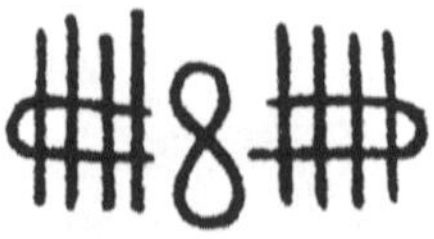

亞部	1381 冊目	1380 冊𠃉
	□冊父癸爵 成 8974 周早 □冊父癸爵 成 8975 周早	冊𠃉父癸鼎 成 1898 殷

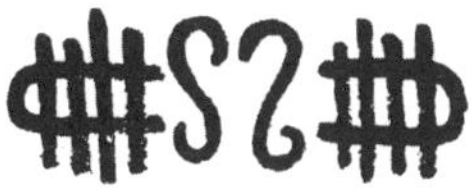

1383 亞倲(重)	亞形人體 人部	1382 亞
亞重觶 成 6162 殷		亞鼎 成 1146 周早 亞鼎 成 1144 周中

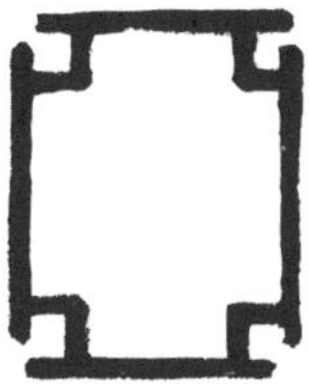

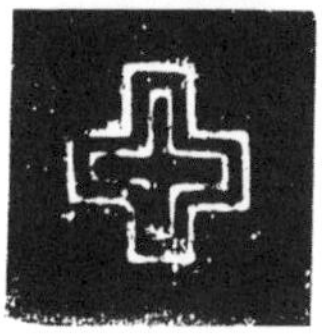

1387	1386	1385	1384
亞次	亞光	亞俱姍	亞倗
[?]亞次觚 成 7180 殷	亞光殷 成 3104 周早	亞俱姍鏡 成 405 殷	亞[?]爵 成 7789 殷
亞[?]馬豕罍 成 9234 殷		亞俱姍鏡 成 406 殷	亞[?]戈 成 10838 殷

1391	1390	1389	1388
亞[?]	亞保酉	亞[?]父戊	亞[?]
亞[?]爵 成 7784 殷	亞保酉殷 成 3235 周早	亞[?]父戊鼎 成 1863 殷・周早	亞[?]爵 成 7790 殷
			亞[?]爵 成 7792 殷

1395	1394	1393	1392
亞[illegible]	亞[illegible]	亞[illegible]	亞[illegible]
亞口卣	亞[illegible]鼎	亞[illegible]父乙爵	亞[illegible]鐃
成 4818 殷	成 1446 殷	成 8852 殷	成 387 殷

1398		1397	1396
亞卩	卩部	亞[illegible]	亞[illegible]
亞卩觚		亞[illegible]爵	[illegible]鼎
成 7179 殷		成 7824 周早	成1419商晚

1401 亞若癸阜乙受丁㫃(遊)乙		1400 亞若癸	1399 亞若
亞若癸鼎 成 2400 殷	亞若癸尊 成 5938 殷 亞若癸㲉 成 3713 殷	亞若癸觶 成 6430.1 殷 亞若癸戈 成 11114.2 殷	亞若父己觶 成 6409 殷 我方鼎 成 2763.1 周早

1405 亞切其	1404 亞[illegible]	1403 亞印	1402 亞[illegible]
亞𠨍其㪔 新 650 商晚・周早	亞□吴甗 成 828 周早	戍甬鼎 成 2694 殷	亞[illegible]父辛爵 成 8942 周早

亞若 亞若癸 亞若癸阜乙受丁㫃(遊)乙 亞[illegible] 亞印 亞[illegible] 亞切其

1408	1407	1406	
亞𢍰	亞𩰫父丁	亞𩰫	
者女觥 成 9294.1 殷	亞𩰫父丁方鼎 成 1839 殷	亞𩰫觚 新 1049 商晚	亞𩰫嫋鐃 成 399 殷
成 9294.2 殷	亞𩰫父丁方鼎 成 1840 殷	亞𩰫父辛段 成 3333 殷	亞𩰫杞婦卣 成 5097.1 殷

1411	1410		1409
亞天	亞大	大部	亞𤔲
亞天父癸尊 成 5751 殷	亞大父乙觶 成 6375 殷		亞𤔲鐃 成 398 殷
亞天鼎 成 1408 殷·周早	亞大父乙觶 成 6376 殷		

大部

1415	1414	1413	1412
亞奚	亞屰	亞𡗜亯	亞夫
亞奚卣 成 4812.2 殷	亞屰卣 成 4815.1 殷	亞𡗜亯瓿 成 9956 殷	亞夫鬿爵 錄 895 商晚
亞奚𣪘 成 3093 殷	亞屰父丁爵 成 8887 周早		亞夫盉 成 9394 周早

1418		1417	1416
亞昊		亞趯	亞夭(走)
亞昊觶 成 6156 殷	亞昊斝 成 9156 殷	亞煨尊 成 5568 殷·周早	亞夭□爵 成 8781 殷
亞昊𣪘 成 3092 周早		亞趯父丁尊 新 1395 西周	

1421 亞㚔止	1420 亞㚔		1419 亞害吴父丁
亞㚔鼎 成 1424 殷 亞㚔止鐃 錄 116 商晚	亞㚔鼎 成 1423 殷 亞㚔父丁卣 成 5271.2 殷	亞㚔亼罍 成 9793 殷	亞害吴父丁鼎 總 0572

兩人部

1424 亞𦎫父丁	1423 亞𠬝	1422 亞㚔[illegible]
亞𦎫父辛尊 成 5746 周早	亞𠬝觶 成 6157 殷 𠬝作且乙觚 成 7261 周早	亞㚔址鼎 新 189 商晚 亞㚔址斝 新 221 商晚

人與武器部

1427 亞且辛𢆶	1426 亞朋	1425 亞並
亞且辛觶蓋 成 6371 周早	亞朋鼎 新 243 商晚	亞夭父己殷 成 3326 殷

1430 亞㚤	1429 亞伐		1428 亞𢓊
亞㚤作父癸鼎 新 923 商晚	亞伐卣 成 4805.2 殷	亞伐卣 成 4805.1 殷	亞𢓊母乙鬲 成 505 殷

女子部

1433	1432	1431
亞子	亞[illegible]	亞女
亞子爵 成 7788 殷・周早	亞[illegible]爵 成 7830 周早	女[illegible]斝 成 9177 殷; 亞女[illegible]爵 成 8778 殷

目部

1436	1435	1434
亞[illegible]	亞[illegible]	亞[illegible](孳)
亞[illegible]父己鼎 成1865 殷; 亞[illegible]父己鼎 成 1866 殷	亞[illegible]卣 總 5051; 總 5051	亞孳父辛觶 成 6414 周早; 亞[illegible]父辛盉 成 9379 殷

頁部	1439 亞文望丩父乙	1438 亞𦮏	1437 亞𩒨
	亞文望父乙卣 成 5206 殷	亞方鼎 成 1759 周早	且辛禹方鼎 成 2111 殷; 且辛卣 成 5201.1 殷

1442 亞𠯑	1441 亞告	口部	1440 亞頙
亞𠯑父辛爵 成 8943 殷	亞告鼎 成 1411 殷; 亞告方觚 成 6972 殷		父丁角 成 9078 周早

1446 亞竒	1445 亞弜	1444 亞古乍父己彝	1443 亞古
父已亞竒史鼎 成 2014 殷·周早	亳作父乙方鼎 成 2316 周早	亞古父己卣 成 5215.1 殷 成 5215.2 殷	亞古父己觚 成 7239 殷 亞𠱫父己角 成 8927 殷

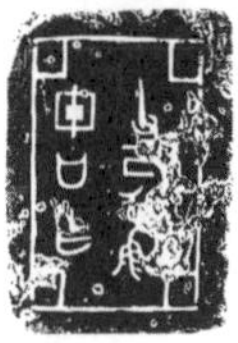

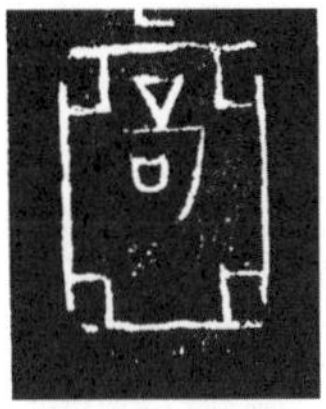

1449 亞牧	1448 亞又	手部	1447 亞𠱫(商)
亞牧父戊鬲 成 502 殷 亞敄爵 成 7801 殷	亞又方彝 成 9853 殷 敄亞又戈 成 10947.1 殷		亞𠱫父戊爵 成 9011 周早

1453 亞攸(啓)	1452 亞微	1451 亞得父庚	1450 亞𣎆(得)
亞攸父乙鼎 成 1818 殷	亞微鬲 成 456 殷	亞得父庚鼎 成 1880 殷	亞得父丁盉 成 9375.2 殷
亞攸戈 成 10845 殷	亞微觶 成 6158.2 殷	亞得父庚鼎 新 271 商晚	亞得父癸卣 成 5094.3 殷

1457 亞聿	1456 亞受	1455 亞厷	1454 亞攸父乙
亞聿父乙爵 成 8858 殷	亞受爵 錄 830 周早	亞厷方鼎 成 1409 殷	亞攸父乙鼎 總 0533
	戊寅作父丁方鼎 成 2594 殷	亞厷父乙卣 成 5055.2 殷	亞攸父乙毀 成 3297 殷

1461	1460	1459	1458
亞[illegible]	亞[illegible]	亞[illegible]	亞登
[illegible]肇家卣 成 5368 周早	[illegible]亞觚 成 6979 殷 [illegible]亞爵 錄 831 周早	亞[illegible]女子鼎 成 1909 殷 亞[illegible]父乙角 成 8856.1 周早	亞登兄日庚觚 成 7271 殷 亞登毁 成 3105 周早

1464	1463	1462	
亞[illegible]	亞䚄	亞㠱	
[illegible]父丁罍 成 9810 周早	亞䚄斝 成 9161 殷	亞其觚 成 6951 殷 亞其爵 成 7841 殷	亞其斝 成 9163 殷 亞㠱卣 成 4817.2 殷

1467		1466	1465
亞共父癸		亞共且乙父己	亞共叡父丁
亞共父癸㲃 成 3339 殷	亞共父癸鼎 成 1892 西周	亞共且乙父己卣 成 5199.1 殷 成 5199.2 殷	亞共父丁角 成 9008.1 殷 成 9008.2 殷

1471	1470	1469	1468
亞[illegible]	亞盥	亞[illegible]	亞共覃父甲
亞[illegible]作父乙鼎 成 2248 周早 亞[illegible]父丁甗 成 840 周早	亞盥卣 成 4819 殷 亞盥觚 成 6991 殷	亞[illegible]爵 成 7797 周早	亞共覃父甲鼎 成 1998 殷

亞共叡父丁　亞共且乙父己　亞共父癸　亞共覃父甲　亞[illegible]　亞盥　亞[illegible]

1472
亞□

亞□斝

成 9162 殷

1473
亞□

亞□父己鼎

成 1872 周早

1474
亞尹

亞父鉞

成 11749 殷

亞父□爵

成 8776 殷

1475
亞父乙

亞父乙觶

成 6232 周早

亞昊父乙觶

成 6377.2 周早

1476
亞父丁

丏亞父丁甗

成 841 周早

1477
亞父己

亞父己觚

成 7126 殷

1478
亞父辛

亞父辛尊

成 5745 殷

亞父辛爵

成 8631 殷

1479
亞父乙□莫

父乙莫觚

成 7264 殷

1482 亞𣥂	1481 亞止		1480 亞父𢀛乍父丁彝
亞𣥂 成 6992 殷	亞止罍 成 9769 殷 𢀛乍父丁卣 成 5332.1 周早	足部	亞父𢀛鼎 新 787 商晚·周早

1486 亞𣥂	1485 亞𣥂	1484 亞𣥂	1483 亞𣥂父己
亞𣥂爵 成 7818 殷 亞𣥂爵 成 7817 殷	遽仲作父丁觶 成 6495 周早	亞𣥂罍 新 223 商晚 亞𣥂父己爵 成 8926 殷	亞𣥂父己卣 成 5079.1 周早 成 5079.2 周早

1489 亞過	1488 亞豈父丁		1487 亞豈
亞過爵 成 7815 殷	亞豈父丁殷 成 3309 殷	亞豈父丁鼎 成 1848 周早	亞豈盉 成 9326.1 殷；亞豈鼎 成 1744 周早

亞形自然物

1491 亞正	1490 亞此
作父戊觶 成 6483 周早	亞此犧尊 成 5569.1 周早；成 5569.2 周早

1495 亞乙丁	1494 亞乙	1493 亞𫩏	1492 亞𫩏
亞乙丁鼎 成 1703 殷·周早	亞乙𤔲爵 成 8779 殷	亞明鼎 成 1414 西周	亞𫩏父乙觶 成 6378 周早 亞𫩏左鐃 成 403 殷

亞形植物

1497 亞𣏟	1496 亞隮
亞𨻰戈 新 1850 商晚	亞𦎫鼎 成 1421 殷 亞𦎫鼎 成 1422 殷

1498	1499	1500	1501
亞木	亞□	亞□	亞□
亞木守觚 錄 749 商晚	亞□父辛觶 成 6412 周早	亞□父丁甗 成 842 周早	亞□觚 成 6975 殷
亞木守觚 成 7181 殷	亞□鼎 成 1412 殷·周早	無憂作父丁卣 成 5309.2 周早	

亞形動物 獸部

1502	1503
亞□父己	亞羲
亞□父己觶 成 6403 周早	亞羲方彝 成 9852 殷

1507	1506	1505	1504
亞羊子祉父辛	亞羊	亞白禾乍(夒)	亞(夒)
亞子父辛尊	亞絴鼎	亞伯禾鼎	亞夒鼎
成 5836 殷	成 1405 殷	成 2034 殷•周早	成 1415 周早

1511	1510	1509	1508
亞豙	亞豕	亞皦	亞絴乙
亞豙觚	亞豕鼎 成 1401 殷 亞獸父甲爵	亞皦父乙鼎	子啇甗
成 6983 殷	成 8850 殷	成 1820 殷	成 866 殷

亞其聿豕　亞犬　亞貘　亞鹿　亞[illegible]　亞[illegible]　亞[illegible]　亞[illegible]

1515 亞鹿	1514 亞貘	1513 亞犬	1512 亞其聿豕
亞獸父壬爵 成 8953 周早	亞貘父丁鼎 成 1842 殷 亞貘甗 新 1857 商晚	亞犬父丁方鼎 成 1845 殷 亞[illegible]父鼎 總 0506	亞聿豕父乙觶 成 6465 周早 亞其聿父乙觶 總 6556

1519 亞[illegible]	1518 亞[illegible]	1517 亞[illegible]	1516 亞[illegible]
亞[illegible]鼎 成 1418 殷	亞[illegible]爵 成 7808 殷 亞[illegible]母鬲 成 485 殷	皿合觚 成 7300 周早	亞[illegible]卣 成 4811 殷

1523 亞[illegible]	1522 亞[illegible]	1521 亞鳶父丁	1520 亞[illegible](卽)
亞獸父己鼎 成 1870 殷；亞[illegible]父乙段 成 3299 周早	婦[illegible]觚 成 7287 殷	亞鳶父丁觚 成 7228 殷	亞[illegible]觶 成 6356.1 殷；亞卽鴞尊 成 5565.2 殷

禽鳥部

1525 亞[illegible]	1524 亞[illegible]
亞[illegible]父乙爵 成 8853 殷	亞獸爵 成 7803 殷；亞獸形銘觚 成 6945 殷

1529	1528	1527	1526
亞隻	亞集	亞雀	亞雔
亞隻爵 成 7813 殷	作文考父丁卣 成 5370 周早	亞雀父己卣 成 5162.1 周早	亞雔觚 成 7810 殷
亞隻觶蓋 成 6165 殷		成 5162.2 周早	雔亞觚 成 6980 殷

1533	1532	1531	1530
亞[?]	亞離	亞雋	亞鳧
亞鳥[?]罍 成 9959 殷	亞離父乙尊 成 5727 周早	亞雋辛觚 成 7277 殷	亞鳧父乙毁 成 3300 周早
亞鳥父丁器 成 10535 殷	辛亞鳥[?]斝 成 9238 殷		

1537 亞鳦从从父丁	1536 亞鳥魚	1535 亞鳥	1534 亞□
亞鳥父丁盉 成 9403.1 殷 亞从父丁鬲 成 539 殷	亞魚鼎 成 1741 殷	亞鳥父甲鼎 成 1817 殷 效作且辛尊 成 5943 周早	亞□觶 總 6343

蟲魚龍部

1540 亞黿	1539 亞萬	1538 亞弔
亞□舟爵 成 8782 殷	亞萬父己鐃 成 411 殷	亞弔觚 成 6988 殷

亞形建築

1541 亞魚

亞魚父丁爵 成 8889 殷

亞魚父丁爵 成 8888 殷

1542 亞龏

亞龏父辛尊 成 5747 殷

亞龏父辛殷 成 3330 殷

1543 亞守

亞守尊 成 5566 殷

亞守鼎 成 1402 殷

1544 亞宦寧趩父乙

亞宦父乙卣 成 5203.1 殷

成 5203.2 殷

1545 亞㠯

亞㠯朋方彝 新 262 商晚

亞㠯朋爵 新 257 商晚

1546 亞高

亞高作父癸殷 成 3655 周早

𢦏父丁罍 成 9807 殷

1547 亞[glyph]

亞[glyph]亢觚 成 7184 殷

亢父癸尊 成 5808 殷

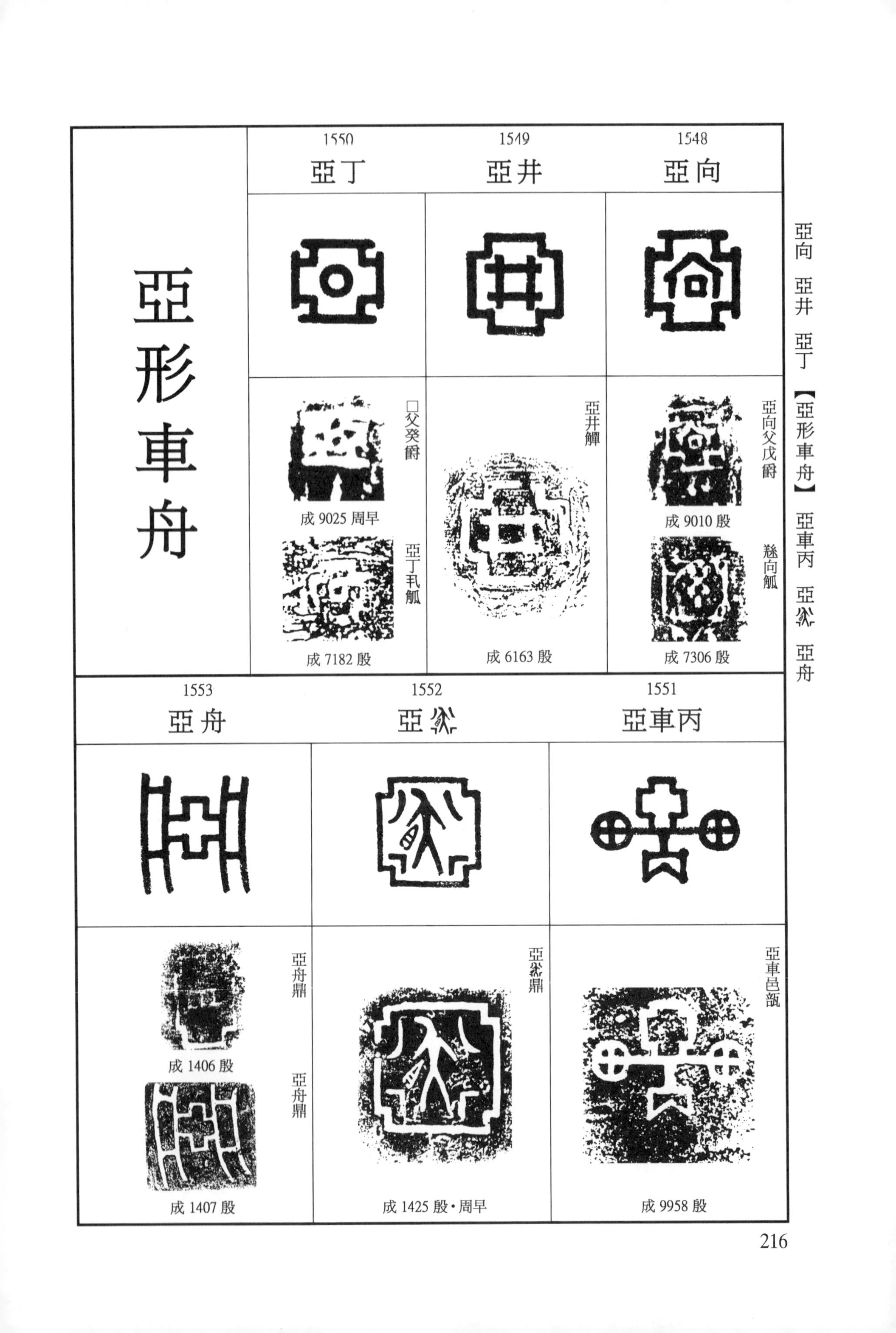

亞形車舟

1548

亞向

亞向父戊爵

成 9010 殷

䍁向觚

成 7306 殷

1549

亞井

亞井觶

成 6163 殷

1550

亞丁

□父癸爵

成 9025 周早

亞丁丮觚

成 7182 殷

1551

亞車丙

亞車邑甗

成 9958 殷

1552

亞[illegible]

亞[illegible]鼎

成 1425 殷•周早

1553

亞舟

亞舟鼎

成 1406 殷

亞舟鼎

成 1407 殷

亞形器物

1555 亞鮽父庚保隮且辛		1554 亞鮽
亞父庚且辛鼎 成 2364 殷·周早	亞父庚且辛鼎 成 2363 殷·周早	父辛亞鮽觶 成 6411 周早；曆段 新 1592 周早

1559 亞共覃	1558 亞奠	1557 亞酉	1556 亞合
亞共覃父乙段 成 3419 殷	亞奠卣 新 1649 商晚；新 1649 商晚	亞酉斝 成 9160 殷；亞酉觚 成 6989 殷	亞食父癸觶 成 6421 周早

1562	1561		1560
亞覃父丁	亞覃乙丁辛甲共受		亞辛共覃乙
亞□父丁爵	亞覃尊	亞覃尊	亞辛共殘銅片
成 8890 殷	成 5949 殷	成 5911 殷	成 10476 殷

1566	1565	1564	1563
亞□	亞卣	亞酉它	亞覃父乙
亞□□爵	亞卣父辛鼎	亞它□觥	亞□父乙卣
	成 1883 殷•周早	總 4922	成 5053.1 殷
	亞卣父辛鼎		
成 8786 殷	總 0549	總 4922	成 5053.2 殷

1567
亞[illegible]

亞[illegible]尊

成 5564 殷

1568
亞[illegible]

亞[illegible]父癸爵

成 8955 周早

1569
亞[illegible]

亞[illegible]作父丁鼎

成 2317 周早

1570
亞其

亞其觚

成 6949 殷

亞其吴作母辛卣

成 5292.1 殷

1571
亞其父乙

亞其父乙鼎

新 591 周早

1572
亞㠱

亞㠱父己觶

成 6402 周早

[illegible]作母癸卣

成 5295.2 殷

1573
亞㠱侯

亞㠱吴作父乙毁

成 3504 周早

其侯亞吴父己器

成 10559 殷

1574
亞㠱侯父戊

亞㠱侯吴父戊毁

成 3513 周早

1578 亞東(櫜)	1577 亞𩰫	1576 亞𩰫	1575 亞𠤱侯匕辛
亞東觶 成 6161 殷·周早 亞東父丁殷 成 3308 殷	亞𩰫乙觚 成 7183 殷	亞𩰫父己甗 成 843 周早 亞𩰫匕己觚 成 7219 周早	亞𠤱匕辛觶 成 6464 殷

1582 亞𡪊(宁)	1581 亞宁	1580 亞𠨧	1579 亞叀
后𡚬甗 新 681 商晚	亞宁父癸觚 成 7248 殷	亞𠨧觶 成 6164.1 殷 亞𠨧鬲 成 455 周早	亞叀作母丙鼎 成 2260 周早 作父辛鼎 成 2321 周早

1586 亞旃	1585 亞逰(遊)乙	1584 亞斿(遊)	1583 亞干
剌乍兄日辛卣 成 5338.2 殷 亞旃父丁角蓋 成 8893 周早	亞若癸戈 成 11114.1 殷	亞斿父己觚 成 7243 周早	亞干爵 成 8785 殷

1590 亞卒	1589 亞受序	1588 亞旃妏父辛隮彝	1587 亞㫃
亞憂鼎 成 1742 周早	亞受方鼎 商代金文圖錄 23 商晚	亞旃觚 成 7288 殷	亞旃父辛尊 成 5926 殷 亞旃㝅尊 成 5684 周早

1594 亞丁	1593 亞衾父辛	1592 亞衾	1591 亞𡨦
亞丁作父己觶 成 6484 殷	亞衾父辛觶 成 6413 周早	亞衾父己觶 成 6404.1 殷 成 6404.2 殷	亞𡨦婦觶 成 6347 周早

1597 亞戈父己	1596 亞戈	亞形兵器	1595 亞卯
亞戈父己鼎 成 1869 殷	亞戈鼎 成 1447 殷 亞戈父己𣪘 成 3327 周早		亞卯方鼎 成 1413 殷

1601 亞彤	1600 亞辛	1599 亞矢	1598 亞戈
夾作父辛卣 成 5314.1 周早 成 5314.2 周早	亞吳辛方鼎 成 1746 周早	父乙亞矢𣪘 成 3298 殷	冊弜且乙角 成 9064.2 殷

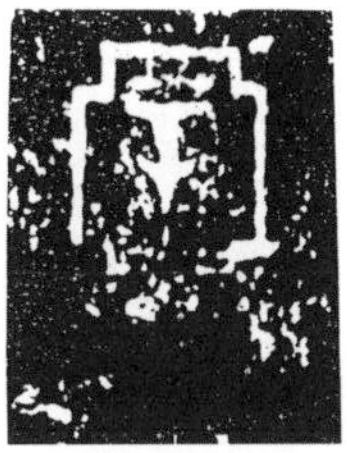

亞形附錄

1604 亞舍爾	1603 亞弜	1602 亞弜父癸
亞爾觚 成 7178 殷	亞弜鼎 成 1394 殷 亞弜父丁斝 成 9228 殷	亞弜父癸𣪘 成 3338 殷

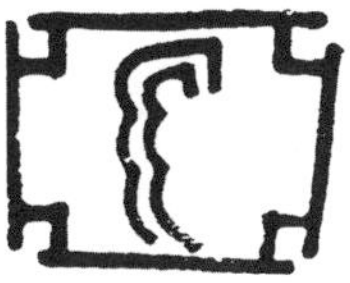

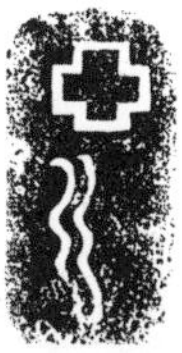

1608 亞𠂤	1607 亞𠂤	1606 亞𠂤	1605 亞𠂤
亞□丁鼎 成 1758 殷	亞□父己爵 成 9015 殷	亞□戈 成 10844.1 殷	亞□□□殷 成 3393 殷

1612 亞守吴	1611	1610	1609
亞□□觚 總 6121	□殷 成 3749 周早	巫□鼎 錄 227 商晚	亞旅殷 總 1948

亞守吴

附錄

1613	1614	1615
至	長	凡
至觚 新 1928 商晚	長子口卣 新 553 周早 亞長斝 新 125 商晚	凡尊 成 5497 周早

1616	1617	1618	1619
乎	[illegible]	串	[illegible]
[illegible]乎卣 成 5016 殷 [illegible]丁方鼎 成 1756 周早	[illegible]作父丁卣 成 5276 周早 [illegible]隻爵 成 9038 周早	串鼎 成 1501 殷 串刀觚 成 7032 殷	[illegible]亞[illegible]爵 成 8774 殷 [illegible]亞[illegible]爵 成 8771 殷

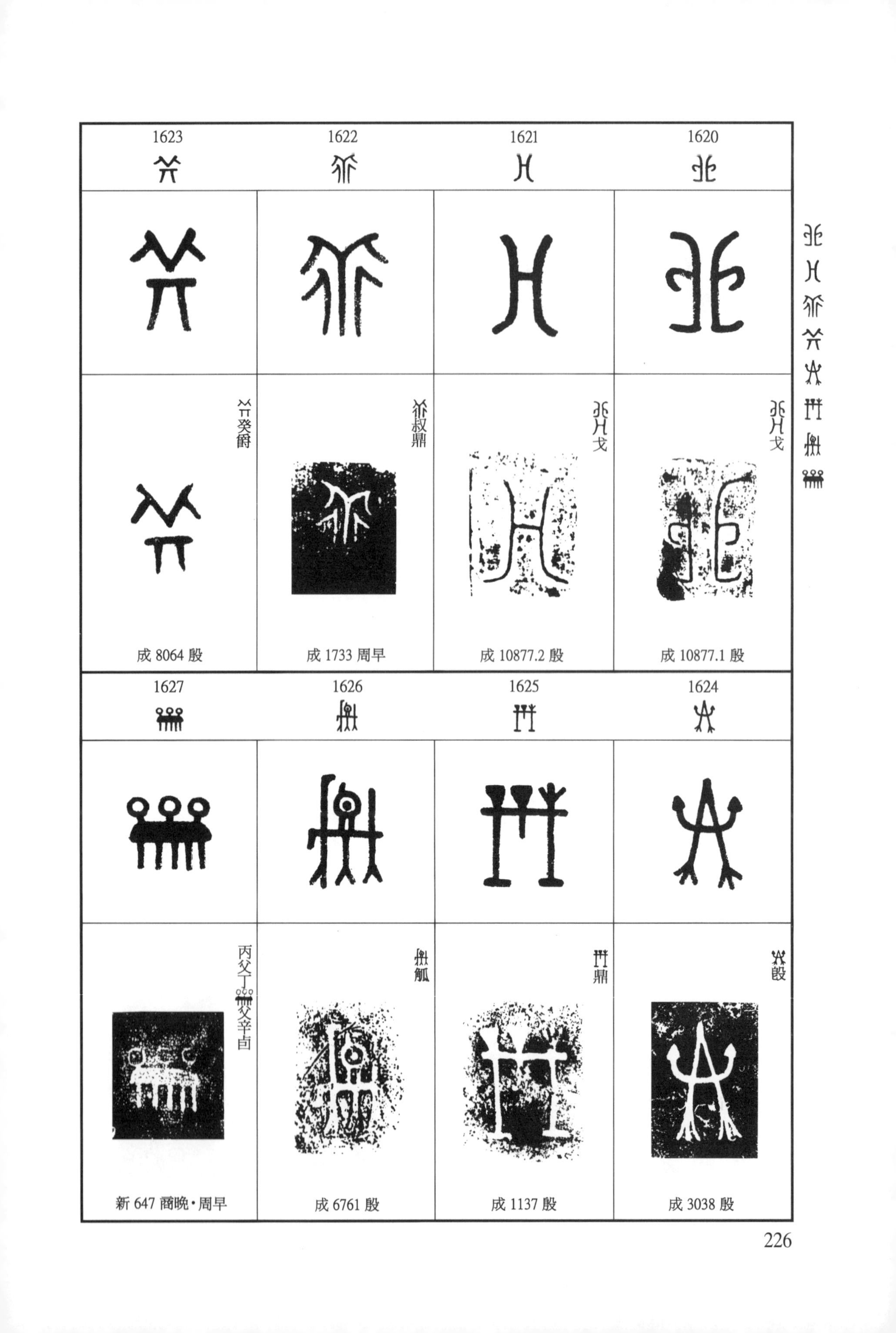

1620	1621	1622	1623
戈	戈	叔鼎	癸爵
成 10877.1 殷	成 10877.2 殷	成 1733 周早	成 8064 殷

1624	1625	1626	1627
殷	鼎	觚	丙父丁 父辛卣
成 3038 殷	成 1137 殷	成 6761 殷	新 647 商晚·周早

1631	1630	1629	1628
戈 新 814 周早	爵 成 8174 殷	殷 成 3467 周早	西戈 成 10880 殷 爵 成 8275 殷

1635	1634	1633	1632
殷 成 2915 周早	卣 成 4863.1 殷	卣 成 4863.1 殷	甗 成 785 殷

1639	1638	1637	1636
之合貝	亞父辛尊	爵	戟
成 12002 西周	成 5745 殷	成 7769 殷·周早	成 10804 周早

1643	1642	1641	1640
父辛甗	亞爵	爵	戟
新 1703 商晚·周早	成 7829 殷	成 7723 殷	成 10803周早

1647	1646	1645	1644
戈	刀觚	父丁鼎	父癸尊
成 10726 殷	成 7069 殷	成 1861 西周 鼎 成 1240 周早	成 5672 周早

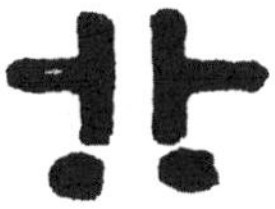

1651	1650	1649	1648
甲爵	鼎	作寶彝鼎	觚
成 8001 殷	新 1437 周早	成 1972 周早	成 6795 殷 觚 成 6796 殷

1652	1653	1654	1655
爵	爵	爵 / 爵	觚
成 7608 殷	成 7745 殷	成 7720 殷 成 7721 殷	成 6791 殷

1656	1657	1658	1659
殷	卣	子✦父甲盉	父丁爵
成 3039 殷	成 4875.1 殷•周初	成 9387.1 殷 成 9387.2 殷	成 8906 周早

1663	1662	1661	1660
方彝	斝	釜	郊竝朿戈
成 9869 殷	錄 916 商晚	新 1402 戰國	總 7461

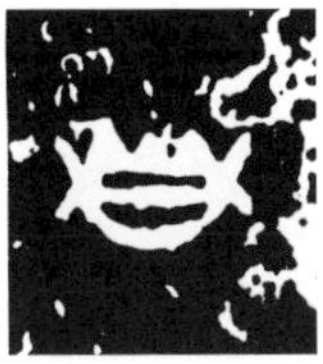

1667	1666	1665	1664
且己父己卣	且己父己卣	力鼎	力鼎
成 5145.2 殷	成 5145.2 殷	成 1760 殷	成 1760 殷

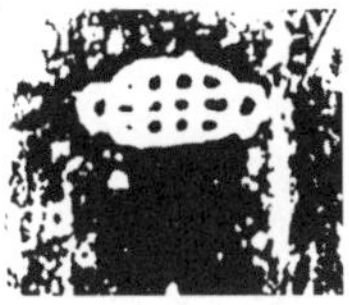

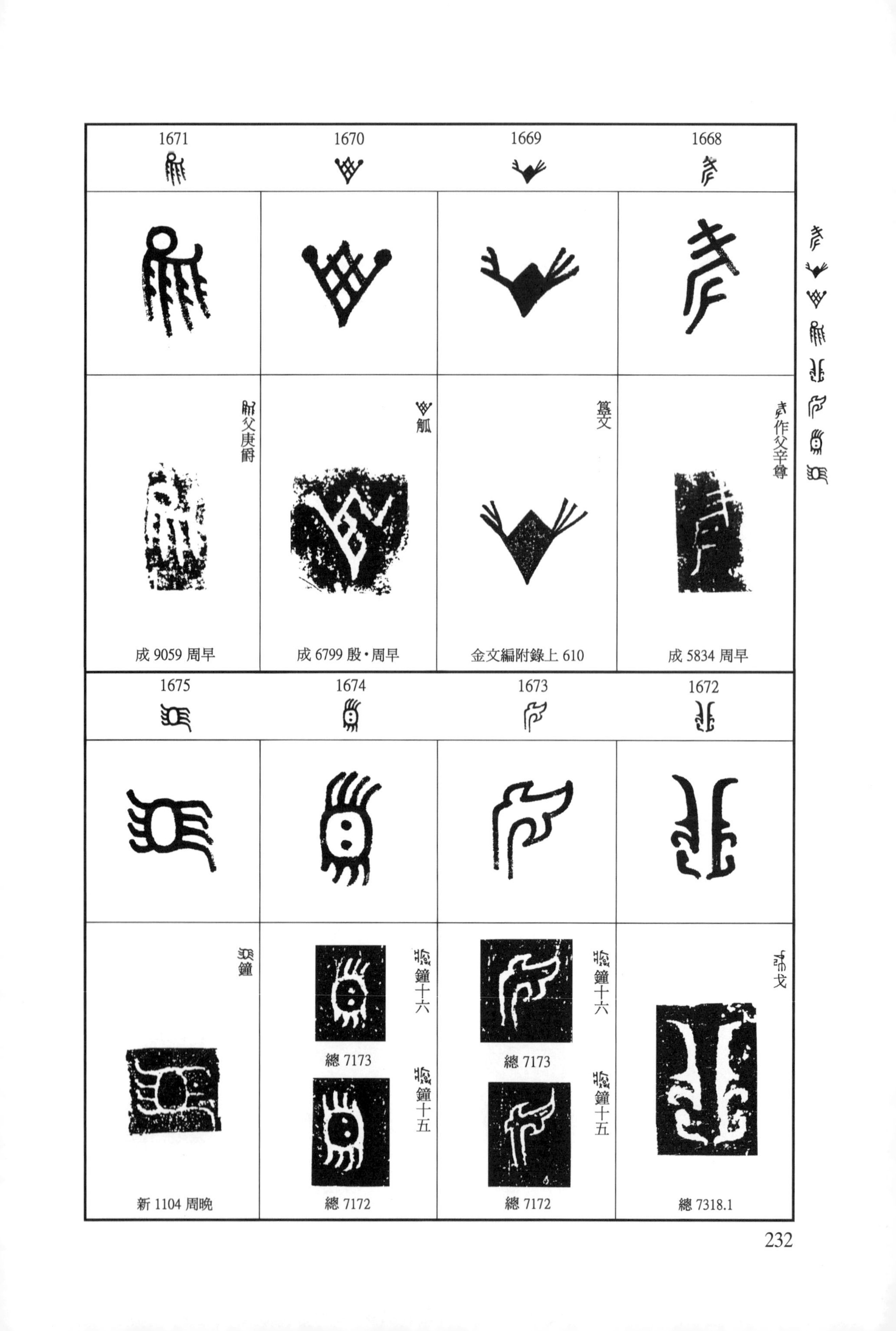

1671	1670	1669	1668
[illegible]父庚爵 成 9059 周早	[illegible]觚 成 6799 殷·周早	篹文 金文編附錄上 610	[illegible]作父辛尊 成 5834 周早

1675	1674	1673	1672
[illegible]鐘 新 1104 周晚	[illegible]鐘十六 總 7173 [illegible]鐘十五 總 7172	[illegible]鐘十六 總 7173 [illegible]鐘十五 總 7172	[illegible]戈 總 7318.1

1679	1678	1677	1676
甗	且己爵	己爵	子 器
成 778 殷	成 8845 周早	總 3710	成 10513 殷

1683	1682	1681	1680
戈	戈	戈觚	爵 成 7722 殷 爵
成 10787 周早	成 10786 周早	成 7033 殷	錄 804 周早

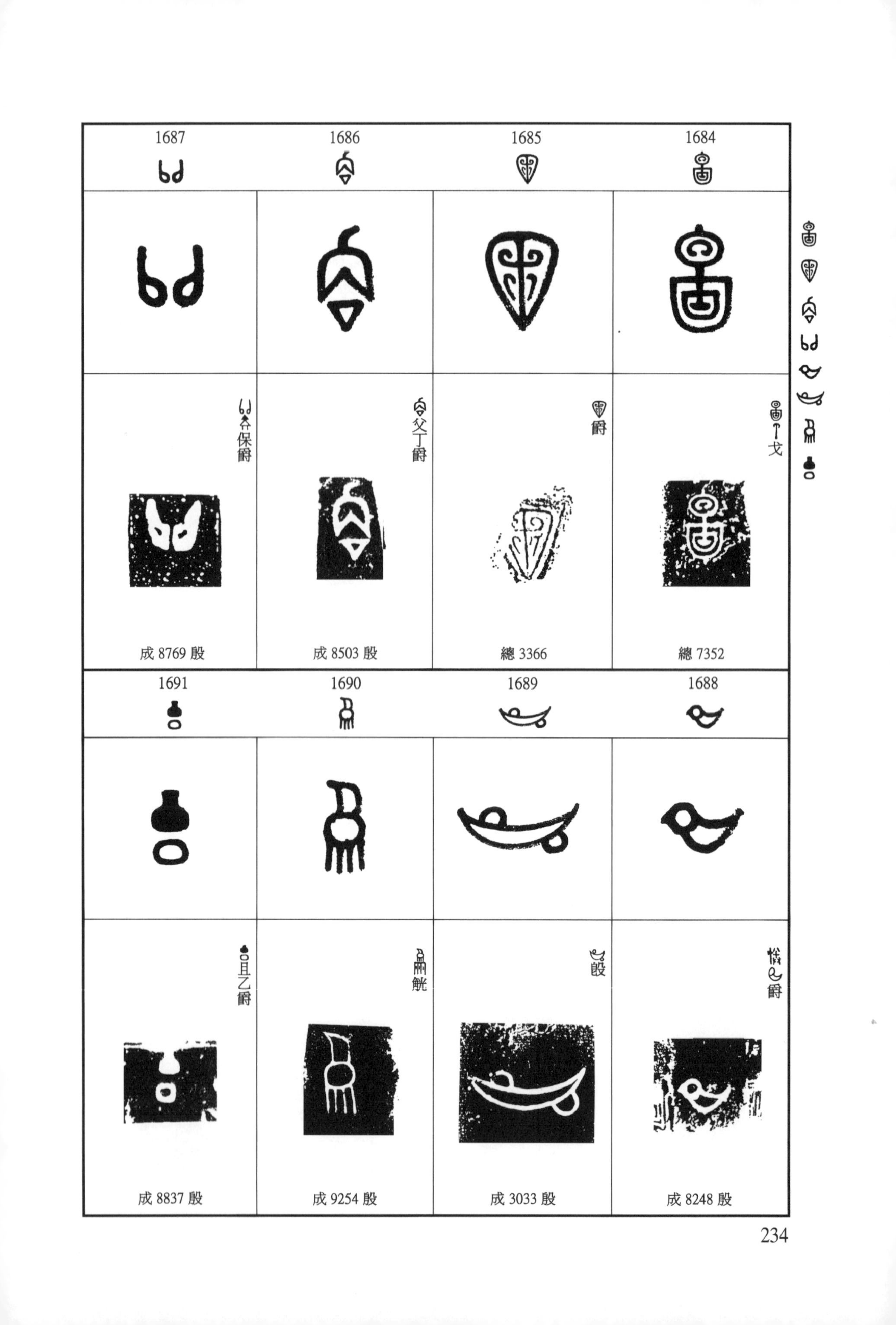

1684	1685	1686	1687
戈	爵	父丁爵	保爵
總 7352	總 3366	成 8503 殷	成 8769 殷

1688	1689	1690	1691
爵	殷	觚	且乙爵
成 8248 殷	成 3033 殷	成 9254 殷	成 8837 殷

○⊕⊗✲*𤕌冉冂

1695	1694	1693	1692
戈	作父癸𣪘	𣪘	鼎
成 10785 周早	成 3663 周早	成 2953 殷	成 1065 殷

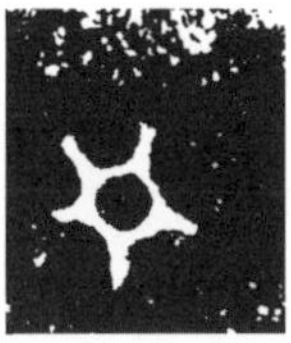

1699	1698	1697	1696
爵	斝	甗	婦觶
成 8261 周早	成 9155 殷	成 804 殷	成 6147.2 殷
觚	鼎	父戊罍	祖乙器蓋
新 1513 商晚	成 1178 殷	新 801 商晚・周早	新 1305 周早

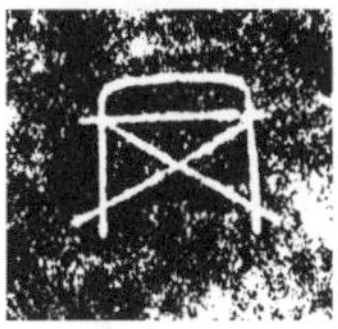

1703	1702	1701	1700
𠬝	亯	冓	𠬝
丁𠬝乙觚 成 7198 周早 丁𠬝乙爵 成 8793 殷	亯鼎 成 1765 殷・周早 亯乙斝 成 9194 周早	南單冓觚 成 7191 殷 冓斝 成 9239 周早	𠬝父癸鼎 成 1674 周早 𠬝鼎 新 934 周早

1707	1706	1705	1704
𠬝	𠬝	𠬝	𠬝
𠬝且癸尊 成 5611 殷	𠬝鼎 成 1158 殷 𠬝卣 成 4713.1 殷	𠬝當盧 成 12075 周早	𠬝父丁罍 成 9811.1 周早 成 9811.2 周早

1711	1710	1709	1708
戈 成 10774 殷	父甲鼎 成 1522 殷 觚 成 6762 殷	父癸器 成 10524 殷	卣 成 4720 殷 鼎 成 1160 殷

1715	1714	1713	1712
爵 成 8271 殷	鉞 新 1823 商晚	作父己殷 成 3515 周早 且甲觚 成 7027 殷	刀爵 成 8238 殷

1719	1718	1717	1716
庚爵	父癸爵	吁戈	觚
成 8047 殷	成 8709 殷		成 6800 殷
主鼎	高		交觚
成 1235 殷	成 454 周早	成 11032 春秋晚期	成 6924 殷

1723	1722	1721	1720
鼎	鼎	亞啓戈	爵
成 1040 西周	成 1154 周早	成 11010.1 殷	成 8191 殷
爵	觚	戈	盃鼎
成 7712 殷	成 6765 殷	成 10623 殷	成 1480 殷

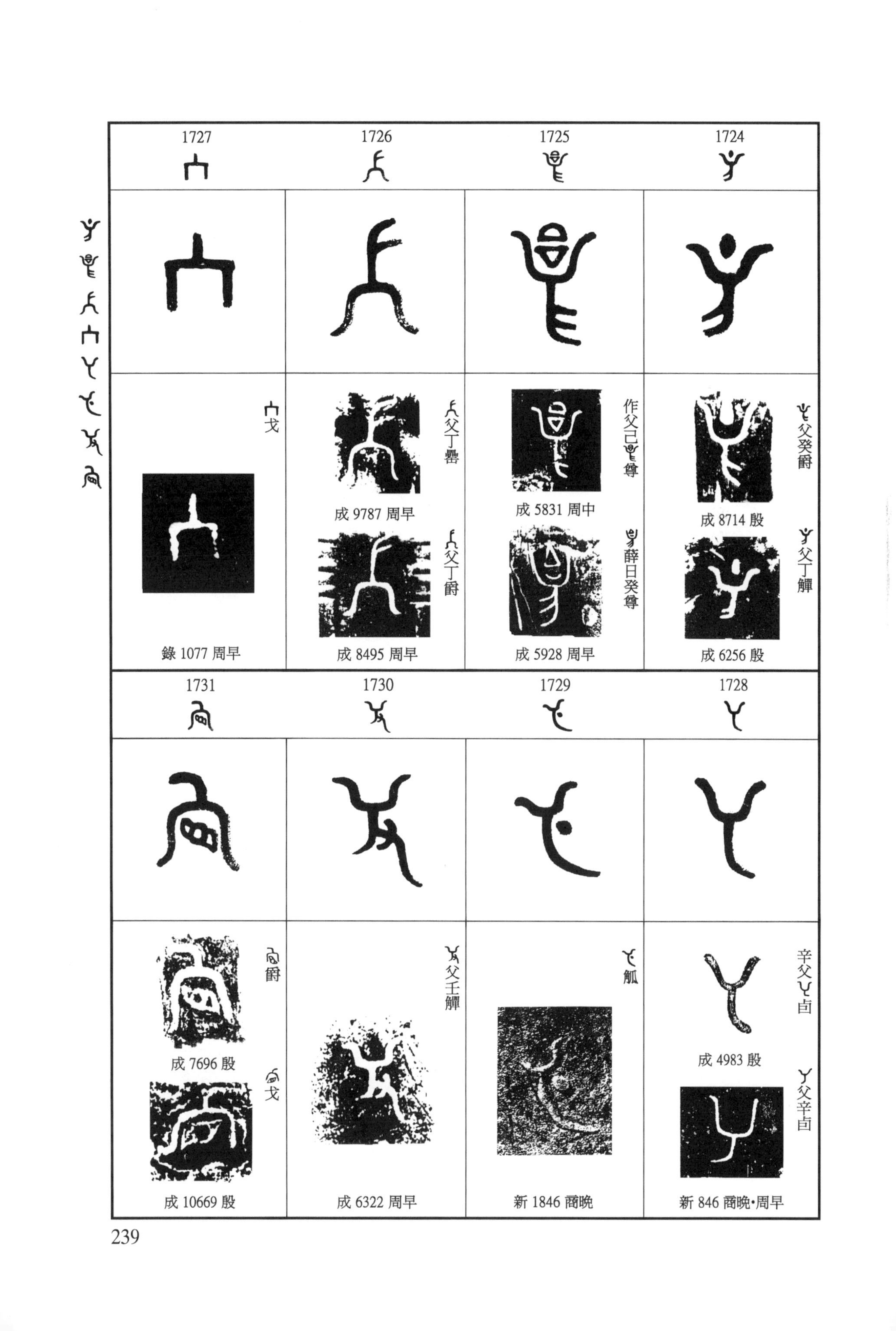

1727	1726	1725	1724
戈 錄 1077 周早	父丁罍 成 9787 周早；父丁爵 成 8495 周早	作父己尊 成 5831 周中；薛日癸尊 成 5928 周早	父癸爵 成 8714 殷；父丁觶 成 6256 殷

1731	1730	1729	1728
爵 成 7696 殷；戈 成 10669 殷	父壬觶 成 6322 周早	觚 新 1846 商晚	辛父卣 成 4983 殷；父辛卣 新 846 商晚·周早

1735	1734	1733	1732
母辛鬲	父乙觶	尊	鼎
	成 6237 殷	成 5481 殷	成 1170 殷
	父乙盉	且己父辛卣	尊
成 484 殷	成 9347.1 周早	成 5146.1 殷	成 5480 殷

1739	1738	1737	1736
且庚爵	段	父丁爵	亞其爵
成 8341 殷	新 1698 春秋早期	成 8504 周早	成 7831 殷

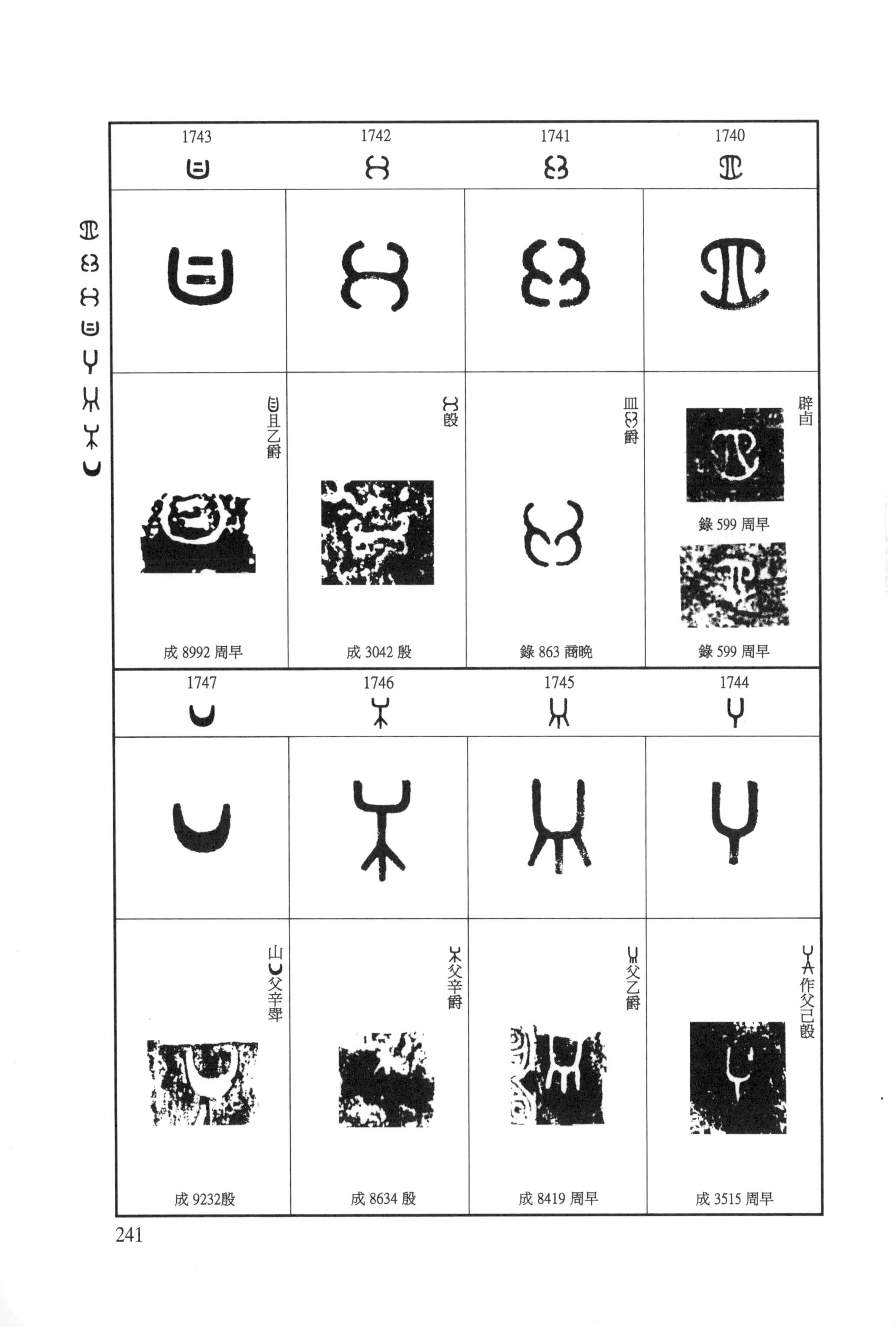

1743	1742	1741	1740
且乙爵	𣪘	皿爵	辟卣
成 8992 周早	成 3042 殷	錄 863 商晚	錄 599 周早 錄 599 周早

1747	1746	1745	1744
山父辛斝	父辛爵	父乙爵	作父己𣪘
成 9232殷	成 8634 殷	成 8419 周早	成 3515 周早

1751	1750	1749	1748
卣	父己爵	爵 / 父癸爵	父辛尊
總 5105	成 8546 殷	成 7755 殷 / 成 8715 殷	成 5802 殷

1755	1754	1753	1752
亞爵	作尊方鼎	門父辛觶 / 殷	殷
成 8786 殷	成 1767 周早	新 1165 商晚 / 成 3040 殷	成 3036 周中

1759	1758	1757	1756
父癸卣 成 5096.2 殷 冊 父癸壺 總 5656	鼎 成 1241 春秋 鑿 成 11799 春秋早期	父庚卣 新 715 周早	作寶爵 成 8985 周早

1763	1762	1761	1760
鼎 成 1242 周早	父癸觚 成 7159 殷	何方彝 新 1860 商晚 何爵 成 8164 殷‧周早	父乙卣 成 4925.1 殷 成 4925.2 殷

1767	1766	1765	1764
青	辛爵	且丁爵	斝
成 11887 殷	成 8799 殷	成 8325 周早	成 9151 殷

1771	1770	1769	1768
爵	爵	鉼	且爵
新 1035 商晚·周早	新 1035 商晚·周早	新 114 商晚	成 8294 周早

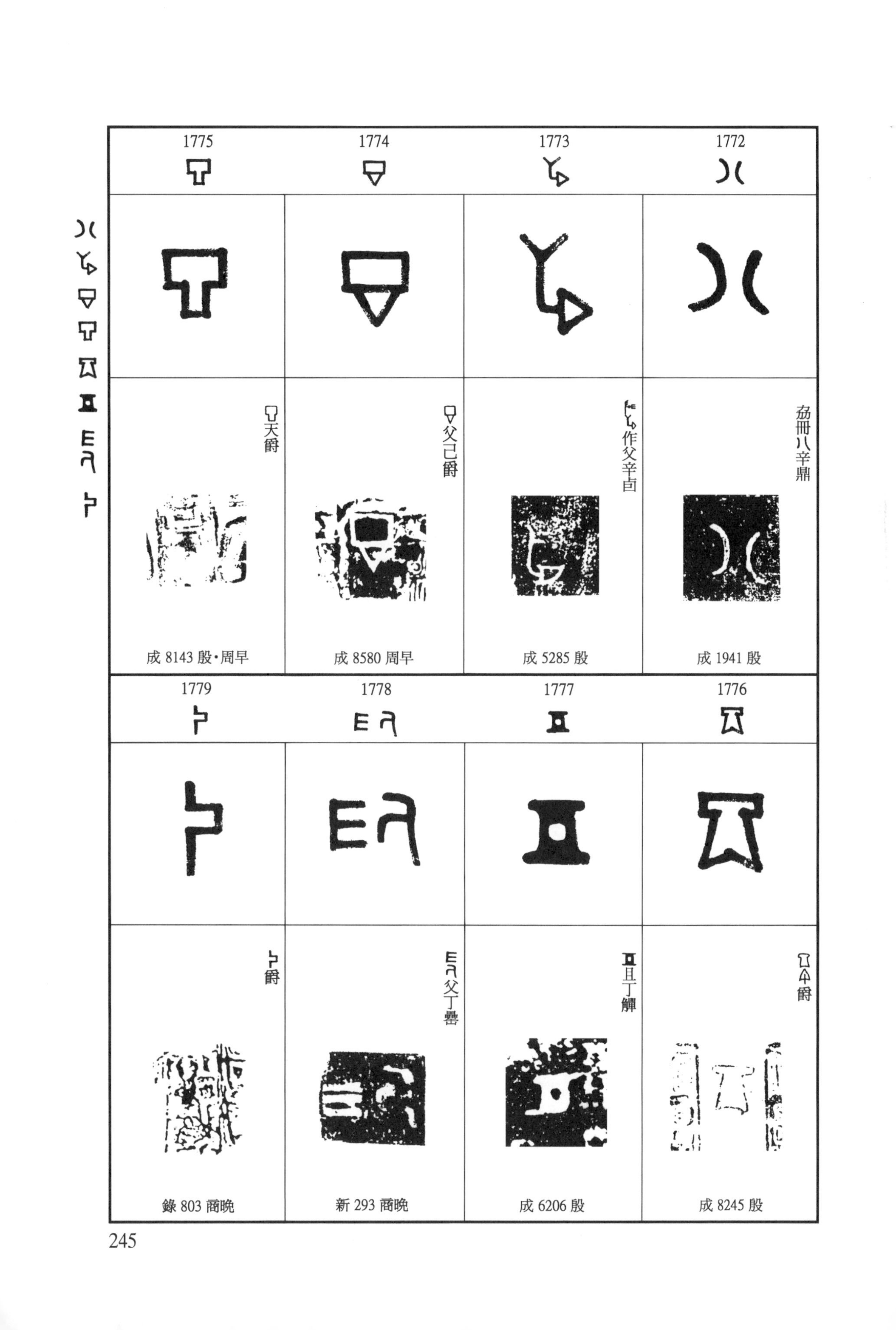

1775	1774	1773	1772
天爵	父己爵	作父辛卣	劦冊八辛鼎
成 8143 殷·周早	成 8580 周早	成 5285 殷	成 1941 殷

1779	1778	1777	1776
爵	父丁罍	且丁觶	爵
錄 803 商晚	新 293 商晚	成 6206 殷	成 8245 殷

1783	1782	1781	1780
壺文	方彝	父癸尊	共父庚觚
金文編附錄上 335	新 1845 周中	成 5672 周早	錄 753 商晚

1787	1786	1785	1784
𣪘	作父己卣	▼甲爵	爵
成 2952 周早	成 5279 周早	成 7999 殷・周早	錄 791 商晚

1791	1790	1789	1788
新 1725 西周	新 1725 西周	成 4858.2 殷・周初	成 10719 殷

1795	1794	1793	1792
㓚作兄日壬卣 成 5339.1 殷	日井卣 成 4858.1 殷・周初	日目卣 成 4859.1 殷・周初	耳日爵 成 8267 殷
㓚兄日壬尊 成 5933 周早		成 4859.2 殷・周初	䎽日父乙卣 成 5058.1 殷

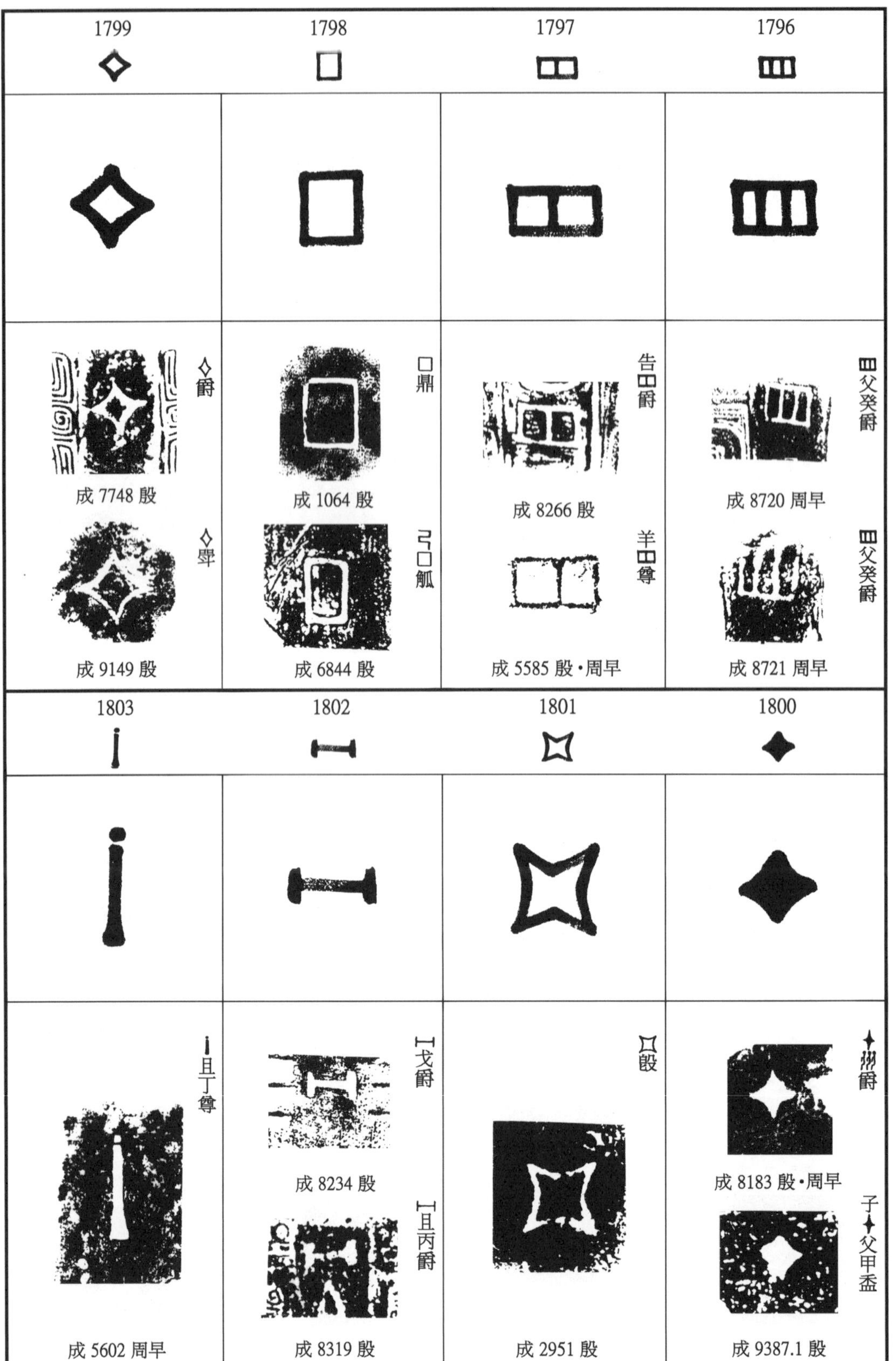
1799
1798
1797
1796
爵
成 7748 殷
鼎
成 1064 殷
告 爵
成 8266 殷
父癸爵
成 8720 周早
斝
成 9149 殷
觚
成 6844 殷
羊 尊
成 5585 殷·周早
父癸爵
成 8721 周早
1803
1802
1801
1800
且丁尊
戈爵
殷
爵
成 8234 殷
成 8183 殷·周早
且丙爵
子 父甲盉
成 5602 周早
成 8319 殷
成 2951 殷
成 9387.1 殷

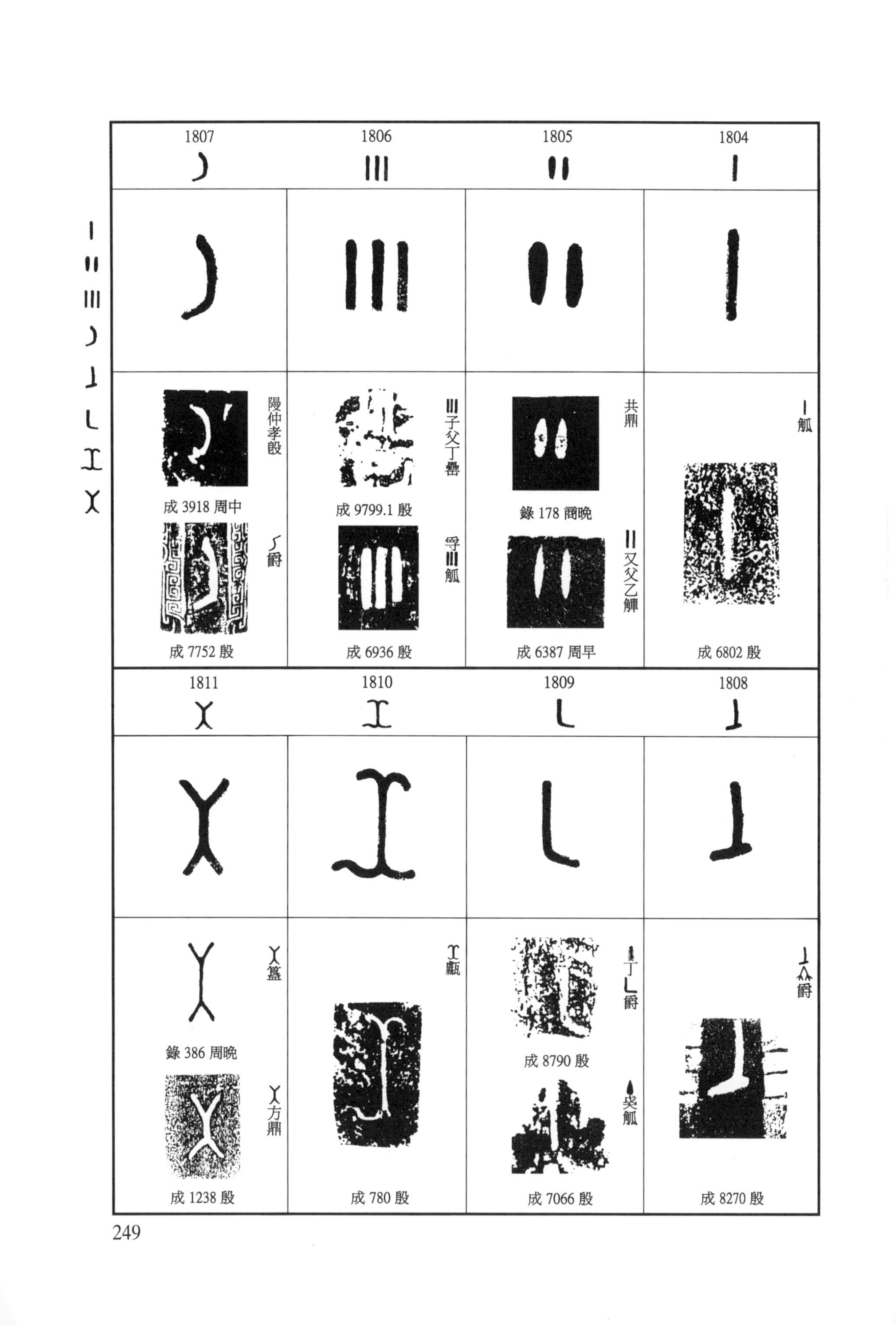

1807	1806	1805	1804
陽仲孝𣪕 成 3918 周中 爵 成 7752 殷	子父丁罍 成 9799.1 殷 㝵觚 成 6936 殷	共鼎 錄 178 商晚 又父乙觶 成 6387 周早	觚 成 6802 殷

1811	1810	1809	1808
簋 錄 386 周晚 方鼎 成 1238 殷	甗 成 780 殷	丁 爵 成 8790 殷 癸觚 成 7066 殷	爵 成 8270 殷

1815	1814	1813	1812
父癸爵 成 8710 殷 作父乙觶 成 6467 周早	葡爵 成 8240 殷 盤 成 10034 殷	爵 成 7724 殷	斧 成 11768 周早

1819	1818	1817	1816
盉 成 9313 殷 鼎 新 1295 商晚	斧 成 11771 殷	胄 成 11892 殷 斧 成 11770 殷	鼎 成 1239 周早

1823	1822	1821	1820
匕田卑 成 9227 殷 囚爵 成 8261 周早	天斧 新 665 商晚	父戊爵 成 8535 殷	甗 成 786 商中

1827	1826	1825	1824
師目鼎 成 2557 周中 孟𤰈鼎 成 2202 西周	觶 成 6084 周早 保子達段 成 3787.2 周晚	卣 成 5354.2 周早 乃子作父辛甗 成 924.2 殷	父癸爵 成 8713 殷

1830 仏	1829 尸		1828 [illegible]
		補	
[illegible]爵 成 8183 殷・周早	尸作父己卣 成 5280.2 殷 戊尸暜父己甗 新 791 商晚・周早		[illegible]且癸爵 成 8364 周早

1834 [illegible]	1833 [illegible](龤)	1832 吴	1831 [illegible]
母[illegible]觚 成 6875 殷	龤父丁殷 成 3178 殷	吴父辛觶 成 6298 殷 吴斧 成 11763 殷	父丙卣 成 5208.1 殷 [illegible]方彝蓋 成 9883 殷

[illegible]【補】尸仏[illegible]吴[illegible](龤)[illegible]

1838	1837 (者)	1836 ▼	1835
衛天父庚爵	母 帚方彝	乙▼車方鼎	父乙爵
成 9074 殷	成 9873.2 殷	成 1702 殷	成 8873 殷

▼ (者)

引用書目

1 嚴一萍　金文總集　藝文印書館　一九八三年
2 羅振玉　三代吉金文存　中華書局　一九八三年
3 中國社會科學院考古研究所　殷周金文集成　中華書局　一九八四至一九九四年
4 容庚　金文編　中華書局　一九八五年
5 渡邊隆男　中國法書選一　株式會社二玄社　一九九〇年
6 張光遠　商代金文圖錄　國立故宮博物院　一九九五年
7 劉雨・盧岩　近出殷周金文集錄　中華書局　二〇〇二年
8 鍾柏生・陳昭容・黃銘崇・袁國華　新收殷周青銅器銘文暨器影彙編　藝文印書館　二〇〇六年

參考書目

1 郭沫若　殷周青銅器銘文研究　人民出版社　一九五四年
2 中國社會科學院考古研究所　甲骨文編　中華書局　一九六五年
3 島邦男　殷墟卜辭綜類　汲古書院　一九七七年

4 高明　古文字類編　中華書局　一九八〇年

5 丁山　甲骨文所見氏族及其制度　中華書局　一九八八年

6 徐中舒　甲骨文字典　四川辭書出版社　一九八九年

7 高明論著選集　第二屆國際中國古文字學研討會論文集　香港中文大學語言文學系　一九九三年

8 阮元　積古齋鐘鼎彝器疑識　中國書店　一九九六年

9 東漢許慎撰 段玉裁注　說文解字注　天工書局　一九九六年

10 戴家祥・馬承源　金文大字典　學林出版社　一九九九年

11 殷蓀・馮宏偉　商周金文百種　上海書畫出版社　二〇〇〇年

12 季旭昇　《金文總集》與《殷周金文集成》銘文器號對照表　藝文印書館　二〇〇〇年

13 中國社會科學院考古研究所　殷周金文集成釋文　香港中文大學中國文化研究所　二〇〇一年

14 張亞初　殷周金文集成引得　中華書局　二〇〇一年

15 李先登　夏商周青銅器文明探研　科學出版社　二〇〇一年

16 鍾柏生　古文字與商周文明　中央研究院歷史語言研究所　二〇〇二年

17 劉正　金文氏族研究　中華書局　二〇〇二年

18 中國社會科學院考古研究所　殷墟花園莊東地甲骨　雲南人民出版社　二〇〇三年

筆畫索引

圖形文字索引

198	187	35	186	35	35	35	34	34	34	34	34	34	32	32	32	32	32	32	31
38	38	38	37	37	37	37	37 184	184	37	37	37	36	36	36	36	35	35	35	198
44	252	44	44	43	43	43	43	42	42	41	40	40	199	40	39	39	39	39	女部
199	199	47	47	47	47	47	46	46	46	46	目部	45	45	45	44	199	44	子部	43
54	須臣部	184	53	253	53	53	52	52	201	200	51	51	口部	50	耳部	48	48	200	200
62	61	61	61	61	61	60	60	59	57	57	手部	55	55	心部	55	55	頁部	54	54
65	65	65	65	64	64	64	64	64	64	203	63	63 203	63	63	63	62	62	204	62
203	203	68	68	68	68	68	67	67	67	67	67	67	67	66	66	66	66	66	66
206	71	206	206	71 197 206	71	足部	59	70	70	69	69	205	205	69	69	69	69	204	68
78	78	月部	77	77	77	日部	自然物	76	76	76	76	76	76	76	73	73	72	71	206

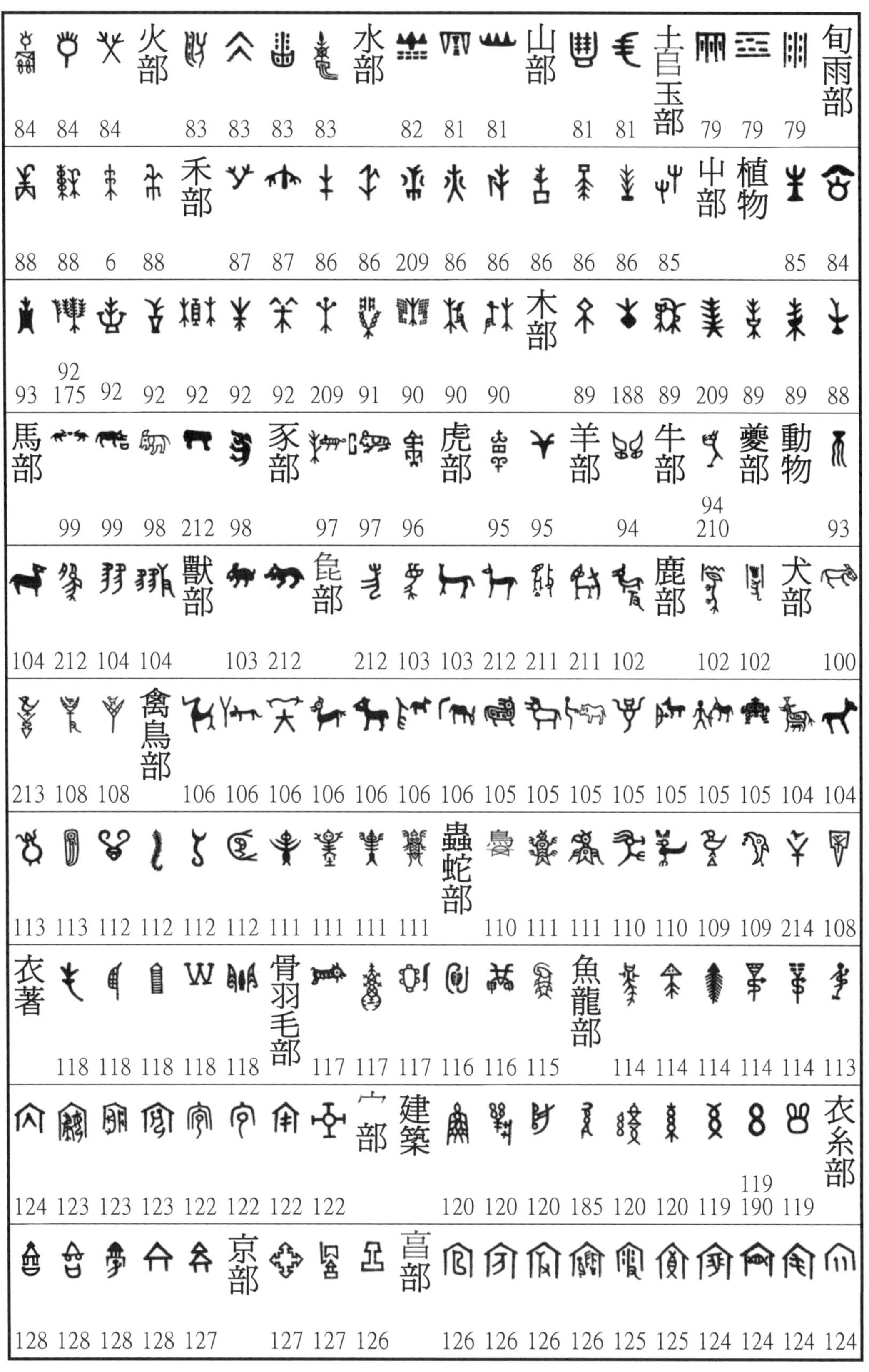

旬雨部 79 79 79 玉部 81 81 山部 81 81 82 水部 83 83 83 83 火部 84 84 84
84 85 植物 屮部 85 86 86 86 86 86 209 86 86 87 87 禾部 88 6 88 88
88 89 89 209 89 188 89 木部 90 90 90 91 209 92 92 92 92 92 92 92 175 93
93 動物 夔部 94 210 牛部 94 羊部 95 95 虎部 96 97 97 豕部 98 212 98 99 99 馬部
100 犬部 102 102 鹿部 102 211 211 212 103 103 212 㲋部 212 103 獸部 104 104 212 104
104 104 105 105 105 105 105 105 105 106 106 106 106 106 106 106 禽鳥部 108 108 213
108 214 109 109 110 110 111 111 110 蟲蛇部 111 111 111 111 112 112 112 112 113 113
113 114 114 114 114 114 魚龍部 115 116 116 117 117 117 骨羽毛部 118 118 118 118 118 衣著
衣糸部 119 119 190 119 120 120 185 120 120 120 建築 宀部 122 122 122 122 123 123 123 124
124 124 124 124 125 125 126 126 126 126 亯部 126 127 127 京部 127 128 128 128 128

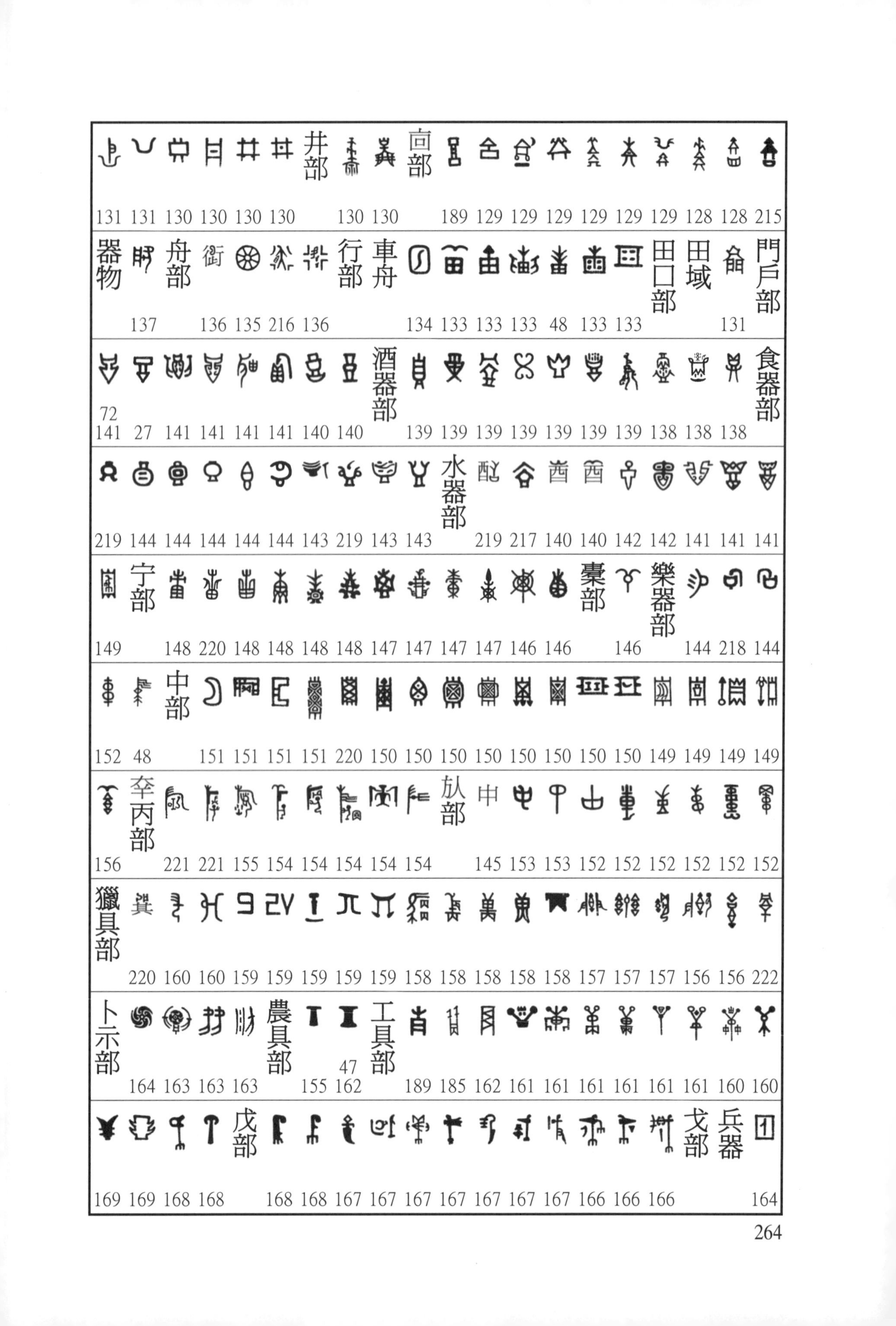

131	131	130	130	130	130	井部	130	130	亯部	189	129	129	129	129	129	129	128	128	215
器物	137	舟部	136	135	216	136	行部	車舟	134	133	133	133	48	133	133	田口部	田域	131	門戶部
72 141	27	141	141	141	141	140	140	酒器部	139	139	139	139	139	139	139	138	138	138	食器部
219	144	144	144	144	144	143	219	143	143	水器部	219	217	140	140	142	142	141	141	141
149	宁部	148	220	148	148	148	148	147	147	147	147	146	146	橐部	146	樂器部	144	218	144
152	48	中部	151	151	151	151	220	150	150	150	150	150	150	150	150	149	149	149	149
156	卒丙部	221	221	155	154	154	154	154	154	㫃部	中 145	153	153	152	152	152	152	152	152
獵具部	貝 220	160	160	159	159	159	159	159	158	158	158	158	158	157	157	157	156	156	222
卜示部	164	163	163	163	農具部	155	47 162	工具部	189	185	162	161	161	161	161	161	161	160	160
169	169	168	168	戉部	168	168	167	167	167	167	167	167	167	166	166	166	戈部	兵器	164

矛斤辛部	172	172	172	矢部	171	171	171	171	170	170	170	170	170	盾部	170	169	169	169	169
178	178	178	178	176	刀部	176	弓部	174	174	174	174	174	173	173	173	173	173	173	172
冊亞	181	181	數字	223	180	180	180	180	180	180	179	179	179	179	179	179	179	雜兵部	223
227	227	226	226	226	36	226	226	224	226	226	226	225	225	225	附錄	224	224	224	亞形附錄
229	229	229	229	229	228	228	228	228	228	228	228	228	227	227	227	227	227	224	227
231	231	231	231	231	231	231	231	230	230	230	230	230	230	230	230	229	229	99	229
234	234	234	234	233	233	233	233	233	233	233	233	232	232	232	232	232	232	232	232
236	236	236	236	236	235	235	235	235	135	208	208	235	235	235	234	80	234	234	234
239	239	238	238	238	238	238	238	238	222	238	237	237	237	237	237	237	237	237	236
241	241	241	241	241	241	240	240	240	240	240	240	240	240	239	239	239	239	239	239

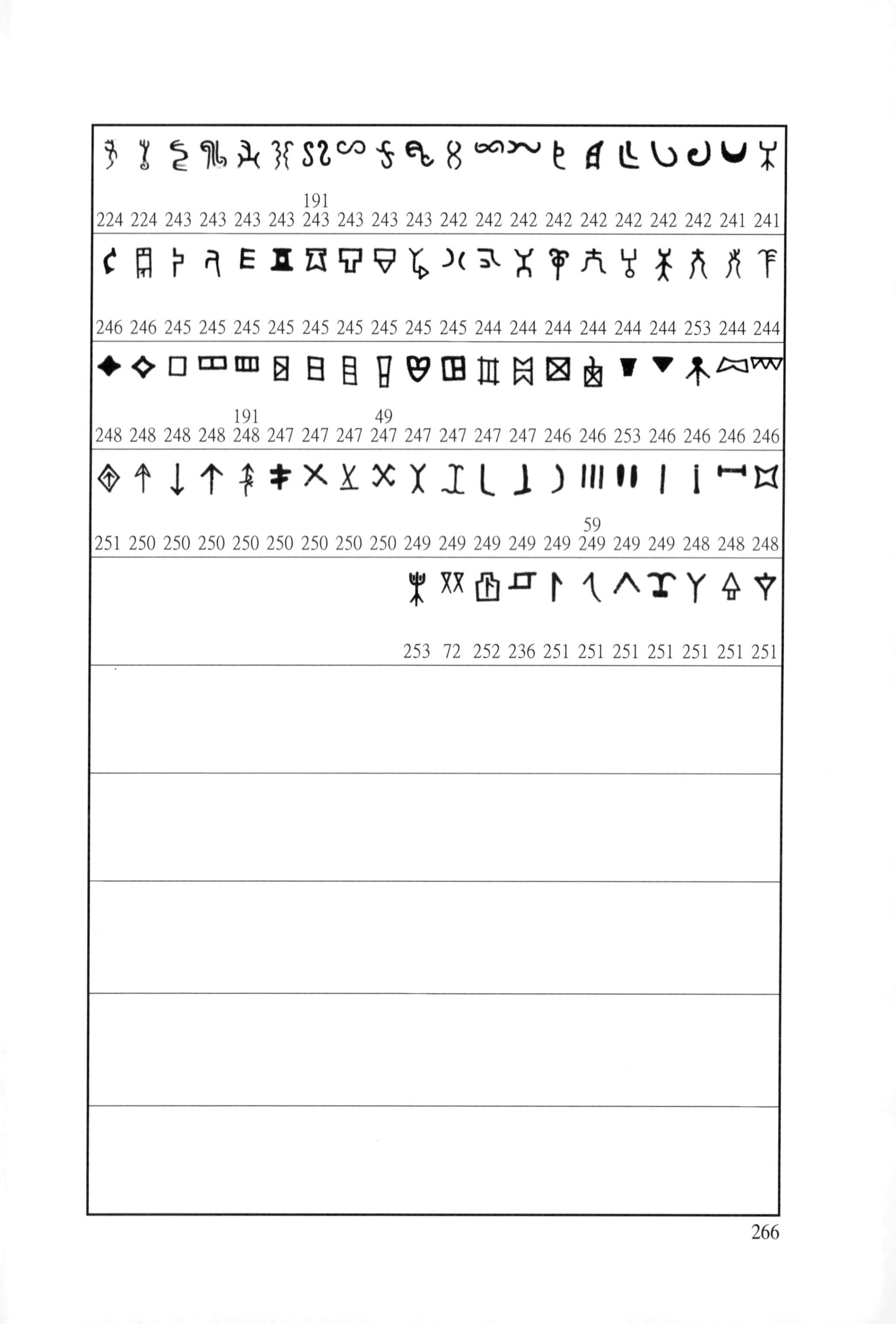

224 224 243 243 243 243 191 243 243 243 243 242 242 242 242 242 242 242 242 241 241

246 246 245 245 245 245 245 245 245 245 245 244 244 244 244 244 244 253 244 244

248 248 248 248 191 248 247 247 247 49 247 247 247 247 247 246 246 253 246 246 246 246

251 250 250 250 250 250 250 250 250 249 249 249 249 249 59 249 249 249 248 248 248

253 72 252 236 251 251 251 251 251 251 251

圖形文字書法作品

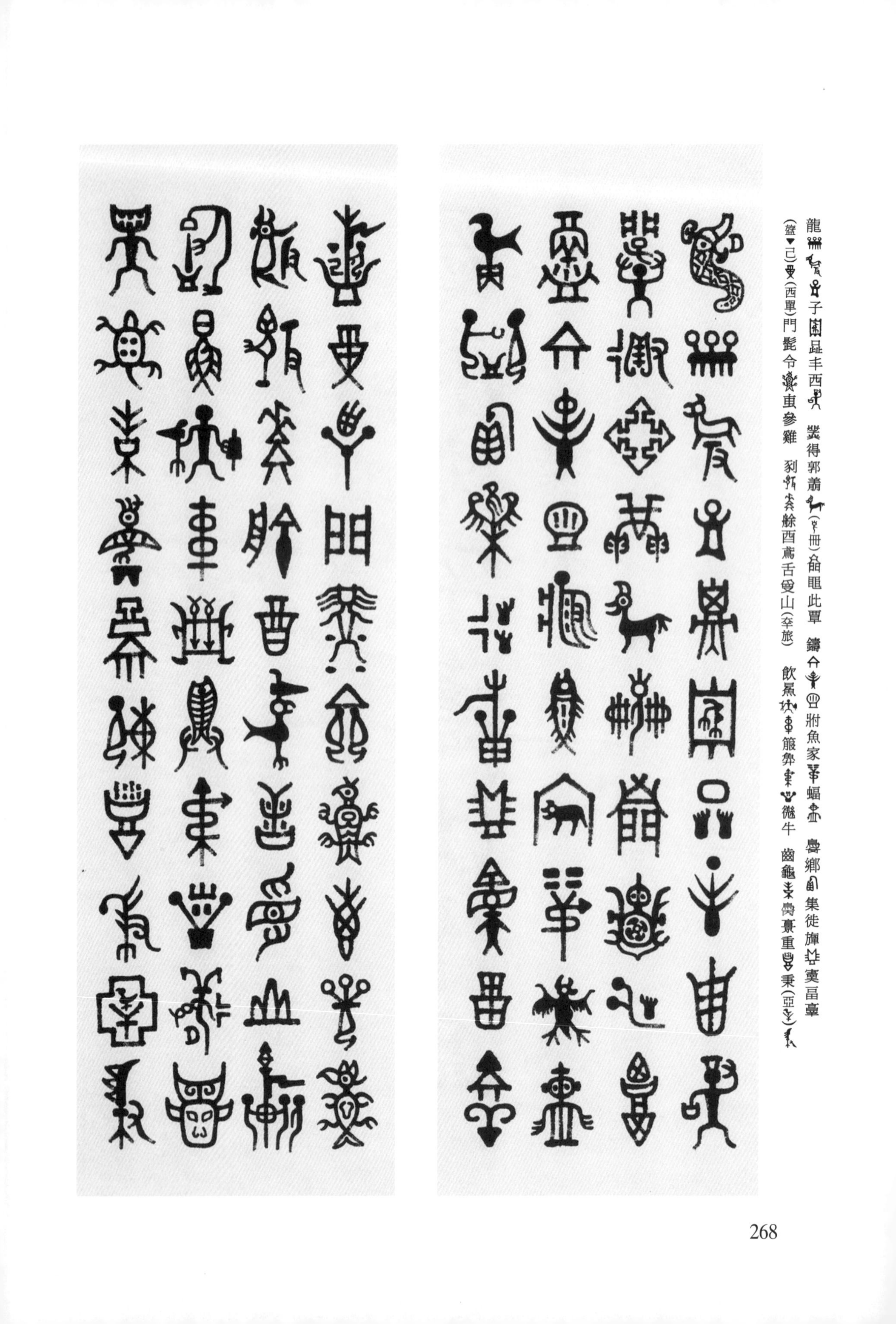

龍　子[illegible]丰西　菐得郭翦(冊)[illegible]黽此覃　鑄[illegible]魚家[illegible]蝠　[illegible]鄉　集徙旟[illegible]

(盤▼己)(西單)門髭令　叀參雞　刞　[illegible]艅西[illegible]舌叟山(卒旅)　飲[illegible]　箙彝　[illegible]牛　鹵龜　[illegible][illegible]重　秉(亞　)

集商周早期族徽　王心怡

(倗舟)咸□監□□夒□光□　華龜行□□保鼉名爵□　(木羊冊)鳥杒豙鳥(亞冀)羊韋□交　□箙□并史需皇字專何
彙萬□□田□龍□藝(秝冊秝)　倗媢融鳴象(天冊)粤虢銜戈　㚔(雔冊)□□畀□□豪輪車　□宔魚靁[illegible]鹿

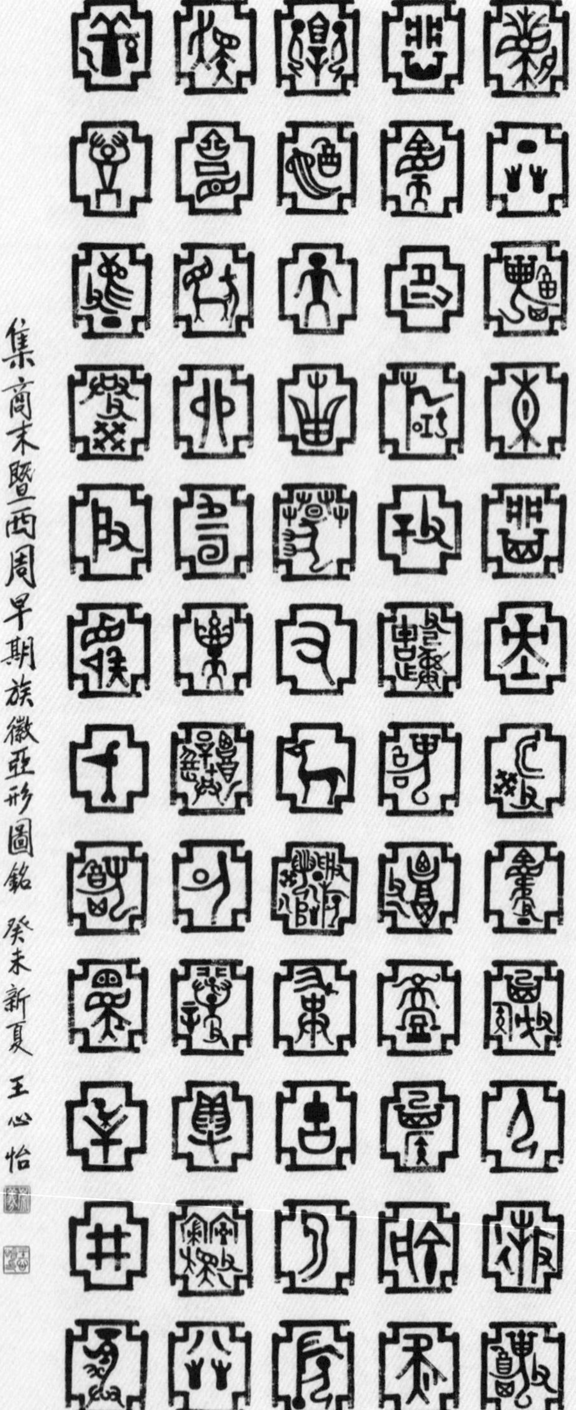
集商末暨西周早期族徽亞形圖銘
癸未新夏 王心怡

蝸牛角上爭何事　石火光中寄此身

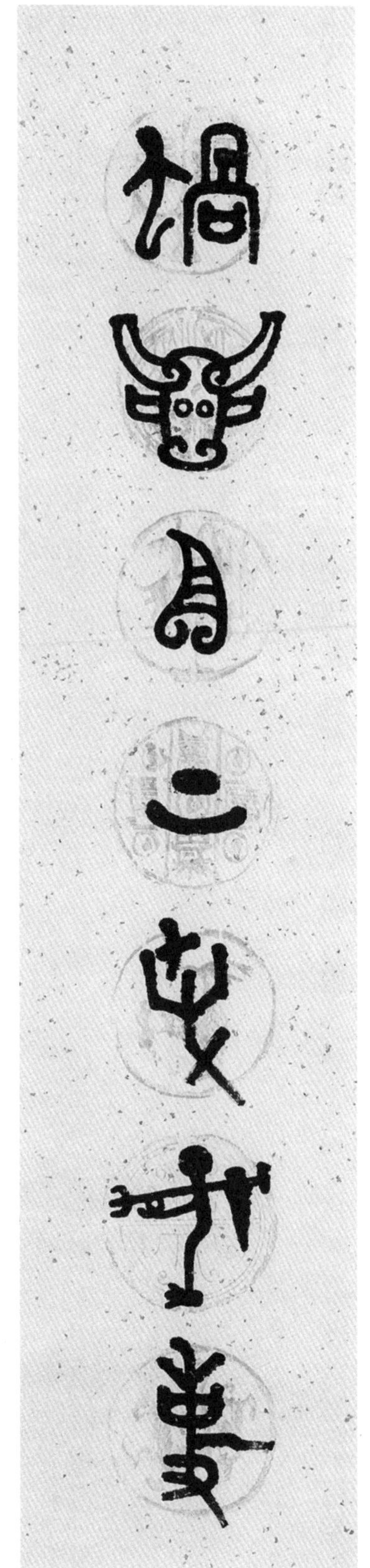

後記

在書法諸體中，圖形文字的象形性最強，因而更易顯現出原始造字的風貌、反映古代社會生活與人文發展的景況；借助商周時代高超的銅器鑄造技術及精美的書法藝術，讓三千年後的人們看到先聖在借物象形的原則下，把「書畫同源」的自然美表現得無微不至，也為書法創作開啟新的視窗，其造形古樸典雅的生命力予人一種平易的親切感，表現出時代性的審美價值觀，因此更能體現商周圖形文字形體美的文化價值和藝術價值。

面對商周圖形文字的整理與匯編，有著很深的感觸，從圖形文字的合文形式上，看到複式組合、冊字組合、亞形組合的微妙書法布局結構，讓我聯想到將「圖形文字」融入生活藝術及個人創作中，同時結合「成語、吉祥語、詩詞、對聯、篆刻、書畫、陶藝、雕塑、紙雕、造型設計」等等，都是很好的藝術創作題材，也能使作品更具活潑度、趣味性又富於現代感。

就是這樣的魅力，讓我浸淫古漢字書畫藝術中十餘年，至今仍熱情不減。在古文字的領域裏，我不是專家也不是學者更不是書法家，只是抱持一份真摯學習的心與對古文字的熱愛，一直努力的追求，感恩上蒼讓我有機會接觸到「圖形文字」，神遊在古文字的世界裡。常在想今生何德何能，竟能得到這麼多位知名學者、專家的指導與幫助，實是無以回報，深懷感恩之情；在編輯期間雖遇到許多困難，但心中一直有種莫名的使命感鞭策著我，就這樣秉持著一股傻勁日以繼夜地耕耘，總算皇天不負苦心人，完成了本書的編輯工作。在我面臨窮途無助時，有幸得到海峽兩岸的恩師，古文字學專家：北大高明教授、北師大王寧教授、台師大季旭昇教授、杜忠誥教授幫忙訂正內文、多次調整修改目次、目錄，不厭其煩，鼎力相助。

感謝大陸文物出版社蘇士澍社長、北師大秦永龍、倪文東教授，臺灣周海珊、高華山老師、司馬中原、蔡長培、馬叔禮教授等殷切的指導；臺灣中央研究院謝清俊教授、莊德明先生、趙苑曲小姐在電腦軟體技術上幫忙完成目錄、索引及造字；及師兄張金好老師一直在背後協助我、為我加油打氣，提升我勇於前進的生命力量，鼓勵我勇敢走入古文字的範疇。

感謝北京師範大學民俗典籍文字研究中心、藝術與傳媒學院書法系、臺灣中央研究院資訊科學研究所、歷史語言研究所金文工作室、國家數位典藏通訊、臺灣師範大學國文系、北京文物出版社全體同仁，及臺灣大潤發流通事業股份有限公司商品處等多方面幫助與支持，感謝在電腦影像技術上幫助我的團隊。尤其感恩我母親一路陪著我走過艱辛的歲月，仍無怨無悔的付出，以及家人多年來的扶持。

關於商周圖形文字整理匯編的成果，實已於二〇〇七年十月由北京文物出版社出版《商周圖形文字編》一書，但為回饋讀者、普及大眾，今將《商周圖形文字編》的原始「初稿」，也是它的「精簡版」整理出來；在因緣際會之下，幸得杜忠誥教授提議用「兩個」以上的拓片來對照「一個」臨摹書法「字頭」又指導一些筆勢相關事宜，海峽兩岸學者以他們個人的「專業」鼎力相助，因而使得本書更有附加價值內容也生動活潑。因本人愚蒙，此書能順利出版，仰仗兩岸學者的學識專業，非我一人之力所能成，而是集眾人之力才能有此成果，但在內文上還是有些美中不足的地方。

本書與《商周圖形文字編》不同之特點如下：

（一）書名更改為《古代圖形文字藝術》。

（二）增加編著拙作「圖形文字」書法作品。

（三）由季旭昇、杜忠誥教授，對於釋文再次細心審視過。

（四）頁邊增加目錄檢字索引，方便讀者查閱。

（五）出現於「兩幅拓片」以內的圖形文字，全數收錄於本書；而出現於「三幅拓片」以上者，則選擇性挑選具有特色的圖形文字與讀者分享。

（六）字頭上的書法與拓片略有縮小。

雖然我是古文字的業餘愛好者，但十多年來我投入的心血和財力，仍然不減我對古文字的熱忱，我堅持走在古文字的領域中，盼望能利人利己，耕耘出古文字繁花似錦的春天，也能為自己的人生留下雪泥鴻爪。我與漢字生活美學家蔡漁老師，希望能為民族文化盡一點綿薄心力願與熱愛古文字的朋友一起共襄盛舉，為我們古漢字的「國寶精粹」傳承。

由於本人水平有限，書中難免有不足及錯誤之處，懇請各界學者、專家不吝賜正、見諒！

西元二〇〇九年三月　歲次己丑年仲春　王心怡　於台北養性齋

（注）傳統民間以為古文字圖騰皆出自上古伏羲畫八卦演譯文字之意象，余乃轉借古聖先賢之圖像文字，故以此「崇義」為號，尊崇伏羲。

古代圖形文字藝術　定價380元

出 版 者　北星圖書事業股份有限公司
作　　者　崇羲 王心怡
審　　定　高　明　王　寧　季旭昇　杜忠誥
責任編輯：黃仁杰
美術編輯：黃冠聶　李依柔
封面設計：李國嘉

發　　行　北星圖書事業股份有限公司
發 行 人　陳偉祥
地　　址　新北市永和區中正路458號B1
電　　話　886-2-29229000
傳　　真　886-2-29229041
網　　址　www.nsbooks.com.tw
E-MAIL　nsbook@nsbooks.com.tw

總 經 銷　北星文化事業有限公司
電　　話　886-2-29229001
傳　　真　886-2-29229041
劃撥帳號　50042987　北星文化事業有限公司
製　　版　森達製版有限公司
印　　刷　森達製版有限公司
出　　版　2013年4月

國家圖書館出版品預行編目資料

古代圖形文字藝術 / 王心怡編. -- 新北市：北星圖書，2013.04
面；　公分
ISBN 978-986-6399-12-1（平裝）

1.金文

793.2　　102006606